錢穆作品精華

中國學術思想史論叢（七）

錢穆

東大圖書公司

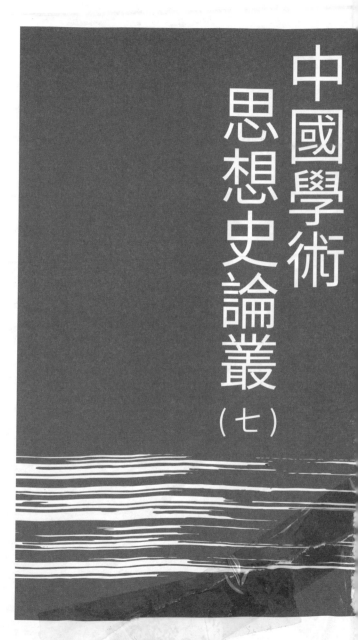

序

余治宋明理學，首讀《近思錄》及《傳習錄》，於後書尤愛好，及讀黃全兩《學案》，亦更好黃氏。因此於理學各家中，乃偏嗜陽明。民國十九年春，特為商務印書館萬有文庫編撰《王守仁》一冊，此為余於理學妄有撰述之第一書。民國四十三年來臺北，流亡喪亂，群思振奮。總統 蔣公提倡王學，友好勸余重刊舊著，遂稍加增潤，改名《陽明學述要》，由正中書局印行。前後相距，則已二十有餘年矣。然余於此二十餘年中，思想逐有變。民二十六年在南嶽，多讀宋明各家專集，於《王龍谿》、《羅念菴》兩集深有感。余於程朱，亦素不敢存菲薄意。及民國三十三年在成都華西壩，病中通讀《朱子語類》百四十餘卷，又接讀《指月錄》全部，因於朱學深有體悟。民國四十年、四十一年，寫《中國思想史》及《宋明理學概述》兩書，於舊見頗有更變。及民國四十九年赴美講學耶魯，始創為《論語新解》，前後三年，逐章逐句，不憚反覆，乃知朱子之深允。民國五十三年，始竟體通讀《朱子文集》百四十卷，翌年又再讀《語類》全部。遂於民國六十年，完成《朱子新學案》。前後凡六年。此後又為《朱學流衍考》，自黃東發以下，迄於清代之羅羅山，逐家參究，乃於王學，更深覘其病痛之所在。本編彙集討論明代學術，乃若於王學多有指摘。回視最先所為《王守仁》一書，則已相距四十七年矣。余不喜門戶之見，尤念民國五、六年間，余授課於本鄉蕩口鎮之鴻模小學，暑假護送學生至蘇州考中學，隨身獨攜陽明《傳習錄》，於考場外客室中研玩不輟，距今則踰六十年矣。雖此六十年來，迭經喪亂，而古人書本，迄未放棄。尤於宋明理學家言，是非得失，始終未敢掉以輕心。讀斯編者，於編中各篇著作年月，及先曾刊布之諸種，幸能循其先後，統加披閱。余縱未敢自認為已得定論，然畢生心力所萃，決不願於先賢妄有軒輊，則區區之誠，所欲掬誠以告於讀者之前也。又余為〈讀明初開國諸臣詩文集〉一篇，收入前編，發明元儒皆高蹈不仕，隱遯林野，其風迄明之開國不變。尤於讀《草木子》一書有深感，因悟宋明兩代政風不同。宋崇儒道，明尚吏治。永樂族誅方正學一案後，明儒淡於仕進之心，益潛存難消，故吳康齋特為明代理學之冠冕。陽明稍不然，乃遊其門者，皆多無意於科第。故王學末流，惟盛唱人皆可以為聖之高論，而治平大道，多不顧及。道釋兩家乘機暗滋，而三教同歸之說遂成時代之潮流。東林蕺山起而矯之，而明祚已不永。此亦治明代理學者一極當注意之問題也。此乃關涉明史之部分，此冊所收各篇，於斯未有詳論，故特著於此，幸讀者其繼續深研之。

中華民國六十六年九月錢穆識，時年八十有三。

目次

明初朱子學流衍考

（上）吳康齋胡敬齋學述

黃梨洲《明儒學案》，崇仁吳與弼康齋褒然居首。並曰：椎輪為大輅之始，層冰為積水所成，微康齋，焉得有後時之盛。又備引東林顧涇陽涇凡兄弟及其師劉蕺山稱崇康齋為之辨誣諸說。是康齋可謂受有明一代儒林所推重。余謂《康齋集》十二卷，詩占七卷，日錄占一卷，梨洲《學案》僅摘鈔其日錄，康齋為人為學之精神面貌，已顯著無遺。惟其詩與其日錄，皆如章袞所謂，乃康齋一人之史，皆自言己事。理學家為詩，上有康節，下有白沙，皆畢生從事於此，而康齋亦然。人皆知康節白沙詩，而康齋實為其蜂腰，其詩尤平實。康節白沙為詩，不脫山林湖海氣味，康齋則確然一農村老儒。〈日錄〉所謂澹如秋水貧中味，和似春風靜後功。其詩即此境界。劉蕺山謂一時諸公，薛文清多困於流俗，陳白沙猶激於聲名，惟先生醇乎醇，亦讀其詩而可徵。故凡讀康齋〈日錄〉，必能兼誦其詩，庶乎益可想像一代名儒於其日常平澹淳樸之生活中。至於事功著述，聲名言論，皆其餘事。其無可稱道處，正其無可企及處。顧涇凡謂其曠然自足，如鳳凰翔於千仞之上，下視塵世，曾不足過而覽焉是也。

惟余於梨洲崇仁一案，僅言其一稟宋人成說，而於其獨尊朱子以為高山之仰止者，未加點明，稍感遺憾。本篇特於此節，略加稱引，餘不他及。

康齋〈日錄〉中，屢記夢孔子朱子，其記夢朱子有曰：

> 夢侍晦菴先生側，先生顏色藹然，而禮甚恭肅焉，起敬起仰也。

此條在乙已，康齋當年三十五。

又

昨夜夢同三人觀漲，擬同訪朱子，不勝悵歎而覺。

此條在丙子，距上引一條三十一年。

又

食後倦寢，夢朱子父子來枉顧。

此條在辛巳，距前引一條又五年，康齋年七十一。此外〈日錄〉中屢及文公先生晦庵先生朱子等云云諸條，茲不備引。

詩集卷一有〈默詠鵝湖倡和詩僭次其韻〉一首，詩曰：

先哲高風悉所欽，考亭朱子益留心，滄溟浩浩吞諸水，泰華巍巍失萬岑。理極研精無奧奧，形純踐履更深沉。微軀每恨生來晚，空慕聲容隔古今。

其詩在永樂二十二年甲辰，康齋年三十四。康齋又於天順六年壬午春，特適閩問考亭以申願學之志，時年七十二。詩集卷六有〈適閩稿〉，其〈鉛山道中〉一首云：

平生迂拙寸心孤，何幸身親往哲途。借問山川羣草木，當年曾識晦翁無。

其流連嚮往誠摰之情有如此。

詩集中又曰：誰能萬一朱夫子。又曰：高山慨紫陽。其他明白提及朱子，又次朱子詩為韻作詩者極多，不備引。

文集卷八〈與章士言訓導書〉有曰：

犬馬之年三十有一矣，六歲入小學，十有六歲學詩賦，十有八歲習舉子業，十有九歲得《伊洛淵源錄》，（〈日錄〉云：在永樂庚寅，年二十。）觀周程張邵諸君子出處大概，乃知聖賢之學之美而私心慕之。於是盡焚應舉文字，一以周程張邵諸君子為心，而自學焉。今年自春初，專玩《大學》、《語》、《孟》、《中庸》，覺漸有所得。

又〈與傅秉彝書〉曰：

區區自正月初一日至十五日，玩得《論語》一周。十五夜誦《大學》並《或問》亦一周。身心似稍有長進。

又〈上嚴親書〉有云：

諸弟所讀書，宜只以《小學》、《四書》為急，次及諸經本文，其子史雜書，切未可輕讀。男少有所得，渾在《小學》、《四書》、《語略》、《近思錄》、《言行錄》。

此書在永樂二十一年癸卯，康齋年三十三歲。前引條下附註，時先生尚未見《程氏遺書》，《朱子語類》。

又曰：

《晦庵先生文集》千萬發回，近來覺得文公先生言語愈深切著明，但用功不逮耳。

此書在洪熙元年乙巳，康齋年三十五。

又〈與九韶書〉曰：

近承送朱子經濟文衡至，每日敬觀，正如溪澗恰漲，繼以驟雨也。意緒儘多，非筆所悉。

此書在宣德元年丙午，康齋年三十六。可知此數年間，康齋進學之概況。

康齋生於洪武二十四年辛未，十六學詩賦，乃承元末遺風。十八習舉業，此乃當時士人進身惟一途徑。十九從楊溥學，得窺《伊洛淵源錄》，乃即盡廢舉業，其剛果豪邁有如此。永樂甲午十二年命儒臣纂修《四書》、《五經大全》，時康齋年二十四。《大全》皆鈔襲元人舊著，康齋正值《大全》學文字訓釋之全盛時期，雖一意尊朱，一意尊朱子之四書，而能不墮入於箋註之繁，敦勵踐行，而亦不墮入於心學之玄。前有吳草廬，後有程敏政，皆激於時風，欲並提朱陸以為矯挽，而康齋獨不然。康齋之贊朱子曰：滄溟浩浩吞諸水，泰華巍巍失萬岑，是極能欣賞朱子道問學博文之一途，而康齋亦絕不以此見長。《四庫提要》謂其學實能兼採朱陸之長，不知朱學中，自可有此一途，能學朱，自兼陸，謂其必兼採，是乃當時館臣之淺見陋說耳。余故特著於此，以見朱子學流衍之一風格。

康齋從遊有胡敬齋居仁，陳白沙獻章，學皆尊朱子，然敬齋深不喜白沙。梨洲《學案》，則謂有明之學，至白沙始入精微，至陽明而後大，兩人之學最為相近。湛甘泉若水遊白沙之門，亦以濂溪明道象山聯稱，是則白沙途轍顯有轉嚮。故羅整菴謂近世學術之誤恐自白沙始，而敬齋已先言之，則惟敬齋可謂不失康齋之榘矱也。

《文敬集》有三卷，其卷一〈復汪謙〉有曰：

> 孔子所傳，顏曾思孟所學，及孟子沒而失其傳。周子發其端於前，程子遂擴而大之，朱子又集而全之，故吾道遂大明於宋。元之許魯齋，觀其所行端慤務實，亦非世儒訓詁可比。

此外諸儒，皆以考索為足以明道，註解為足以傳道，求其操存踐履者蓋寡焉。若雙峯饒氏，公遷朱氏，已不免此弊，其流至於陳氏吳季子等，則其口語亂道，其不得罪於聖門，吾不信也。

自孔子以博文約禮為教，此下孟子偏約，荀子偏博，不免兩歧。北宋理學諸家亦偏約，所謂喫緊為人是也。朱子集周張二程，並漢宋諸儒之大成，博文之功，千古無匹，而不失約禮之精神。其詩曰：舊學商量加邃密，新知涵養轉深沉。商量舊學即博文，涵養新知是約禮。如鳥兩翼，如車雙輪，象山譏其支離，近代人疑其近荀子，此皆不識朱子為學之真與大。元儒在異族政權統治下，喫緊為人，蓋所難言。許魯齋大節已虧，如人陷泥淖中，何立達可期。故元儒尊朱，終不免走上考索註解文字書本一路。明初《五經》、《四書大全》，皆元儒成業，懸為明代一代之功令，當時諸儒不免心生鄙厭，康齋敬齋，乃皆在操存踐履上努力，而撰述之事非所重。於經史實學博文之功，即敬齋亦已不能與黃東發吳草廬相擬。影響所及，遂使明代理學，都偏向了約禮一邊。前如薛敬軒，後如羅整菴，同屬尊朱，同少博文工夫。康齋敬齋同為醕儒。康齋尚多為詩，敬齋則詩文並罕，益見近裏篤實。其為學，既重涵養新知，並亦商量舊學，又若於康齋為一轉手，而惜乎終未臻於大成兼擅之境。

卷一〈奉羅一峯〉有云：

竊疑朱子沒，其門人親炙朱子日久，尚未甚失。然訓解漸煩，實體之功少矣。再傳則流於口語，遂失其真。多是窮索文義，以博物洽聞為學。僅有西山真氏，知居敬窮理，故學雖博，有本體功夫。魯齋許氏，不務辭說。吳草廬初年甚聰明，晚年做得無意思。其論朱陸之學，以朱子道問學，陸子尊德性。愚以為尊德性工夫亦莫如朱子。平日操存涵養，無非尊德性之事，但其存心窮理之功未嘗偏廢，非若陸子之專本而遺末，陷於禪學，謂之能尊德性可乎？

此處分操存涵養與存心窮理為二，即伊川涵養在居敬，進學則須致知，朱子合之曰居敬窮理是也。惟敬齋又似多言窮理，而少言道問學，又似以尊德性為本，道問學為末，亦可謂以涵養為本，窮理為末。其評西山真氏有曰：知居敬窮理，故學雖博，有本體工夫，乃似顯分學業為尊德性涵養與窮理以及博學三項，而博學最居其末。蓋敬齋有意矯元儒之弊，不願人務於廣覽博記，遂分別出此許多層次，其實窮理即所以尊德性，道問學即所以窮理，當時朱子教人，固未作此許多分別。其對象山，只謂自己在道問學方面多了些，固非顯分尊德性與道問學為二而有所軒輕也。

又〈復于先生〉有云：

念道自宋儒去後，不勝寥落。自元及今，儒以訓詁務博為業，以註書為能傳道。使世之學者淺陋昏昧，無窮理力行之實，此有志者不能不以為憂也。

其實朱子亦何嘗不博學，何嘗不註書，其竭一生之力註四書，亦何嘗不以為其能傳道，敬齋特痛懲元儒流弊，故意提出窮理力行四字，似把窮理與道問學再加分開，把考索註解，博物洽聞，過分擱棄一邊。自康齋已有此趨嚮，而敬齋更明言之，遂成此下明儒風氣，終於道問學博文一邊疏了。惟康齋、敬齋用意謹嚴，猶與此下明儒由空疏而轉入狂放，有大不同，此則不可不深辨也。

又〈奉夏憲副〉有云：

古之學校，所繫甚重。蓋以政由教出，治以道明，士之所學者，無非修身致治之道，上之所行者，無非學校所窮之理也。自漢魏以下，學校之教，不過以訓註記誦為業，未嘗即物以窮天下之理，故無修身致治之具。上之所用者，非得乎明德致治之人。如蕭曹房杜等，號稱賢相，然亦以其智謀才力之長。其於天下之事，不過補其罅漏，修其缺壞。豈能事事物物，盡其當然之則，使生民各得其所乎。程子謂其未嘗以道治天下，不過以法把持是也。至宋之時，安定胡先生能知乎此，故立經義齋治事齋以教學者。其後關洛諸公繼出，故格物窮理之學，修身治世之道，煥然如出三代之上。居仁質雖愚弱，竊有感焉，每欲學之而未能也。

此篇見解極高，議論極大。主張政以教出，治以明道，學校與政府，期能密切聯成一體，而學校職責，猶在政府之上。不僅作育人才，以供政府之任使，尤在講明治道，以備政府之遵循。由此可知敬齋所主之窮理，不僅為修身，並以為治世。由此闡申，則博文一途終不可避。明代理學家，鑒於元儒之弊，因噎廢食，似乎於此一途有戒心，遂多眼高空腹之病。即康齋門下，白沙已屢為敬齋所譏斥，而此下終亦不免多要轉入象山路上。此因失卻康齋、敬齋之謹嚴，不得謂康齋、敬齋即有以啟其機也。

敬齋之譏斥白沙，屢見於《文敬集》，如〈復張廷祥〉有云：

公甫天資太高，清虛脫灑，所見超然，不為物累，而不屑為下學，故不覺流於黃老。反以聖賢禮法為太嚴，先儒傳義為煩贅，而欲一切虛無以求道真。雖曰至無而動，如以手捉風，無所持獲。

此言下學，又言先儒傳義，可見敬齋論學，本非有偏。特內外本末輕重之間，不能大氣並包而達於融和一貫。徒求之於形似之間，則若與白沙無大相異耳。

又〈與羅一峯〉有云：

公甫天資過高，入於虛妙，遂與正道背馳。其〈與何時矩書〉，曰：天自信天，地自信地，吾自信吾。又曰：塵微六合，瞬息千古，只是一箇儱侗自大之言，非真見此道之精微者。乃老莊佛氏之餘緒。

又〈奉憲副張希仁〉有云：

陳公甫學太高虛超脫，於正學有害。

又〈與丘時雍〉有云：

公甫資性英明，才氣高邁。抱負宏大。觀其詩，皆雄才大略之所發，其體律句語，又皆高切古健，靡不有法。豈其以此為重而用心乎，抑以此為末而不為所累乎。人之心虛靈不測，涵具萬理，必其無一毫之累，乃能與天地同其大，故僕之所以望於公甫者，在此而不在彼也。

心具萬理，必能無一毫之累，乃能與天地同其大，白沙在此等處，似亦與敬齋見解相同，而兩人所用工夫則不同。敬齋評白沙，曰清虛，曰虛妙，曰高虛。皆謂徒虛其心而不能涵具萬理，唯其如此，其心乃仍不免有所累，非能真達於虛靈之境，如其肆力於為詩即是。此乃敬齋深研心學，故能指出白沙疵纇所在。然此等意境，仍然近似於明道之以玩物喪志戒人，卻未有真契於朱子之以格物窮理勉人之意，此亦不可不辨也。

其〈又復張廷祥〉有云：

> 昔年之學，專於記誦博覽訓詁詞賦。其所從事者淺而陋。近年以來，學者立心稍高，而不能仔細體驗聖賢切實工夫，而妄意聖賢，故遂入於空虛玄妙，其凌高駕空，反成狂妄，其入異教也宜矣。

此書評羅一峯。要之明儒風氣，有激於元儒之淺陋，而轉陷於遊心高空虛無之境，幾成一時通病。不僅白沙一人為然。而康齋、敬齋，則終是謹嚴於操存踐履之間，而未能大肆力於博文窮理之功，斯亦無足為諱也。

又〈與蔡登〉有云：

> 禪學亦用功於心性，而以虛靜存養為主，與吾儒工夫爭幾何。然彼之存心，適足以空其心

之體，滅其心之用。故為心學之害者，莫甚於禪。今之於心學多入之者，以其喜虛靜，好高妙，忽吾儒下學之卑近，厭應事察理之煩，而欲徑趨高大無滯礙之境故也。

敬齋服膺程朱，而不諱言心學，並奉程朱為心學宗主。其謂害心學者莫甚於禪。闢禪亦以闢陸，故曰吳草廬晚年做得無意思，以其和會朱陸也。敬齋發揮程朱心學，其語備見於《居業錄》。大要在求心與理一。此乃孔子七十而從心所欲不踰矩之境界，豈能不仔細體驗其切實工夫，而妄意以為一蹴可達乎？於是則必有下學。敬齋意，凡忽下學卑近，則易入異端。然僅言下學，不言博學，終於朱子精神有隔，亦非孔子博學而無所成名之正途也。

《居業錄》有曰：

理無形而具於心，心具是理而無迹，故可謂之虛，不可謂之無，不可謂之空。空則無矣，心不虛，不能涵具眾理，所以心體本虛也。

心虛故能涵具眾理，若掃空一切，乃成無心，非心虛。如六祖云本來無一物，陽明云無善無惡心之體，此皆近乎認心為無，皆當為敬齋所斥。

又曰：

離內外，判心迹，此二本也。心具眾理，眾理悉具於心，心與理一也。天下事物之理雖在外，統之在吾一心，應事接物之迹雖在外，實吾心之所發見。聖人以一心之理應天下之事，內外一致，心迹無二。異端虛無空寂，此理先絕於內，以何者而應天下之事哉。

又曰：

禪家存心有兩三樣，一是要無心，空其心。一是羈制其心，一是照觀其心。儒家則內存誠敬外盡義理而心存。故儒者心存，萬理森然具備，禪家心存，而寂滅無理。儒者心存而有主，禪家心存而無主。儒家心存而活，異教心存而死。然則禪家非是能存其心，乃是空其心，死其心，制其心，作弄其心也。

此等皆可謂於心學上有善辨。然陽明亦言事上磨練，不得謂其心存而死。不知敬齋生陽明後，又將何以為說。要之心既涵具萬理，則當格物窮理以盡其心，敬齋言內存誠敬外盡義理，此即朱子窮理之教，而終嫌發揮少。

又曰：

釋氏心與理二，心雖存，亦無理。屏絕思慮事理，使不撓吾心以為存。惟無事時如此做得，事來一撓，便亂了。

又曰：

今之學道者，多入異教，是他做存心工夫上差了。程朱闢異端甚詳。今被他反引其言入異教去。

又曰：

吾儒是隨事盡理以存其心。所謂敬者，只是專一謹慎。所以無事時，心湛然在內。有事時，即是這箇心與應察處置，所以動靜表裏本末共此心，只是箇專一畏敬。佛氏只是硬把捉繫縛這箇心。方其無事時，把捉繫縛得住，有事時便亂了。

又曰：

禪家不知以理義養心，只捉住一箇死法。

敬齋辨儒釋處心工夫不同，率如上引。其言即是這箇心與應察處置，易言之，與朱子格物窮理之教終似隔了一層。

又辨儒家言靜與敬養心功夫之不同。其言曰：

周子有主靜之說，學者遂專意靜坐，多流於禪。蓋靜者體，動者用。靜者主，動者客。故曰主靜，體立而用行也。亦是整理其心不使紛亂躁妄，然後能制天下之動。但靜之意重於動，非偏於靜也。愚謂在靜坐中有箇慎恐戒懼，則本體已立，自不流於空寂，雖靜何害。

又曰：

天命之性，與生俱生，不可須臾離，故靜而未有事接之時，則此心未動，此理未發，然此時此心，寂然在內，此理全具於中，故須主敬，須存養。程子以為靜中有物，靜中雖無所知覺，亦有知覺在。又有因程子說靜中之物，遂要察見本體，看未發以前氣象，此又非也。靜中只有箇操存涵養，曷嘗有看見察見。

又曰：

人之學易差。羅仲素李延平教學者靜坐中看喜怒哀樂未發以前氣象，此便差卻。既是未發，如何看得，只存養便是。呂與叔蘇季明求中於喜怒哀樂未發之前，程子非之，朱子以為即已發之際默識其未發之前者則可。愚謂若求未發之中，看未發氣象，則動靜乖違，反致理勢危急，無從容涵泳意味。故古人於靜時只下箇操存涵養字，便是靜中工夫。思索省察，是動上工夫。然動靜二端，時節界限甚明，工夫所施，各有所當，不可乖亂混雜，所謂動靜不失其時，其道光明。今世又有一等學問，言靜中不可著箇操字，若操時又不是靜。以何思何慮為主，悉屏思慮，以為靜中工夫只是如此，所以流於老佛。不知操字是持守之意，即靜時敬也。若無箇操字，是中無主，悠悠茫茫，無所歸著。若不外馳，定入空無。此學所以易差也。

靜中須有主，須能操存涵養，此即是敬。心有主，故能虛而涵理。心無主，則不外馳，定入空無，此為敬齋論養心之要旨。

敬齋又曰：

敬便是操，非敬之外別有箇操存工夫。格物便是致知，非格物之外別有箇致知工夫。

又曰：

孔門之教，惟博文約禮二事。博文是讀書窮理事，不如此，則無以明諸心。約禮是操持力行事，不如此，則無以有諸己。

此處敬齋所論，同時兼重格物窮理，與讀書博文。惟矯元儒偏向在外之弊，故更所著重者，終在向內修心一邊。故康齋敬齋，其學皆自養心而至篤行，皆為粹然醕儒，而於窮理博文一邊，終嫌工夫不足，規模未能宏大。下及羅整菴，亦相似。此乃明儒風氣如此，重約禮更重於博文。故其用意過高者則易近老釋。敬齋謂：

未得前先放開，故流於莊佛。又有未能克己求仁，先要求顏子之樂，所以卒至狂妄。周子令二程尋顏子樂處，是要見得孔顏因甚有此樂，所樂何事，便要做顏子工夫，求至乎其地，豈有便來自己身上尋樂乎？放開太早，求樂太早，皆流於異端。

白沙亦知求心即理之境界，卻不細下到達此境界之工夫，便來自己身上尋樂，放開太早，求樂太早，敬齋則在此工夫上仔細用心，故能謹嚴為學，此乃兩人之異。

《居業錄》中亦有明白指斥白沙語，如曰：

陳公甫說物有盡而我無盡，即釋氏見性之說。他妄想一箇不生不滅的物事在天地間，是我之真性，謂他人不能見，不能覺，我能獨覺，故曰我大物小，物有盡而我無盡。殊不知物我一理，但有偏正清濁之異。以形器論之，生必有死，始必有終，安得我獨無盡哉。以理論之，則生生不窮，人與物皆然。

竊謂朱陸心即理性即理之爭，其背後必牽涉到宇宙論問題。朱子主性即理，有理氣的宇宙論為之作證。陸子主心即理，把宇宙外在一切全綰結到心上，於濂溪〈太極圖說〉、橫渠〈西銘〉皆所不滿，其自身不能有一套完密的宇宙論，則說到底沒有一歸宿。故凡專主一心以概括一切者，勢不能不借助於老佛。白沙自謂從吳聘君學，未有入處，總覺此心此理未有湊泊脗合處，於是舍繁求約，惟在靜坐，久之然後見此心之體隱然呈露，常若有物，日用間種種應酬，隨吾所欲，如馬之御銜勒也。於是渙然自信，謂作聖之功在茲。是孔子七十而從心所欲不踰矩之境界，乃可專於靜坐一節上易簡得之也。陽明良知之學，亦於龍場驛靜中得悟。其晚年乃有良知生天生地神鬼神帝之說，是亦由孟子良知轉為釋氏之佛性矣。梨洲《學案》謂敬齋以有主言靜中之涵養，與白沙言靜中養出端倪為同門之冥契，觀於上引，兩人異同判然，得失易見，梨洲之說，顯不可信。

敬齋又謂：

釋氏是認精魂為性，專一守此。以此為超脫輪迴。陳公甫說物有盡而我無盡，亦是此意。

程子言至忙者無如禪客，又言其如蝜蝂之蟲，抱石投河。朱子謂其只是作弄精神。此真見他所造，只是如此模樣。緣他當初只是去習靜坐，屏思慮，靜久了，精神光彩，其中了無一物，遂以為真空。言道理只有這箇極玄極妙，天地萬物，都是這箇做出來。得此，則天地萬物雖壞，造物事不壞。幻身雖亡，此不亡。所以其妄愈甚。

其實敬齋之不同意於白沙，亦如後來整菴之不同意於陽明。惜乎敬齋不獲高壽，其學未臻昌大之境，否則此下明學，或可得一更理想之發展，不終囿於內向之一邊。直至東林起，由王反朱，明學始顯有轉向，而明社遽屋，不克竟成其所欲至。晚明諸遺老入清初者，其為學又顯一新轉向，而在清廷高壓政策下，亦不獲有發展，遂轉出乾嘉故紙堆中之經學，此實與元儒為學，同在書本文字間，亦因同在異族政權統治下，同有其無奈何之心情以逃避現實於不自覺，元儒尊朱，清儒反宋反朱，略迹淪心，固是同可悲憫也。

敬齋《居業錄》共八卷，一〈心性〉，二〈學問〉，三〈聖賢〉，上引多在一二兩卷中，第三卷列評古今聖賢，亦有大見識。如曰：

孟子才高，在心性源頭處理會。曰存心養性，曰求放心，擴充四端之類，其曰操曰存曰養曰求曰擴充，孟子工夫便在此下手。非有孟子天資，便無可依據。故孔子只教人忠信篤敬博文約禮，便有依據持循，而心性工夫亦無不盡矣。河洛之教，實祖孔子，故主敬主一，莊整嚴肅，整衣冠，齊容貌，格物窮理，益詳益盡。學者亦不患無依歸，無下手處矣。

此條分別出孔孟異處，謂河洛乃承孔子，其說亦本朱子來，他人極少及之。

又曰：

程子之學，是內裏本領極厚，漸次擴大以致其極。朱子之學，是外面博求廣取，收入內裏，以充諸己。譬如人家，程子是田地基業充實，自然生出財穀以致富。朱子是廣積錢穀，置立田地家業以致富。用力雖異，其富則一也。但朱子喫了辛苦，明道固容易，伊川亦不甚費力。

此條分別出程朱相異。然似更尊二程。學問太費力，即是正路，亦非坦途。否則路途雖一，而天姿有別，終見高下。

又曰：

程子天資高，其於義理，不用甚窮索，只優游涵泳以得之。雖曰反求諸六經，然亦不甚費力。自孔顏以下，所造精粹，未有及之者。

此條極推程子，曰孔顏以下未有及之，則終見在朱子之上矣。

又曰：

〈朱子行狀〉，學問道理，本末精粗詳盡，吾每令初學讀之。〈明道行狀〉，形容明道廣大詳密，然渾化純全，非工夫積累久，地位高者，領會不得。吾每欲學者先讀〈朱子行狀〉，有規模格局，方好讀〈明道行狀〉。

此欲學者由朱子上窺程子，其間軒輊顯然矣。

又曰：

朱子體段，大相似孟子。但孟子氣英邁，朱子氣豪雄。孟子工夫直捷，朱子工夫周遍。

敬齋以明道擬顏子，以朱子擬孟子，自見程子在朱子上。其謂朱子工夫周遍，其周遍處即其用力處，不免落於形迹。故欲學者先讀〈朱子行狀〉，有規模格局，方好讀〈明道行狀〉，斯其於程朱軒輊，豈不顯然易見乎！

《居業錄》第四卷〈帝王〉。第五卷〈古今〉，多言歷代治制，有曰：

為治之法，當因事勢而裁以天理。

梨洲評之曰：

先生言治法，寓兵未復，且先行屯田。賓興不行，且先薦舉。井田之法，當以田為母，區畫有定數，以人為子，增減以受之。設官之法，正官命於朝廷，僚屬大者薦聞，小者自辟，皆非迂儒所言。後有王者，所當取法。

六卷言〈天地〉，究及宇宙萬象，七卷〈老佛〉，八卷〈經傳〉，即觀其八卷之卷目，可知敬齋為學，實亦欲博文約禮兼顧，其規模格局，確是瓣香朱子。惜乎一時學者，大抵如敬齋之譏象山：

其見理過於高大，存心過於簡易。

雖其同門，如陳白沙，如婁一齋，皆不能免。其評白沙，已詳引在上。其評一齋有曰：

婁克貞說，他非陸子之比。陸子不窮理，他卻肯窮理。公甫不讀書，他勤讀書。以愚觀之，他亦不是窮理。他讀書，只是將聖賢言語來獲己見，未嘗虛心求聖賢指意，舍己以從之也。

又曰：

> 見得此心光明，亦是佛學之低者。若高底，連心都無了。今陳公甫已到高處，克貞未到。

梨洲《學案》：陽明年十七，親迎過廣信，從一齋問學，深相契。則姚江之學，一齋為之發端。今按一齋有《日錄》四十卷，《三禮訂訛》四十卷，《春秋本意》十二篇，其勤於著述過敬齋，是亦能不忘博文一途者。惜其書散佚不傳，無可詳論。其子忱不下樓十年，從遊甚眾，僧舍不能容，有架木為巢而讀書者。是一齋一脈，猶有康齋篤實遺風，似與白沙陽明途轍終是不同也。

明初理學家，與康齋敬齋同時，北方尚有曹月川薛敬軒。雖亦與康齋敬齋同一尊朱，同尚踐履，而雙方學問路徑似有不同。康齋敬齋似是從朱子上窺二程，近似於所謂程朱之正傳。而月川敬軒則從朱子上窺濂溪康節橫渠，應與程朱正傳有不同。故康齋敬齋喜言心，而月川敬軒更喜言天。換言之，康齋敬齋為學，偏重日常人生以至治平教化，而月川敬軒則多縱論及於宇宙自然理氣問題。由康齋轉出白沙，由一齋轉出陽明，敬齋雖力辨白沙，然梨洲《學案》於康齋敬齋轉少抨擊，獨於月川敬軒則不肯輕易放過，即此亦可見明初南北雙方學術之有異矣。此貴學者之微辨之。

（下）曹月川薛敬軒學述

清《四庫全書・曹月川集・提要》，稱明初理學，以端與薛瑄為最醕。今按：兩人皆籍北方，月川在先，敬軒在後，為便敘述，姑先敬軒而以月川繼之。

薛瑄，號敬軒，山西河津人。中永樂庚子鄉試第一。中進士第，授監察御史。三楊欲識其面，辭曰：職司彈事，豈敢私謁公卿。正統時，中官王振用事，問三楊，吾鄉誰可大用者，皆以敬軒對，自山東提學僉事召為大理寺正卿，三楊欲敬軒詣振謝，不可。曰：拜爵公朝，謝恩私室，某不能。已，遇振於東閣，百官皆跪，敬軒長揖不拜，振大恨。被劾，繫獄論死。振有老僕，泣於竈下，振怪問之，曰：鄉人薛夫子將刑，具言其平生狀。振惘然，傳旨戍邊，尋放還。景泰初，起南京大理寺卿，中官金英奉使道出南京，公卿餞於江上，敬軒獨不往。英至京，言於眾，曰：南京好官唯薛卿耳。以原官召入。英廟復辟，遷禮部右侍郎，兼翰林學士，入內閣。于忠肅就刑，敬軒於閣議請末減。後遂乞致仕，居家八年而卒，年七十六，時天順八年也。崔後渠有言，敬軒佐大理，王振引之，若辭不往，豈不愈於抗而得禍。于忠肅受害，敬軒爭不得，即以此事去，當尤為光明俊偉。梨洲《學案》引〈師說〉，前輩論一代理學之儒，惟先生無閒言，非以實踐之儒歟。然為御史，未嘗諍一言。景皇易儲，先生為大理，亦無言。于肅愍之獄，先生僅請從末減，坐視忠良之死而不救，則將焉用彼相矣。先生於道，於古人全體大用，儘多缺陷，特其始終進退之節，有足稱者。今按：言明代朱子學巨擘，必群推敬軒，然猶不免有呰議如此。梨洲《學案》引〈師說〉又曰：閱先生《讀書錄》，多兢兢檢點言行間，所謂學貴踐履，意蓋如此。或曰：七十六年無一事，此心惟覺性天通，先生晚年聞道，未可量也。此所評騭，亦有微辭。梨洲之自為評則曰：敬軒所著《讀書錄》，大概為〈太極圖說〉、〈西銘〉、《正蒙》之義疏，然多重複雜出，未經刪削，蓋惟體驗身心，非欲成書，亦不以古人著作例許之。今姑引《讀書錄》中數條為梨洲《學案》所未及者，以見敬軒為學之淵源。

《讀書錄》卷九有曰：

孔子因堯舜三代之遺典，故得以刪述贊修。朱子因濂洛諸儒之遺論，故得以折衷去取。

又曰：

堯舜之道，非孔子無以明。濂洛之道，非朱子無以發。周子程子張子之學，非得朱子為之發明，後世紛紛，莫知所定論矣。

又曰：

使堯舜禹湯文武周孔顏曾思孟周程張子之道昭然明於萬世，而異端邪說莫能雜者，朱子之功也。韓子謂孟子之功不在禹下，余亦謂朱子之功不在孟子下。

《讀書續錄》卷二亦曰：

孔子集羣聖之大成，朱子集羣賢之大成，其揆一也。

又曰：

程朱接孟氏之統，有功於萬世。

凡敬軒之推崇於朱子者，前乎敬軒，後乎敬軒，所言率莫能違，是則敬軒於學術大統，固不能疑其所窺之未醕未卓矣。烏得專以實踐二字盡之。

《讀書錄》卷一又曰：

言觀周子二程子張子邵子，皆與斯道之傳者也，而朱子作《大學》、《中庸》序，惟以二程子繼孟氏之統，而不及三子，何邪。蓋三子各自為書，或詳於性命道德象數之微，有非後學造次所能窺測。二程則表章《大學》、《中庸》、《語》、《孟》，述孔門教人之法，使皆由此而進。自灑掃應對孝弟忠信之常，以漸及乎精義入神之妙，循循有序，人得而依據，此朱子以二程子上繼孔孟之統而不及三子歟。然朱子於〈太極圖〉、《通書》則尊周子，於〈西銘〉、《正蒙》則述張子，於《易》則主邵子，又豈不以進修之序，當謹守二程之法，博學之功，又當兼考三子之書邪。及朱子，又集小學之書以為《大學》之基本，註釋四書以發聖賢之淵微。是則繼二程之統者朱子也。至許魯齋專以小學四書為修己教人之法，不尚文辭，務敦實行。是則繼朱子之統者魯齋也。

敬軒此條，語若平近，實乃發人所未發，涵有獨特之見，亦為敬軒自己學脈所在，當為鄭重指出。蓋朱子在儒學傳統上之大貢獻，其影響後世最深最大者，厥為其註釋四書，使四書地位轉踞五經之上，宋儒以下與漢唐儒之主要相異點即在此。而提倡《學》、《庸》，合《語》、《孟》為四書，其意先自二程。

《讀書錄》卷五又曰：

於千餘年俗學異端淆亂駁雜中剔撥出四書來，表章發明，遂使聖學晦而復明，大道絕而復續。而俗學異端之說自不得以干正，其功大矣。

是敬軒亦明認四書在五經之上也。濂溪康節橫渠三人之著書立說，則不免有偏重《周易》一經之嫌。朱子雖亦同尊此三人，然明白昭示後人以入聖之門，以上接孔孟之傳統者，則《周易》一書，斷不能與《語》、《孟》、《學》、《庸》四書為比。故朱子尤特尊二程，而後世儒者又專以程朱聯稱，其中所以然，惟敬軒此條獨加闡發，則敬軒之於儒學大統及其精義所關，斷不能謂其無所見。然敬軒之自為學，則實於康節濂溪橫渠三人有其用心獨至者。其學脈乃承月川來，李禎謂薛河東先生雅服月川，是矣。而梨洲乃謂敬軒《讀書錄》，不過為〈太極圖說〉、〈西銘〉、《正蒙》之義疏，是實未深得敬軒為學之要領與旨趣也。至敬軒又特提朱子之小學書，而以許魯齋為繼朱子之統，此亦即敬軒自己學脈，皆傳自當時北方之學統也。《讀書錄》中屢提魯齋，茲不詳及。

《讀書錄》卷一又曰：

讀朱子語錄，不若讀《易本義》、《四書章句集註》、《或問》諸手筆之書為定論。有餘力，則參考語錄之類可也。

又曰：

嘗竊謂讀朱子語錄雜論，不若讀朱子手筆之書為無疑。然語錄雜論中有義理精確明白，發手筆之未發者，則不可不考也。

卷四又曰：

讀朱子語錄雜書，斷不若讀其手筆之書。

又曰：

後儒纂集雜說語錄附諸經書條下，有語同而數處皆見者，幾於曰若稽古三萬言矣。

又曰：

各經四書註脚之註脚太繁多。竊謂不若專讀各經四書正文傳註，熟之又熟之，以待自得之可也。小註脚太繁多，不惟有與經註矛盾處，亦以起學者望洋之歎。

朱學流衍，迄於元代，敬軒所謂纂集小註脚之書，乃層出而不窮。於是有唱為和會朱陸，重視自得之說者。遠自吳草廬已啟其端。及明初《四書大全》、《五經大全》成書，而反動之影響益著。自程敏政陳白沙演變至王陽明，則朱學之流風餘緒，掃地盡矣。敬軒一遵朱學舊軌，於四書外，在五經中特提《周易》一經，主張於朱子手筆正文傳註熟之又熟，以待自得，不主捨書冊而求自得，則不致有白沙陽明之崛興。而較之草廬，轉輕四書而殫精於五經，亦為未失朱子矩矱。其所以於五經中特重《周易》者，則為十翼談及宇宙論方面，可補四書之缺。修齊治平日常人生，重在四書，敬軒學貴踐履，體驗身心，《讀書錄》之偏重實在此。梨洲謂其僅為〈太極圖說〉、《正蒙》之義疏，是知其一未知其二也。至敬軒勸人讀《語類》不若讀朱子手筆之書，可為定論無疑，此亦從月川來。蓋敬軒為學，篤信謹守，不喜牽引論辨，其病若在少所闡發。此乃敬軒姿性所限，亦因時會使然。適因白沙陽明未起，篤遵前規，固若規模未臻於宏大，闡申未及於精微，要自不掩其所長。在孔門亦當在德行之列。晚明以下，王學流弊日𣋉，返視前哲，乃獨於敬軒無間言。醕謹，縱恣，各趨一端，梨洲意存抑揚，亦終不能不於敬軒陽明兩人相提並論，亦可見敬軒之所詣矣。

敬軒有詩集十卷，沖澹高秀，有陶韋之風，理學家中能詩者，敬軒亦其一人。其中有一首云：

蜩鳩笑大鵬，夏蟲疑寒冰。語之斯道大，心識何蒙冥。屬文篋笥滿，讀書棟宇盈。徒勞一生力，了無寸見明。誰言點也狂，鼓瑟有深情。

是敬軒之學，謹言慎行，悃愊無華，而其內心慕嚮，乃在曾點之狂。《讀書錄》中，亦屢提及曾點。誦其詩，行役羈旅，江山花竹，怡情悅性，有高蹈世外之致。其文集十四卷，皆泛泛酬應，不作高論閎議。而涉及朝廷政事者，則僅〈上講學章〉一篇，乞致仕奏三篇而止。量其稟賦所鍾，蓋近伯夷之清，當時謚曰文清，亦殊的當。而伊尹之任，柳下惠之和，則非其性近。其兢兢檢點言行，乃學養所致。梨洲《學案》亦謂其聞曹月川之風而起，此言近之。而猶謂其多困於流俗，又謂陳白沙猶激於聲名，乃以專尊陽明，似未能真識敬軒之為人也。

梨洲《學案》，於敬軒立身為人，既多貶辭，於其思想義理，亦多駁辨。梨洲曰：

先生謂理氣無先後。無無氣之理，亦無無理之氣，不可易矣。又言氣有聚散，理無聚散。以日光飛鳥喻之。理如日光，氣如飛鳥。理乘氣機而動，如日光載鳥背而飛。鳥飛而日光雖不離其背，實未嘗與之俱往，而有間斷之處。亦猶氣動而理雖未嘗與之暫離，實未嘗與之俱盡，而有滅息之時。義竊謂理為氣之理，無氣則無理。若無飛鳥而有日光，亦可無日光而有飛鳥，不可為喻。蓋以大德敦化者言之，氣無窮盡，理無窮盡，不特理無聚散，氣亦無聚散也。以小德川流者言之，日新不已，不以已往之氣為方來之氣，亦不以已往之理為方來之理。不特氣有聚散，理亦有聚散也。

竊謂喻以見意，貴乎因喻以明意，不貴拘乎喻以害意。日光飛鳥，明是兩物，可以相離，豈理氣之比。此一層，敬軒豈有不知。今姑別設新喻。如飛機必載飛機之理以俱前，然飛機之理，實不隨飛機以俱去。同時可以有數十百架飛機起飛，各載飛機之理，然此飛機之理，決不為此數十百架飛機所分散可知。敬軒氣有聚散理無聚散，其意非不是。梨洲言氣無窮盡，豈能兼證其無聚散。至云不以已往之理為方來之理，其語更不通。豈今日此一飛機之理，已不是昨日此一飛機之理乎？理氣固不離，然亦不雜，若梨洲言則雜矣。

梨洲又言：

先生謂水清則見毫毛，心清則見天理。喻理如物，心如鏡，鏡明則物無遁形，心明則理無蔽迹。羲竊謂仁人心也。心之所以不得為理者，由於昏也。若反其清明之體，即是理矣。心清而見，則猶二之也。

竊謂《論語》已言，知及之，仁不能守之，知獨非出於人心乎？又曰：回也三月不違仁，其餘日月至焉而已。豈其餘如由賜之徒，皆為無心乎。孟子固以仁為人心，然並不如王學之徒，主張滿街皆是聖人，端茶童子亦即是聖人也。心即理之說既已盛行，則鏡物之喻，宜若其困於流俗矣。

梨洲又曰：

> 此是先生所言本領，安得起而質之。

其實敬軒為學本領並不誤，惟後人繼起，言義理太高，梨洲陷而不能出，乃轉若敬軒之猶為困於流俗耳。

梨洲《學案》又曰：

> 河東之學，悃愊無華，恪守宋人矩矱，故數傳之後，其議論設施，不問而可知其出於河東也。若陽明門下親炙弟子，已往往背其師說，亦以其言之過高也。然河東有未見性之譏，所謂此心始覺性天通者，為非欺人語，可見無事乎張皇耳。

梨洲此條，已明見敬軒陽明雙方學術異同與其得失所在，蓋當梨洲時輿論已如此，已由陽明返尊敬軒，梨洲亦無能違也。然仍必謂敬軒有未見性之譏。不知譏之者，正是言之過高之徒也。敬軒臨卒留詩，七十六年無一事，此心始覺性天通。梨洲謂其非欺人語，蓋謂其臨卒留詩如此，足證其生平為學未達此境。又曰無事乎張皇，則謂其《讀書錄》悃愊無華，正亦多困於流俗，未達見性階段耳。是梨洲之所以譽之者，皆所以譏之。然今日吾人平心讀敬軒書及梨洲評語，則梨洲之所以譏之者，亦正所以譽之矣。

曹端，字正夫，號月川，河南澠池人。生洪武九年正月。永樂戊子舉於鄉，明年登乙榜第一。其學一以力行為主，守之甚確，一事不容假借。敬軒之學，誠為近之。

彭澤稱我朝一代道統之傳，斷自澠川曹先生。陳建曰：曹月川學行猶在吳康齋之右。孫奇逢則曰：法言矩行，一毫不苟，紫陽嫡派。又曰：天生成一個鐵板道學公，真明代開山，不獨冠冕中州也。有〈太極圖說述解・序〉略云：

孔子而後論太極者皆以氣言。老子道生一而後乃生二，莊子師之，曰：道在太極之先。曰一，曰太極，皆指作天地人三者氣形已具而混淪未判之名。道為一之母，在太極之先，而不知道即太極，太極即道。以通行而言則曰道，以極致而言則曰極，以不雜而言則曰一，夫豈有二耶？列子混淪之云，《漢志》含三為一之說，所指皆同。微周子啟千載不傳之秘，則孰知太極之為理而非氣也哉。二程得周子之圖之說而終身不以示人，非秘之，無可傳之人也。是後有增周說首句曰：自無極而為太極，則亦老莊之流。有謂太極上不當加無極二字者，則又不知周子理不離乎陰陽不雜乎陰陽之旨矣。亦惟朱子克究厥旨，遂尊以為經而註解之，真至當歸一之說也。至於語錄，或出講究未定之前，或出應答倉卒之際，百得之中，不無一失。非朱子之成書也。近世儒者，多不之講，間有講焉，非舍朱說而用他說，則信語錄而疑註解，所謂棄良玉而取頑石，掇碎鐵而擲成器，良可惜也。

今按〈易繫〉本出莊周道家之後，兼采儒道之說以成書。月川此篇，一本朱子理氣之說以釋濂溪之圖說，其明晰之辨，自來論太極者無出其右。敬軒之尊濂溪，其學脈顯從月川來。又按月川此序，先說康節，又及朱子《易》圖說啟蒙之書。敬軒《讀書錄》兼論康節濂溪，是亦承自月川也。其尊成書於語錄，亦一本之月川。

月川又有〈太極圖說・辨戾〉文。略云：

周子謂太極動而生陽，靜而生陰，則陰陽之生，由乎太極之動靜，而朱子之解極明備矣。其曰：有太極，則一動一靜而兩儀分。有陰陽，則一變一合而五行見，亦不異焉。又觀語錄，卻謂太極不自會動靜，乘陰陽之動靜而動靜耳。遂謂理之乘氣，猶人之乘馬，馬之一出一入，而人亦與之一出一入，以喻氣之一動一靜，而理之與有一動一靜。若然，則人為死人，而不足以為萬物之靈。理為死理，而不足以為萬物之原，理何足尚，而人何足貴乎。今使活人騎馬，則其出入行止疾徐，一由乎人之馭之如何爾。活理亦然。不之察者，信此則疑彼，信彼則疑此。經年累歲，無所折衷，故為辨戾，以告夫同志君子。

竊謂朱子此條一動一靜而兩儀分，指理氣之不離。人乘馬之喻，則指理氣之不雜。非有人為死人理為死理之意。月川所辨，實非《語類》本條有此意也。其後孫奇逢《夏峯集》卷四〈曹月川太極圖西銘述解序〉釋之曰：

月川子於〈太極圖說〉暨〈西銘〉，大都以朱子為依歸。獨辨戾一則，所以效忠於考亭者，良心獨苦。不知者謂為與紫陽為難，則豈知大道無我之公哉。

此說實得月川之旨，而梨洲《學案》顧曰：

先生之辨雖為明晰，然詳以理馭氣，仍為二之。氣必待馭於理，則氣為死物。抑知理氣之名，由人而造。自其浮沉升降者而言則謂之氣。自其浮沉升降不失其則者而言則謂之理。蓋一物而兩名，非兩物而一體也。薛文清有日光飛鳥之喻，一時之言理氣者，大略相同耳。

此辨亦非不是。然名之必可辨。既有理與氣之名，則必有理與氣之辨。此惟朱子不雜不離兩語，足以盡之。若必並歸於一，則歸於理固不是，歸於氣亦未得。羅整菴謂理即是氣之理，其言不免微近於不離一邊，而昧夫其不雜。梨洲乃曰：整菴言理氣，不同於朱子，而言心性則於朱子同，故不能自一其說。如梨洲言，必認理氣非二物，心性亦非二物。心即是性，即是理。一切打并歸一。則如陽明說：良知是造化的精靈。這些精靈，生天生地，成鬼成帝，皆從此出，真是與物無對。乃始為至當歸一乎。故如梨洲說，宇宙成為唯氣。即猶唯物也。如陽明說，宇宙又為唯心。唯心唯氣，固又孰是而孰非乎？陽明所謂良知即天理，象山所謂心即理，皆偏在唯心一邊。故陸象山必不喜濂溪橫渠。然唯心即猶唯物，既欲掃除一切名詞，則心物復何辨乎。故陽明與梨洲，實皆承朱子理氣不離之意，而並未兼顧到朱子理氣不雜之一邊。老子曰：道可道，非常道。名可名，非常名。梨洲必謂理氣之名皆由人造，名既非實，道亦歸虛，故陽明亦必認良知是一虛無體。乃與道家釋氏之說無可辨，較之上引月川之論，相距更不可以道理計矣。

又按月川〈太極圖說述解〉云：

天地間凡有形象聲氣方所者，皆不甚大。唯理，則無形象之可見，無聲氣之可聞，無方所之可指，而實充塞天地，貫徹古今，大孰加焉。

竊謂讀古人書，既當分別而求，又貴能會通而觀。果知理為無形象，無聲氣，無方所，則《語類》人乘馬之喻，自為未切。然若果知理之為無形象，無聲氣，無方所，則此乘馬之人，宜亦不致有為死人之疑矣。

《月川語錄》又曰：

吾儒之虛虛而有，如曰無極而太極。自身心性情之德，人倫日用之常，以至天地鬼神之變，鳥獸草木之宜，何往非理之有。老氏之虛虛而無，如曰道在太極之先，卻說未有天地萬物之初，有箇虛空道理在，乃與人物不干涉。不知道只是人事之理。吾儒之寂寂而感，如曰：寂然不動，感而遂通天下之故。蓋此心方其寂然，而民彝物則，燦然具備其中。感而遂通，則範圍之不出一心，酬酢之通乎萬變。為法天下，可傳後世，何往非心之感。佛氏之寂寂而滅。如曰以空為宗，未有天地之先為吾真體，以天地萬物為幻，人事都為粗迹，盡欲屏除了一歸真空。此等烏能察乎義理，措乎事業。朱子謂門弟子曰：佛老不待深辨，只廢三綱五常這一事，已是極大罪名，他不消說。

《四庫》收《月川集》，僅存一卷，《語錄》中不見此條。梨洲《學案》摭取《月川語錄》，亦未有。此見清董榕《周子全書》所引。若果明得此條，則月川之致疑於《語類》人乘馬之喻者，亦自可見其苦心之所在。而月川之論理氣，一承朱子，本可相悅而解，不煩拘泥為辨也。

又按梨洲《學案·師說》曹月川條有曰：

> 先生之學，不由師傳，深有悟於造化之理，而以月川體其撰。反而求之吾心，即心是極，即心之動靜是陰陽，即心之日用酬酢是五行變合，而一以事心為入道之路。故其見雖徹而不玄，學愈精而不雜，雖謂先生為今之濂溪可也。

斯評簡確，知蕺山之所窺於先儒者，遠較梨洲為邃矣。謂月川以事心為入道之門者。月川有曰：

> 事事都於心上做工夫，是入孔門的大路。

是也。謂以月川為撰者，月川有〈月川交輝圖〉詩。詩曰：

> 天月一輪映萬川，萬川如有月團圓。有時川竭為平地，依舊一輪月在天。

其弟子謝琚說之曰：

> 以在天之月喻萬殊之原於一本，以映川之月喻一理之散為萬殊。

蓋敬軒日光飛鳥之喻，亦由月川之喻來。兩人之學，皆力主於踐履，而歸本之於一心，然較之陸王言心，則虛實平險自判矣。

梨洲〈師說〉又曰：

先生自譜，其於斯道，至四十，猶不勝其渺茫浩瀚之苦。又十年，恍然一悟，始知天下無性外之物，而性無不在。所謂太極之理，即此而是。

性無不在，即猶一月之映萬川也。敬軒詩七十六年無一事，此心惟覺性天通，亦猶月川之所悟。兩人學皆平實，而所悟則極圓通。所謂性無不在與性天通之說，較之陽明之言良知生天生地，豈不遙為平實而深允乎。梨洲於月川敬軒兩案，皆多浮辨，可以已而不已，則門戶意氣害之也。

讀《程篁墩文集》

明代程敏政克勤，有《篁墩文集》九十三卷。其人入《明史文苑傳》，不目為理學中人。黃梨洲《明儒學案》亦不列。然其《道一編》，主張朱子象山始異終同，其論早於陽明之朱子晚年定論。後人辨此問題，必加稱引，是亦不可以不述。

篁墩論學，初若極尊程朱。《文集・卷十五・婺源明經書院重脩記》有曰：

性學既微，六經晦者千餘年，至宋兩程夫子始得聖學於遺經，紫陽夫子寬嗣其傳。

《文集・卷十七・定宇先生祠堂記》又曰：

自徽國文公得河南兩夫子之傳，斯道復明於天下。《文集・卷十八・徽州府婺源縣重建廟學記》又曰：

自堯舜以至孔顏，又至於周子，窮聖性之原，究心學之妙，而歸宿於一敬。程子發之，朱子闡焉。實有功於聖門，而有大惠於來學。

是篁墩於孔孟逮及周程朱子，皆稱心學或稱性學，夾雜通用，此在其《文集》中屢見。可見其時尚不分朱為性學陸為心學也。《文集・卷十八・董子祠堂記》又曰：

進於程朱，上窺鄒魯。

則其認程朱為孔孟正脈更可疑。而其闡述朱子則尤鄭重，《文集・卷十八・時習齋記》有曰：

學以復性。性者受之天，具於人之一心。出入無時，而操存舍亡於瞬息反手間，可畏如此。此學所以貴時習，而《中庸》之戒慎，《孟子》之收放心，其說一也。或曰：時習者，窮理事也，在《大學》為格物致知。子何得反之。嗚呼，是心學之晦，而誦朱傳之不審也。古者小學之教，嚴人生而為治性養心之地者，蓋什八九矣。故《大學》以格致為始教，俾因其已知者而益明之，以求致乎其極云爾。小學既廢，則人之為性早已鑿矣，而遽先之格致，是猶水之源未浚而汲其流，木之本未培而擷其實，未有不涸而瘁焉者也。後世之學，豈不勤勤於時習之訓，高者墮於訓詁，卑者梏於詞章，而古人所謂性學者微矣。老佛之說烏得不橫流於世，而幽闇高明者，胥為之陷溺哉。

此文主張《論語》時習，亦關心學，格物致知乃《大學》始教，其先當有一番小學工夫，什八九為治性養心之地。其言若平實，而義實未允。《論語》時習，正乃學者終身之事，尊德性亦不限於小學。格物致知非專屬道問學。朱子生平，亦不於尊德性與道問學嚴格區分。觀於此文，可知篁墩之學養與識趣。而篁墩為《道一編》，則即本此文之旨。《文集・卷十六・道一編目錄後記》有曰：

宇宙之間，道一而已。道之大原出于天，其在人則為性而具於心。心豈有二哉，惟其蔽於形氣之私，而後有性非其性者。故聖門之教，在於復性。復性之本，則不過收其放心焉爾。顏之四勿，曾之三省，與子思之尊德性道問學，孟子之先立乎大者而小者不能奪。其言鑿乎如出一口。中古以來，去聖益遠，老佛興而以忘言絕物為高，訓詁行而以講析編綴為工，辭章勝而以譁世取寵為得。由是心學晦焉尼焉。雖以董韓大儒，尚歉於此。子周子生千載

> 之下，始闡心性之微旨，推體用之極功，以上續孟子之正傳。程子實親承之。其言曰：聖賢千言萬語，只是欲人將已放之心約之使反復入身來，自能尋向上去，下學而上達也。此其言之切要，意之誠懇，所望於後學者何如。朱陸兩先生出於洛學銷蝕之後，並以其說講授於江之東西。然兩先生之說，不能不異於早年，而卒同於晚歲。學者獨未之有考焉。至謂朱子偏於道問學，陸子偏於尊德性。嗚呼，是豈善言德行者哉。朱子之道問學，固以尊德性為本，豈若後之講析編綴者畢力於陳言。陸子之尊德性，固以道問學為輔。豈若後之忘言絕物者，悉心於塊坐。

此始見其和會朱陸之說。其實篁墩此意，以之論朱學，若無大背。以之論陸學，則頗有未切。篁墩乃謂朱陸異於早年，同於晚歲，則殊嫌其考之未精也。《文集・卷二十九・送汪承之序》又曰：

> 尊德性道問學二者，入道之方也。德性者，人之基宇。問學者，人之器用。尊德性者居敬之事，道問學者窮理之功。交養而互發，廢一不可，然有緩急先後之序焉。故朱子曰：學者當以尊德性為本，然道問學亦不可不力。中世以來，學者動以象山藉口，置尊德性不論，而汲汲乎道問學，或事文藝而流於雜，或專訓詁而入於陋。曰我之道問學如此，孰知紫陽文公之所謂問學者哉。尊德性而不以問學輔之，則空虛之談。道問學而不以德性主之，則

口耳之習，玆二者皆非也。

此書不知其年歲，其糾摘元儒尊朱之弊則甚是，其發揮朱子論學之意亦無違，疑當在《道一編》之前。然其曰：學者動以象山藉口，置尊德性不論，則其主張和會朱陸之意，固已躍然矣。《文集・卷五十五・答汪僉憲書》又曰：

> 僕性迂僻，獨喜誦朱子之書，至行坐與俱，寢食幾廢。至於《道一編》所葺，皆據朱子成說。觀者不審，以僕為陸氏之學。夫尊德性者，知吾身之所得皆出於天，則無毫髮食息之不當謹。道問學者，知天下無一事而非分內，則無一事而非學。古之人自八歲以下悉入小學，所學大抵多尊德性之事。故至十有五歲，則志氣堅定，然後入大學，而以格物為首事。大抵尊德性道問學只是一事。尊德性者制外養中，而道問學則求其制外養中之詳。尊德性者由中應外，而道問學則求其由中應外之節。日用之間，每有所學，即體之於身，驗之於心，而無性外之學，事外之理，是乃朱子繼往開來之業，而後學有罔極之恩也。而學朱子之學者漸失其本意，乃謂朱子得之道問學為多。蓋非惟不知所謂尊德性，亦並不知為何云道問學，而道問學者何用也。其在宋末元盛之時，學者於六經四書纂訂編綴，曰集義，曰附錄，曰纂疏，曰集成，曰講義，曰通考，曰發明，曰紀聞，曰管窺，曰輯釋，曰章圖，

曰音考，曰口義，曰通旨，棼起蝟興，不可數計。六經註腳，抑又倍之，東山趙氏謂近來前輩著述，殆類夫借僕舖面，張君錦繡者，如欲以是而為朱子之的傳，咎陸氏於既往，不亦過乎。

此書顯出《道一編》後，明白指出宋末元盛朱學流衍所極之積弊，實非無見。故篁墩自謂其《道一編》非為提倡陸學，乃為發明朱學，亦可謂其本無引朱歸陸之意。然不知朱學自有其真，如宋末之黃東發，王深寧皆朱學也。此兩人皆極斥陸。又何必以同於陸學者乃始為朱學乎。篁墩似不能知東發深寧，特知有吳草廬。故其《文集・卷三十八・書朱子答項平父書》有曰：

> 草廬吳氏為國子司業，謂學者曰：朱子於道問學之功居多，而陸子靜以尊德性為主。問學不本於德性，其敝流於言語訓釋之末。故學必以尊德性為本，庶幾得之。當時議者以草廬為陸學而見擯焉。然以朱子〈答項平父書〉觀之，則草廬之言正朱子本意，學者宜考於斯。

是篁墩《道一編》淵源，顯自草廬。其實草廬乃真有得於朱子道問學之傳者。篁墩所引，其言乃為當時治四書義者而發，其平生致力則在五經，篁墩實乃一文士，於朱子道問學之傳，非真有得。其致譏於元儒之纂訂編綴，徒見文字，不知心性，則固是矣。然篁墩固不能謂其知心性。是篁墩固不自認為陸學，然亦不得謂其是朱學也。

全祖望《宋元學案・靜明寶峯學案》有陳苑靜明治陸學，時科舉方用朱子，聞靜明說，譏非之，毀短之，甚者求欲中之，靜明誓以死不悔，一洗訓詁支離之習，從遊者往往有省。其弟子曰祝蕃李存舒衍吳謙，稱江東四先生。此在元儒中之陸學也。而篁墩亦豈其儔乎。

《文集・卷十六・淳安縣儒學重脩記》又曰：

> 朱陸之辨，學者持之至今，予嘗誦兩家之書而竊懼夫人之不深考也。自艾於粗浮之習，而追病夫支離之過，其言具在，炳若日星。今弗究其晚年之同，而取決於早歲之異，其流至于尊德性道問學為兩途，或淪於空虛，或溺於訓詁，卒無以得真是之歸。

此文則真見為引朱歸陸矣。蓋篁墩亦主匯德性問學而一之，而惜乎其己之所學，兩面俱不著邊際，則其所論，亦終不失為文士之騁其辭章而已。

故篁墩之《道一編》，其具體論證，頗多疏失。《文集・卷二十八・道一編序》有曰：

> 齋居之暇，過不自揆，取無極七書，鵝湖三詩，鈔為二卷，用著其異同之始，所謂早年未定之論也。

又《文集・卷三十八・書朱陸二先生所論無極書後》有曰：

此皆二先生早年之事。

不知鵝湖詩誠在早年，辨太極無極書則顯入晚年。乃篁墩同舉以為朱子早年未定之論，此豈不成為大誤。篁墩並此而有誤，則其他所辨，宜可無深論。

考趙汸《東山存稿・卷二・對問江右六君子策》，虞道園發問，即以無極之辨鵝湖之詩連帶稱引。疑篁墩此誤，乃承道園來。至陽明〈朱子晚年定論〉，不收無極之辨，是亦謂事在早年也。此皆以誤承誤，若稍有朱子道問學精神則決不至此。

又按虞道園《集古錄》有〈跋朱先生答陸先生書〉一篇，有云：

案：朱子〈答葉公謹書〉云：近日亦覺向來說話有大支離處，反身以求，正坐自己用功亦未切爾。因此減去文字工夫，覺得氣象甚適。又〈與胡季隨書〉云：衰病如昔，但覺目前用功泛濫，不甚切己。方與一二學者力加鞭約，為克己求仁之功，亦粗有得力處。此兩書皆同時所書，正與書中所謂病中絕學捐書，卻覺得身心頗相收管，似有少進步處，向來泛濫，真是不濟事之語合。蓋其所謂泛濫，正坐文字太多，所以此時進學用功實至于此也。

然竊觀其反身以求之說，克己求仁之功，令學者且看孟子道性善求放心之說，直捷如此用功。蓋其平日問辨講明之說極詳，至此而切己反求之功愈切，是以於此稍卻其文字之支離，深憂夫詞說之泛濫，一旦用力，而其效之至速如此，故樂為朋友言之也。病中絕學捐書，豈是槁木死灰，心如牆壁以為功者。朱子嘗歎道問學之功多，尊德性之意少，正為此也。陸先生之門，傳之未久，當時得力者已盡，而後來失其宗。而後知朱子之說先傳後勸之有次第也。

道園此文發明朱子意，尚無大誤。而篁墩亦論此事。《文集・卷三十八・書虞道園所跋朱陸帖》有云：

朱子此書與陸子，有病中絕學捐書，覺得身心頗相收管，向來泛濫真不濟事之語，然不見于大全集中，殆門人去之也。

道園從學於草廬，其言朱陸，尚能平正。若如篁墩，乃謂此書不見於大全集，乃門人去之。則又何證以見其如此乎？《篁墩文集・卷三十八・書朱子答陸子七書》，既曰日用工夫，無復向來支離之病。又曰：近日方實見得向日支離之病。又曰：卻始知此未免支離。又曰：覺得外馳，支離繁碎。又曰：向來說話有大支離處。又曰：向來誠是太涉支離。又曰：若只如此支離，漫無統紀，展轉迷惑，無出頭處。篁墩於此七書，未能一一細考其年歲，與其所以發此言之真意，乃一并說之曰此乃朱子之深悔痛艾，則試問此七書又何以一一都見於大全集。偶失一札，又何必是門人之有意不收。此皆節外生枝，於無痕迹處找痕迹，於無罅縫處尋罅縫，此見於朱子道問學精神亦未有得，則可證其於尊德性工夫亦必有缺矣。

又按趙汸《東山存稿》卷五有〈陸先生贊〉，其文曰：

儒者曰其學似禪，佛者曰我法無是。超然獨契本心，以俟聖人百世。

篁墩極賞此文，《文集．卷三十八．書趙東山陸子象贊》云：

此亦因朱子謂陸學固有似禪處一句而發。然歷考先正之論象山者博而費，不若東山此贊之約而該也。

然《文集》同卷〈書朱子與陸子靜書〉又云：

陸子輪對五劄，皆不見所謂禪者。然析理之精，擇言之審，百代之下，孰有加於紫陽夫子者哉。殆必有毫釐之差，千里之謬者矣。學者諦玩而自得之可也。

此則又猶豫其辭，一面既不信陸子近禪，一面又謂朱子析理精，擇言審，其語決不虛發。因乃依違不敢作決斷。其實朱子論陸學似禪，何止此一處。篁墩既不信象山之近禪，終乃逼出其《道一編》早異晚同之論，自謂於此問題可得一解決。既不貶陸，亦不斥朱，以為可以兩獲其全。則誠所謂文士之見也。

又按《東山存稿》卷一有〈送汪子翼赴采石書院山長〉一詩云：

汪子富儒術，往主聖哲祠。昨者遇相別，清言不及私。惟念紫陽翁，周程以為師。云何陸子靜，所學乃異茲。後生將焉從，此事宜精思。嗟余素寡陋，求道多困歧。朱子晚所造，卓絕知者希。象山如有作，豈復憂支離。使其或有異，在我已無疑。前修去已遠，問辯將疇依。子有千里行，誰能糾予非。

是東山推尊朱子，而又特謂其晚年所造尤卓，若象山地下復起，亦將無可非難，此則違乎非篁墩《道一編》之所知矣。竊謂朱子雖時以支離自懲，然不害其畢生之勤瘁於著述。雖稱象山八字著腳，然不害時時以近禪致規箴。兩人學術自有辨，惟朱子自期反身用力，去短集長，庶幾不墮一邊。而象山則曰：朱元晦欲去兩短，合兩長，吾以為不可。既不知尊德性，焉有所謂道問學。果如此言，則即如篁墩《道一編》所考，朱子晚年深悔痛艾以自同於象山，象山亦終不之許。若象山地下可作，獲見篁墩之《道一編》，亦豈遽遂以知言許之。吳草廬謂象山有得於道，壁立萬仞。趙東山謂象山獨契本心，以俟聖人。凡此所言，皆有當於象山之性氣，亦猶朱子以八字著腳許象山耳。至於學術異同，則固當別論。

又《東山存稿・卷二・對江右六君子策》有曰：

子朱子後來德盛仁熟，所謂去短集長者，使子靜見之，又當以為如何。

此與前引詩一意。朱子為學，與年俱進，即其重晤復齋於鉛山，已曰：舊學商量加邃密，新知涵養益深沉。更何論於晚歲。然其所謂去短集長，正亦是一種道問學精神也。道問學自為尊德性，此在朱子早年，即已如此。故治朱學，首當考其年歲，乃可知其進學之大概。至如篁墩，其早年之尊朱，亦惟酖玩於文字典籍而已，固未知所謂尊德性工夫，則其謂朱子晚年乃始深悔痛艾，轉依象山正路，豈亦篁墩之自道其內心乎？

篁墩於著《道一編》以前，尚有《心經附註》一書。《心經》乃宋末真德秀西山所著，其書亦不見稱於黃全之《宋元學案》。篁墩《附註》，更不為後人稱道。惟韓國朱子學者李退溪，極重其書。此後遂為韓國李朝經筵講本。然退溪之後有李栗谷，有宋尤菴，有韓南塘，皆不深信此書，於篁墩《附註》頗有糾彈。蓋篁墩之為此書，其意已漸近於陸氏。栗谷尤菴南塘，指摘此書疵累，語詳余著《朱學流衍韓國考》，茲不贅。黃東發尊信朱子，而不滿於西山。篁墩此註，亦稱引及於東發。然於西山東發兩人學術深淺，則固非篁墩所能辨也。

又按：篁墩於孝宗弘治十二年與李東陽主會試。被言事下獄。事白，憤恚發癰卒。陽明二十八歲在京師舉進士出身，即出是年李程之試。閱後十六年，武宗正德十年，陽明編撰《朱子晚年定論》，末附吳草廬一說。則是編承襲所自，亦顯可徵。惟自草廬東山篁墩一脈以至陽明，先則謂尊朱不當貶陸，後乃為褒陸即以斥朱，其間轉變之迹，文字俱在，亦可覆案也。

此稿刊載於《東吳學報》第四、五期合刊

羅整菴學述

余於後儒闡述朱子學者，於元取黃震東發，於明取羅欽順整菴，然兩人為學亦有異。東發可稱為朱學，而整菴則以稱程朱學為允，蓋朱子於宋代理學中，實開新統，其學不僅匯濂溪橫渠二程而為一，並軼出其前，兼匯北宋理學興起以前諸儒，又上溯之於漢唐先秦六經百家文史之部，靡不博通條貫。朱門後起，能具此磅礴宏大之氣象者，殊不多有。東發《日鈔》，庶乎欲窺此門牆，而整菴則專意精微，戶庭修潔，於北宋周張二程四家中，更近二程。又其於程朱相異處，往往一遵明道，於伊川朱子皆有不滿。嘗曰：

> 愚嘗遍取程朱之書，潛玩精思，反覆不置，惟於伯子之說了無所疑。叔子與朱子，論著答

問不為不多，往往窮深極微，兩端皆竭，所可疑者，獨未見其定於一爾，豈其所謂猶隔一膜者乎。夫因其言而求其所未一，非篤於尊信者不能，此愚所以盡心焉而不敢忽也。

此其與東發之一意獨尊朱子為不同也。今試推此意言之，孔孟創儒學，下迄北宋濂溪明道，乃始於儒學中創理學。朱子則融理學歸儒學，故於孔子後，朱子又為集大成。東發承此而起，整菴則確然為理學家言，故尊明道。朱子同時有象山，整菴同時有陽明，皆為理學，故亦同尊明道。至顧亭林亦欲融理學歸儒學，故特尊朱子，兼及東發也。

整菴之學善辨心性。因以辨及象山慈湖陽明，以至釋氏禪宗。此乃整菴在理學中之深有貢獻於程朱傳統者。整菴又辨及理氣，此層微可疵議。蓋心性之辨，二程朱子所同。理氣之論，乃朱子之獨創，為二程所未及。蓋是匯通濂溪橫渠康節而來，曠觀宇宙之大，縱覽萬物之廣。而整菴則一意潛修，精力內向，照顧有所未周。故於此等處，專傍明道，於伊川猶有疑，於朱子則不能相契也。治陸王者，亦上宗明道，而伊川朱子則在所必祧之列。今整菴於伊川朱子雖亦微有評議，而於象山陽明則嚴加申辨，此所以不失為程朱學之傳宗也。

整菴之學，備見於其所為之《困知記》，共分《前》、《續》兩編。其《前編》有〈自序〉謂：

余才微而質魯，志復凡近。早嘗從事章句，不過為利祿謀爾。年幾四十，始慨然有志於道。

雖已晚，然自謂苟能粗見大意，亦庶幾無負此生。而官守拘牽，加之多病，工夫難得專一。間嘗若有所見矣，既旬月，或踰時，又疑而未定，如此者蓋二十餘年。其於鑽體研究之功，亦可謂盡心焉耳矣。近年以來，乃為有以自信。山林暮景，獨學無朋，雖自信則爾，非有異同之論，何由究極其歸趣乎！

此序成於嘉靖七年戊子，整菴已年六十四矣。《困知記前編》共一百五十六章，其首章開宗明義，即辨心性二字。略曰：

孔子教人，莫非存心養性之事，然未嘗明言之也。孟子則明言之矣。夫心者，人之神明。性者，人之生理。理之所在謂之心，心之所有謂之性。不可混而為一。

又曰：

釋氏之明心見性，與吾儒之盡心知性，相似而實不同。蓋虛靈知覺，心之妙。精微純一，性之真也。釋氏之學，大抵有見於心，無見於性。故其為教，始則欲人盡離諸相而求其所謂空。空即虛也。既欲其即相即空而契其所謂覺，即知覺也。覺性既得，則空相洞徹，神用無方，神即靈也。凡釋氏之言性，窮其本末，要不出此三者。然此三者皆心之妙，而豈性之謂哉。

又曰：

嘗考兩程子張子朱子早歲皆嘗學禪，亦皆能究其底蘊，故朱子目象山為禪學，蓋其見之審矣。嘗徧閱象山之書，大抵皆明心之說。其自謂所學因讀《孟子》而自得之，時有議之者云：除了先立乎其大者一句，全無伎倆。象山亦以為誠然。然孟子云：耳目之官不思而蔽於物，物交物，則引之而已矣。心之官則思，思則得之，不思則不得也。此天之所以與我者。先立乎其大者，則其小者不能奪也一段，言語甚是分明。所貴乎先立其大者何，以其能思也。能思者心，所思而得者，性之理也。是則孟子喫緊為人處，不出思之一言。故他日又云：仁義禮智，非由外鑠我也，我固有之也。弗思耳矣。而象山之教，顧以為此心但存，則此理自明。當惻隱處自惻隱，當羞惡處自羞惡。當辭遜處自辭遜。是非在前自能辨之。若然則無所用乎思矣。非孟子先立乎其大者之本旨也。夫不思而得，乃聖人分上事，所謂生而知之者，而豈學者之所及。苟學而不思，此理終無由而得。凡其當如此自如此者，雖或有出於靈覺之妙，而輕重長短，類皆無所取中，非過焉，斯不及矣。遂乃執靈覺以為至道，非禪學而何。蓋心性至為難明，象山之誤正在於此。故其發明心要，動輒數十百言，亹亹不倦，而言及於性者絕少。嘗考其言有云：心即理也。然則性果何物邪？又云：在天者為性，在人者為心。然則性果不在人邪？既不知性之為性，舍靈覺即無以為道矣。謂之禪學，夫復何疑。請復實之以事。有楊簡者，象山之高第弟子也。嘗發本心之問，遂於言下忽省此心之清明，忽省此心之無始末，忽省此心之無所不通。有詹阜民者，從遊象山，安坐瞑目，用力操存。如此者半月。一日下樓，忽覺此心已復澄瑩。象山目逆而視之曰：此理已顯也。蓋惟禪家有此機軸。其證佐之分明，脈路之端的，雖有善辯，殆不能為之出脫矣。

又曰：

程子曰：聖賢千言萬語，只是欲人將已放之心約之使反復入身來，自能尋向上去，下學而上達也。嘗見席文同《鳴冤錄提綱》有云：孟子之言，程子得之。程子之後，陸子得之。然所引程子之言，只到復入自身來而止，最緊要是自能尋向上去下學而上達二語，卻裁去不用，果何說也。

又曰：

程子言性即理也，象山言心即理也。夫子贊易，言性屢矣。曰：乾道變化，各正性命。曰成之者性。曰聖人作易以順性命之理。曰窮理盡性以至於命。但詳味此數言，性即理也明矣。於心亦屢言之，曰聖人以此洗心。曰易其心而後語。曰能說諸心。夫心而曰洗曰易曰說，洗心而曰以此。試詳味此數語，謂心即理也，其可通乎。且孟子嘗言理義之悅我心，猶芻豢之悅我口，尤為明白易見。故學而不取證於經書，一切師心自用，未有不自誤者也。

以上辨象山言異乎孟子，則其淵源禪學審矣。其病在不知心性之辨。心乃知覺之靈明，而性則理，不能認知覺之靈明即為理，整菴見解主要處在此。

又曰：

近世道學之倡，陳白沙不為無功。而學術之誤，亦恐自白沙始。至無而動，至近而神，此白沙自得之妙也。愚前所謂徒見夫至神者，遂以為道在是矣，而深之不能極，而幾之不能研，雖不為白沙而發，而白沙之病，正恐在此。章楓山嘗為余言其為學本末，固以禪學目之。胡敬齋攻之尤力，其言皆有所據。

《整菴存稿》有答湛甘泉一書，亦力辨白沙之禪，其言曰：

白沙曰大道至無而動，至近而神。又曰：致虛所以立本。達摩言，淨智妙圓，體自空寂。妙圓之義，非神而何。寂空之義，非虛而何。全虛圓不測之神，又非白沙之所嘗道者乎？

整菴極不滿於陸王，於白沙亦加糾摘。蓋此三人之學，皆重此心之神靈妙用，而忽視外面事物，故不能極深而研幾也。整菴又曰：

胡敬齋力攻禪學，但於禪學本末，似乎未嘗深究。蓋吾儒之有得者固是實見，禪學之有得者亦是實見。但彼之所見，乃虛靈知覺之妙。亦自分明脫灑。然其一見之餘，萬事皆畢。卷舒作用，無不自由。是以猖狂妄行，而終不可與入堯舜之道。愚所謂有見於心，無見於性。蓋心性至為難明。謂之兩物，又非兩物。謂之一物，又非一物。除卻心即無性，除卻性即無心。惟就一物中分剖得兩物出來，方可謂之知性。

又曰：

《居業錄》云：婁克貞見搬木之人得法，便說他是道，此與運水搬柴相似，指知覺運動為性，故如此說。愚讀此條，不覺慨然興歎，以為義理之未易窮也。苟得其法，即為合理，是即道也。禪家所言運水搬柴無非妙用，蓋但以能搬能運者即為至道，初不問其得法與否，此其所以與吾儒異。克貞雖是禪學，然此言卻不差。敬齋乃從而譏之，過矣。

又曰：

所說理一者，須就分殊上見得來，方是真切。佛家所見亦成一片，緣始終不知有分殊，所以似是而非。亦嘗言不可籠統真如顢頇佛性，大要以警夫頑空，於分殊之義初無干涉。既以事為障，以理為障，直欲掃除二障乃為至道，安得不為籠統顢頇乎。陳白沙曰：斯理無一處不到，無一息不運，得此欛柄入手，更有何事。末乃云：自茲以往，更有分殊處合要理會。夫猶未嘗理會分殊，而先已得此欛柄，愚恐其未免於籠統顢頇也。況其理會分殊工夫，求之所以自學，所以教人，皆無實事可見。得非欲稍自別於禪學，而始為是言耶？

又曰：

四端在我，無時無處而不發見，知皆擴而充之，即是實地工夫。今乃欲於靜中養出端倪，既一味靜坐，事物不交，善端何緣發見。遏伏之久，或者忽然有見，不過虛靈之光景耳。

以上皆辨白沙，而兼及胡敬齋，要之不能辨心性，乃落入禪學圈套也。

又曰：

近時格物之說，亦未必故欲求異於先儒，祇緣誤認知覺為性，纔干涉事物便說不行。既以道學名，置格物而不講，又不可。而致知二字，略與其所見相似，難得來做箇題目。所以別造一般說話，要將物字牽拽向裏去，而畢竟牽拽不得。

此處乃評陽明。又曰：

孟子曰：孩提之童，無不知愛其親。及其長也，無不知敬其兄。知能乃人心之妙用，愛敬乃人心之天理。以其不待思慮而自知此，故謂之良。近時有以良知為天理者，然則愛敬果何物乎。

此處亦評陽明。然在《困知記》卷四，有明斥陽明者，其一曰：

庚辰春，王伯安以《大學》古本見惠，其序乃戊寅七月所作，全文首尾數百言，並無一言及於致知。近見《陽明文錄》，有《大學》古本序，始改用致知立說，於格物更不提起。其結語云：乃若致知則存乎心悟，致知焉盡矣。陽明學術，以良知為大頭腦，其初序《大學》

古本，明斥朱子傳註為支離，何故卻將大頭腦遺下，豈其擬議之未定歟。合二序而觀之，安排布置，委曲遷就，不可謂不勞矣，然於《大學》本旨，惡能掩其陰離陽合之迹乎？

今按錢緒山等所為《陽明年譜》，《古本大學》與《朱子晚年定論》同刻在正德十三年戊寅，《文錄》卷三收〈古本大學序〉，亦注戊寅，據《困知記》所引，乃知《文錄》所收，乃此後改定本也。戊寅原稿，乃僅見於《困知記》。戊寅陽明年四十七，即一序文，亦費斟酌，學問之事，又豈誠能一悟而盡乎？（《陽明全書書錄・卷五・與陸清伯書》及其事，謂近因同志之士多於此處不甚理會，故序中特改數語。）

《困知記》又云：

王伯安〈答蕭惠〉云：所謂汝心，卻是那能視聽言動的，這個便是性，便是天理。又〈答陸原靜書〉有云：佛氏本來面目，即吾聖門所謂良知。渠初未嘗諱禪，為之徒者必欲為之諱，何也。

按此兩書，皆不見於《陽明全書》，又上引明斥陽明諸條，梨洲《學案》皆不錄。今按整菴陽明生值同時，整菴較陽明早七年，較湛甘泉早一年。曾與陽明相見於南都。《困知記》附錄有與陽明兩書，一在庚辰夏，一在戊子冬。相隔九年。戊子冬一書未及寫而陽明下世。《困知記》亦成於戊子之冬，則其與陽明通書，乃在為《困知記》之前。《困知記》上下兩卷，凡一百五十六章，涉及陽明《傳習錄》者僅一條，並下語極簡。《續錄》成於辛卯，距陽明卒已四年，時陽明之學已遍及全國，整菴潛居默修。《困知記》中辨禪學，辨象山，辨慈湖，乃及陽明《續錄》上卷有一跋，謂詞若稍繁，或頗傷直，區區之意，誠亦有不得已者，世有君子，必能諒之。則其書作意，亦言外可知矣。其所附兩書，第一書所辨兩事，一曰《大學》古本，一曰《朱子晚年定論》。其辨《定論》，後人多加稱引，略引其論《大學》古本者。有曰：

> 竊詳《大學》古本之復，蓋以人之為學，但當求之於內，而程朱格物之說，不免求之於外。惟聖門設教，文行兼資。博學於文，厥有明訓。顏淵稱夫子之善誘，亦曰博我以文。文果內邪外邪，是固無難辨者。如必以學不資於外求，但當反觀內省以為務，則正心誠意四字，亦何不盡之有。何必於入門之際，便困以格物一段工夫也。

又曰：

> 審如所訓，茲惟《大學》之始，苟能即事即物，正其不正以歸於正，而皆盡夫天理，則心

亦既正，意亦既誠，繼此誠意正心之目，無乃重複堆疊而無用乎。

又曰：

所貴乎格物者，正欲即其分之殊，而有見乎理之一。無彼無此，無欠無餘，而實有所統會。外此或誇多而鬭靡，則溺於外而遺其內。俗學是已。或厭繁而喜徑，則局於內而遺其外。禪學是已。凡為禪學之至者，必自以為明心見性，然於天人物我，未有不二之者。

其第二書駁詰尤切。有曰：

向蒙惠教，有云：格物者，格其心之物也，格其意之物也，格其知之物也。正心者，正其物之心也。誠意者，誠其物之意也。致知者，致其物之知也。自有《大學》以來，無此議論。夫格其心之物，格其意之物，格其知之物，凡其為物也三。謂正其物之心，誠其物之意，致其物之知，其為物也，一而已矣。就三物而論，以程子格物之訓推之，猶可通也。以執事格物之訓推之，不可通也。就一物而論，則所謂物者果何物邪。又執事嘗謂：意在於事親，即事親是一物。意在於事君，即事君是一物。有如《論語》川上之歎，《中庸》鳶飛魚躍之旨，學者如未能深達其義，試以吾意著於川之流，鳶之飛，魚之躍，若之何正其不正以歸於正邪。

又執事答人論學書有云：吾心之良知，即所謂天理也。致吾心良知之天理於事事物物，則事事物物皆得其理矣。致吾心之良知者，致知也。事事物物各得其理者，格物也。審如所言，則《大學》當云格物在致知，不當云致知在格物。當云知至而后物格，不當云物格而后知至矣。且既言精察此心之天理以致其本然之良知，又言正惟致其良知以精察此心之天理，然則天理也，良知也，果一乎，果非一乎？察也致也，果孰先乎，孰後乎？

《陽明年譜》，正德十五年庚辰六月如贛，行至泰和，少宰羅欽順以書問學，先生答曰云云：謂整菴以書問學者，即上引之第一書。陽明先有書與整菴，又媵以《大學》古本與《朱子晚年定論》，整菴覆一長函，已引如前。陽明隨又作覆，即《年譜》所收。陽明與整菴前後兩書，皆不見於《文集》，整菴覆書乃延至戊子之冬，先後已閱四年，是年陽明五十七，而整菴年六十四，即始為《困知記》之年也。書中有云：去年嘗辱手書，預訂文會，竊恐異同之論，有非一會晤間之所能決，輒以近來鄙說數段奉呈尊覽，又嘗反覆高論，有不能無疑者六條，為一段，具如別幅。是整菴得陽明第二書後，知雙方異見無可求同，故竟置不覆。及又得陽明第三書預約見面，而整菴卻之，僅送去新所為《困知記》中數段文字，又有反覆高論不能無疑者具於別幅，即答陽明庚辰第二書中云云也。又云：執事答人論學書云云，此指嘉靖四年乙酉九月〈答顧東橋書〉，此書在整菴初成《困知記》前四年，亦見整菴對陽明言論文字皆甚注意。整菴辨象山主張孟子先立乎其大者，則曰非《孟子》原書之本意。辨陽明主張《孟子》言良知與《大學》言致知格物，則曰非《孟子》、《大學》原書之本意。厥後晚明之際，王學流弊已極，顧亭林發為經學即理學之論，謂捨經學安得有所謂理學，蓋亦循整菴此等辨論而來。

陸王主張《孟子》、《大學》，實非《孟子》、《大學》原書之本意，整菴乃謂其來自禪學，其說又見於《困知記・附錄・答歐陽少司成書》。歐陽德亦陽明弟子，其書在甲午秋，上距癸巳夏《困知記續編》下卷成稿又恰一年矣。其書有曰：

> 來書申明良知即天理之說甚悉。首云：知覺與良知名同而實異。然人之知識，不容有二。孟子本意，但以不慮而知者名之曰良，非謂別有一知也。今以知惻隱知羞惡知恭敬知是非為良知，知視知聽知言知動為知覺，是果有二知乎。夫人之視聽言動，不待思慮而知者亦多矣。感通之妙捷於桴鼓，何以異於惻隱羞惡恭敬是非之發乎？且四端之發，未有不關於視聽言動者，果何從而見其異乎？知惟一爾，強生分別，吾聖賢之書未嘗有也。惟《楞伽》有所謂真識現識及分別事識三種之別。必如高論，則良知乃真識，而知覺當為分別事識無

疑矣。

又曰：

謂良知即天理，則天性明覺只是一事。區區之見，要不免於二之。蓋天性之真，乃其本體。明覺自然，乃其妙用。天性正於受生之初，明覺發於既生之後。有體必有用，而用不可以為體也。《樂記》人生而靜天之性，即天性之真也。感物而動物之欲，即明覺之自然也。《易大傳》天下之至精，即天性之真也。天下之至神，即明覺之自然也。《詩・大雅》有物有則，即天性之真也。好是懿德，即明覺之自然也。孔子嘗言知道知德，曾子嘗主知止，子思嘗言知天知人，孟子嘗言知性知天，凡知字皆虛，下一字皆實，虛實既判，體用自明。以用為體，未之前聞。

又曰：

以良知為天理，則易簡在先，工夫居後，後則可緩。陳白沙所謂得此欛柄入手，更有何事。自茲以往，但有分殊處合要理會是也。謂天理非良知，則易簡居後，工夫在先，先則當急。《中庸》所謂果能此道矣，雖愚必明，雖柔必強是也。

又曰：

以良知為天理，乃欲致吾心之良知於事事物物，則道理全在人安排出，事物無復本然之則矣。無乃不得於言乎？

越半年，又有第二書，略曰：

嘗讀〈文言〉有云：大哉乾乎，剛健中正，純粹精也。此天理之本然也。〈彖傳〉有云：乾道變化，各正性命，此天理之在萬物者也。夫子贊《易》，明言天地萬物之理以示人，有志於學者，須就天地萬物上講求其理。以其分之殊，故天之所為，有非人所能為者。人之所為，有非物所能為者。以其理之一，故能致中和則天地以位，萬物以育。中即純粹精之隱於人心者也，和即純粹精之顯於人事者也。今以良知為天理，即不知天地萬物皆有此良知否乎？天之高也，未易驟窺。山河大地，吾未見其有良知也。萬物眾多，未易徧舉。草木金石，吾未見其有良知也。殊不知萬物之所得以為性者，無非純粹精之理。雖頑然無知之物。而此理無一不具。不然，即不得謂之各正，即是天地間有無性之物矣。以此觀之，良知之非天理，豈不明甚矣乎。來書所云視聽思慮必交於天地萬物，無有一處安著不得，只

> 是認取此心之靈，感通之妙，原不曾透到萬物各正處。未免昏卻理字，終無以自別於弄精魂者爾。頗記佛書有云：佛身充滿於法界，普見一切羣生前。隨緣赴感靡不周，而恒處此菩提座。非所謂視聽思慮必交於天地萬物者邪。此之睽而彼之合，無他，良由純粹精之未易識，不肯虛心易氣以求之爾。

此書上距《困知記續錄》下卷已兩年，當在嘉靖己未，整菴年七十一，乃整菴文字之最後可見者。然較之《困知記》上卷首章所提心性之辨，先後意見，貫徹一致。知整菴論學，主要在此。而尤要者在其辨儒釋。厥後高景逸極稱之，謂先生於禪學尤極探討，發其所以不同之故。自唐以來排斥佛氏，未有若是之明且悉者。整菴嘗自敘為學云：

> 昔官京師，逢一老僧，漫問如何成佛，渠亦漫舉禪語為答，云：佛在庭前柏樹子。愚意其必有所謂，為之精思達旦，攬衣將起，則恍然而悟，不覺流汗通體。既而得〈證道歌〉讀之，如合符節。自以為至奇至妙，天下之理莫或加焉。後官南雍，則聖賢之書未嘗一日去手，潛玩久之，漸覺就實。始知前所見者，乃此心虛靈之妙，而非性之理也。自此研磨體認。日復一日，積數十年，用心甚苦。年垂六十，始了然有見乎心性之真，而確乎有以自信。朱陸之學，於是乎僅能辨之，良亦鈍矣。

此事當在整菴初為《困知記》前二三十年間。是整菴於禪學，亦是過來人，親身體認，所知真切，又歷長時期之鑽研比對，故能直抉隱微，發其異同。其辨陸王，皆從辨禪學來。梨洲《學案》中，特抽出整菴《困知記續錄》中辨佛書者另為一帙，亦表其重視。今再拈錄兩條於此。一曰：

有物先天地，無形本寂寥。能為萬象主，不逐四時凋。此詩乃高禪所作也。自吾儒觀之，昭然太極之義，夫復何言。然彼初未嘗知有陰陽，安知所謂太極哉？此其所以大亂真也。今先據佛家言語解釋一番，使彼意既明且盡，再以吾儒言語解釋一番，然後明指其異同之實，則似是之非，有不難見者矣。以佛家之言為據，則無始菩提，所謂有物先天地也。湛然常寂，所謂無形本寂寥也。心生萬法，所謂能為萬象主也。常住不滅，所謂不逐四時凋也。作者之意，不亦明且盡乎？求之吾儒之書，太極生兩儀，是固先天地而立矣。無聲無臭，則無形不足言矣。富有之謂大業，萬物皆一體也。日新之謂盛德，萬古猶一時也。太極之義，不亦明且盡乎。詩凡二十字，其十七字彼此意義無甚異同，不足深辨。所當辨者三字爾。物也，萬象也。以物言之，菩提不可為太極明矣。以萬象言之，在彼經教中，即萬法爾。以其皆生於心，故謂之能主。然所主者，實不過陰界入。自此之外，仰而日月星辰，俯而山河大地，近而君臣父子兄弟夫婦朋友，遠而飛潛動植水火金石，一切視以為幻

> 而空之矣，彼安得復有所謂萬象乎哉。為此詩者，蓋嘗窺見儒書，遂竊取而用之爾。余於前記，嘗有一說，正為此等處，請復詳之。所謂天地間非太極不神，然遂以太極為神則不可。誠以太極之本體，動亦定，靜亦定，神則動而能靜，靜而能動者也。以此分明見得是二物，不可混而為一。故〈繫辭傳〉既曰一陰一陽之謂道矣，而又曰陰陽不測之謂神。由其實不同，故其名不得不異。不然，聖人何用兩言之哉。然其體則同一陰陽，所以難於領會也。佛氏初不識陰陽為何物，固無由知所謂神。但見得此心有一點之靈，求其體而不可得，則以為空寂。推其用而偏於陰界入，則以為神通。所謂有物者此爾。以此為性，萬無是處。而其亂真，乃有如此詩者，可無辨乎。然人心之神，即陰陽不測之神，初無二致。但神之在陰陽者，則萬古如一。在人心者，則與生死相為存亡。所謂理一而分殊也。佛氏不足以及此矣。

朱子早年，亦嘗濡染禪學，其辨析儒釋，皆極深至。乃亦於整菴所引此詩頗加稱道，未能如整菴之剖解明悉也。整菴之辨，最扼要者惟兩語。一則曰不知有陰陽，安知有太極。一則曰推心靈之用偏於陰界入。其他宇宙人生一切萬象則視以為幻而空之。只於此詩中物字萬象字，據佛家言語作一番解釋，而儒釋疆界確立紙上不可復搖。貌若平易，而迴不猶人，洵大堪玩味也。惟此詩用語顯出《老子》，整菴則一據〈易繫〉，謂是竊見儒書，遂竊取而用之。此處似嫌仍隔一膜。然整菴本不在為考據，此不足病。

又其一曰：

大慧禪師宗杲者，當宋南渡初，為禪林之冠。有《語錄》三十卷，頃嘗徧閱之，直是會說。左來右去，神出鬼沒，所以能聳動一世。渠嘗拈一段說話，正余所欲辨者。今具於左。僧問忠國師，古德云：青青翠竹，盡是法身。鬱鬱黃華，無非般若。有人不許，云是邪說。亦有信者，云不思議。不知若為。國師曰：此是普賢文殊境界，非諸凡小而能信受。皆與大乘《了義經》合。故《華嚴經》云：佛身充滿於法界，普現一切羣生前。隨緣赴感靡不周，而恒處此菩提座。翠竹既不出於法界，豈非法身乎？又《般若經》云：色無邊，故般若亦無邊。黃華既不越於色，豈非般若乎？深遠之言，不省者難為措意。又華嚴座主問大珠和尚云：禪師何故不許青青翠竹盡是法身，鬱鬱黃華無非般若。珠曰：法身無像，應翠竹以成形。般若無知，對黃華而顯相。非彼黃華翠竹而有般若法身。故經云：佛真法身猶若虛空，應物現形，如水中月。黃華若是般若，般若即同無情。翠竹若是法身，翠竹還能應用。座主會麼？曰：不了此意。珠曰：若見性人，道是亦得，道不是亦得。隨用而說，不滯是非。若不見性人，說翠竹著翠竹，說黃華著黃華，說法身滯法身，說般若不識般若。所以皆成諍論。

宗杲云：國師主張翠竹是法身，直主張到底。大珠破翠竹不是法身，直破到底。老漢將一箇主張底一箇破底收作一處，更無拈提，不敢動著他一絲毫，要你學者具眼。

余於前記，嘗舉翠竹黃華二語，以為與鳶飛魚躍之言絕相似，只是不同。欲吾人識其所以不同處。蓋引而未發之意。今偶為此異同之論所激，有不容不盡其言者。據慧忠分析語，與大珠成形顯相二言，便是古德立言本旨。大珠所以不許之意，但以黃華翠竹，非有般若法身爾。其曰道是亦得，即前成形顯相二言。曰道不是亦得，即後非彼有般若法身一言也。慧忠所引經語，與大珠所引經語皆合，直是明白，更無餘蘊。然則其與吾儒鳶飛魚躍之義所以不同者果何在邪？誠以鳶魚雖微，其性同一天命也。飛躍雖殊，其道同一率性也。彼所謂般若法身，在花竹之身之外。吾所謂天命率性，在鳶魚之身之內。在內則是一物，在外便成二物。二則二本，一則一本，詎可同舉而語哉？且天命之性，不獨鳶魚有之，花竹亦有之。程子所謂一草一木亦皆有理，不可不察者，正惟有見乎此也。佛氏祇緣認知覺為性，所以於花竹上便通不去，只得以為法界中所現之物爾。《楞伽》以四大種色為虛空所持，《楞嚴》以山河大地咸是妙明真心中物，其義亦猶是也。宗杲於兩家之說更不拈動，總是占便宜。卻要學者具眼，殊不失為人之意。余也，向雖引而不發，今則舍矢如破矣。吾黨之士，夫豈無具眼者乎！

明道特地拈出《中庸》所引鳶飛魚躍一詩，亦可謂乃由禪家翠竹黃華二語觸機逗起，亦猶有人謂濂溪〈太極圖〉乃由有物先天地一詩轉來。宋代理學家本無不通佛家言。雙方立說，本多相近，故有彌近理而大亂真之語。整菴則特就雙方極相似者，各就其本意為之解釋，而雙方不同處，乃皎然明白，佛家只以翠竹黃華為法界中所現，儒家則認鳶飛魚躍為同一天命同一率性。兩者之別，豈不甚為顯著乎？今試根據整菴意見為雙方各鑄一新名，佛家可稱是一種真幻對立的唯心論，宋代理學家則可稱是一種理氣合一的唯性論。

整菴亦論理氣，但與其論心性大不同，頗持一種不同朱子之見解。故曰：

蓋通天地，亘古今，無一非氣而已。氣本一也，而一動一靜，一往一來，一闔一闢，一升一降，循環無已。積微而著，由著復微，為四時之溫涼寒暑，為萬物之生長收藏，為斯民之日用彝倫，人事之成敗得失。千條萬緒，紛紜膠轕，而卒不克亂，有莫知其所以然而然，是即所謂理也。初非別有一物，依於氣而立，附於氣以行也。斯義惟程伯子言之最精，叔子與朱子似乎小有未合。謂叔子小有未合者，有云：所以陰陽者道，所以闔闢者道。竊詳所以二字，固指言形而上者，然未免微有二物之嫌。謂朱子小有未合者，其言有云：理與氣決是二物。又云：氣強理弱。又曰：若無此氣，此理如何頓放。似此類頗多。惟答何國材一書有云：一陰一陽，往來不息，即是道之全體。此語最為截直，深有合於程伯子之言。然不多見，不知以何者為定論也。

梨洲極稱此辨精確。又謂先生之論心性，頗與其論理氣自相矛盾。夫在天為氣者在人為心，在天為理者在人為性。理氣如是，則心性亦如是，決無異也。人受天之氣以生，祇有一心而已。今以為天性正於受生之初，而明覺發於既生之後，明明先立一性以為此心之主，於先生理氣之論無乃大悖乎？今按梨洲此辨，整菴實難自解。然余考整菴論理氣，實不當即以上引一條為定論。上條見於嘉靖戊子所成之《困知記》，而辛卯所成《續記》，下語似有不同。茲舉一條，為梨洲《學案》所未及者。曰：

朱子嘗言伊川性即理也一語，便是千萬世說性之根基，愚初發憤時，常將此語體認，認來認去，有處通，有處不通，如此累年，竟不能歸一，卻疑伊川此語有所未盡，朱子亦恐說得太過，難為必信也，遂姑置之。乃將理氣二字參互體認，認來認去，一般有處通，有處不通，如此又累年，亦竟不能歸一。心中甚不快。以謂識見有限，恐無能上達也。意欲已之，忽記起雖愚必明之言，又不能已。乃復從事於伊川之語，反覆不置，一旦於理一分殊四字有箇悟處，反而驗之身心，推而驗之人人，又驗之陰陽五行，又驗之鳥獸草木，頭頭皆合。於是始渙然自信，而知二君子之言斷乎不我欺也。愚言及此，非以自多，蓋嘗屢見吾黨所著書，有以性即理為不然者。只為理字難明，往往為氣字之所妨礙，纔見得不合，便以先儒言說為不足信。殊不知工夫到後，雖欲添一箇字，自是添不得也。

此條必是記其戊子以後之新悟。所以反覆不置而終難會通歸一者，正在其論理氣心性雙方，如梨洲所舉，不免有矛盾之存在。故於伊川性即理也一語，朱子所奉以為千萬世說性之根基者，終難信及。《困知記》上卷，亦有本理一分殊四字論天命之性氣質之性兩條，大意與此條相似。惟並未明白舉出伊川性即理也一語，蓋是猶有未臻盡通處，故至是而始謂渙然自信，謂二君子之言斷乎不我欺也。此條中最可注意者，在只為理字難明，往往為氣字之所妨礙，此兩語十五字。可證整菴此際，對理氣二字已有新認識，所謂理字難明，往往為氣字所妨礙，其實乃整菴之自道也。此下連續三條皆講理字，其第三條末語有云：

愚故嘗曰：理須就氣上認取，然認氣為理便不是，此言殆不可易哉。

竊謂整菴此兩語，乃可與朱子論理氣訢合無間。捨卻氣，無處可以認取理，然不得認氣為理。明道言只此一陰一陽便是道，微似有認氣為理之嫌。伊川言所以一陰一陽者是道，始是就氣上認取理。後來象山不喜伊川，亦可於此等處認取。

《困知記》上卷又有一條云：

周子〈太極圖說〉篇首無極二字，如朱子之所解釋，可無疑矣。至於無極之真，二五之精，妙合而凝三語，愚則不能無疑。凡物必兩而後可以言合。太極與陰陽果二物乎？其為物也果二，則方其未合之先，各安在邪？朱子終身認理氣為二物，其源蓋出於此。愚也，積數十年潛玩之功，至今未敢以為然也。嘗考朱子之言，有云氣強理弱，管攝他不得。若然，則所謂太極者，又安能為造化之樞紐，品物之根柢邪？惜乎當時未有以此說叩之者。姑記於此，以俟後世之朱子云。

此條，取與上引《續錄》有物先天地一條對看，亦見整菴見解在此方面微有變動，惜尚若未臻於明朗之境。然只循理就氣上認取而不得認氣為理之二語，深入探究，則於朱子認理氣為二物之疑，必可消釋淨盡。惜乎整菴其時年事已高，其《續錄》下卷主要只辨《慈湖遺書》，並只限辨心性一面，於理氣一面更無深入，故亦不見其最後見解之所到也。

《續錄》下卷有一條云：

〈虞書〉所謂道心，即《樂記》所謂人生而靜，天之性也，即《中庸》所謂未發之中，天下之大本也。決不可作已發看。若認道心為已發，則將何者以為大本乎？愚於此，所以不能無少異於朱子者，前已有說。平生所見此為至先，比年反覆窮究，益信此論之不容易也。

今按《困知記》卷上開宗明義第一章即辨心性，已引在前。其第三第四節即辨人心道心。又〈困知記序〉，謂人心道心之辨明，然後大本可得而立。其重視此一辨可知。故此處謂前已有說也。今再引述其兩章如次。其一曰：

道心，寂然不動者也，至精之體不可見，故微。人心，感而遂通者也，至變之用不可測，故危。

又曰：

道心，性也，人心，情也。心一也，而兩言之者，動靜之分，體用之別也。凡靜以制動則吉，動而迷復則凶。惟精所以審其幾也。惟一所以存其誠也。允執厥中，從心所欲不踰矩也，聖神之能事也。

此兩章以動靜分體用，一可疑。以道心為性，人心為情，雖曰心統性情，非以一心分性心與情心，二可疑。又以道心為未發，人心為已發，是以一心分未發心與已發心，三可疑。《續錄》下又有一章云：

道心此心也。人心亦此心也。一心而二名。非聖人強分別也。體之靜正有常，而用之變化不測也。佛氏之於吾儒，所以似是而實非者，有見於人心，無見於道心耳。

此章又以心性之辨即相當於人心道心之辨，四可疑。整菴雖極辨心性，然亦謂性即是心，只是靜正有常而為心之體，故又曰道心性也。乃謂佛氏只見此心之變化不測，不知此心之靜正有常也。然則整菴固不認理氣為二物，亦未認心性為二物，非所謂不能自一其說而有大悖存焉，如梨洲之所譏也。整菴成《困知記續》，年六十九，又翌年七十一，〈再答歐陽德書〉，乃整菴最後文字。此後優游林下者尚十二年，乃更未見其續有鑽研，續有新得，此殆整菴體氣衰老多病所致。以整菴之審思明辨，而所得終止於此，是誠大可惜也。今果以整菴理氣之辨，道心人心之辨，凡其所謂不能無少異於朱子者，取朱子之說兩兩對比，則其異同得失亦易見。蓋其文理密察，敦尚行踐，庶幾乎朱子之風，而六通四闢高明渾化之境，則似猶未逮。惟當陽明良知學風靡一世，而整菴確然有守，不為所搖。論當時學者，往往以王湛並舉，然不如整菴之在思想學術異同上更見意義。余故於《困知記》特摭其抨擊陸王者為多，乃以見整菴在當時學術思想上地位之獨特也。

抑且整菴潛居默修，獨學無朋，又絕無弟子門人為之揄揚傳述。以一代大儒，身值講學風氣大盛之際，乃更無一句半句語錄流傳。《明史》稱張璁桂蕚以議禮驟貴，秉政樹黨，屏逐正人，整菴恥與同列，故屢詔不起，里居二十餘年，足不入城市，誠可謂悃愊無華，特立獨行之士矣。當時林希元稱其如精金美玉，無得致疵，是尤值後人之嚮往也。

此稿刊載於《圖書季刊》第二卷第一期

陽明良知學述評

明儒學術，沿襲兩宋，尤其是程朱一派，直到陽明始闢新蹊徑，立新旗幟。其學脈，遠承孟子，近接明道象山，後人稱陸王，以與程朱對峙。實則陽明反伊川朱子，不反明道，並多采酌。其最大貢獻，在拈出良知二字。象山只言本心，本心究是如何體段，言下仍屬茫然。明道特提仁字為心體，則使人當下較有著落。然仁字體段，依然要人另去認識。故明道〈識仁篇〉，云「識得此理」是先要一番識的工夫存在。由此轉入伊川晦菴之格物窮理。陽明用孟子良知二字直指為心體，則人心本體，各自能知能識，不煩再安一識字。工夫本體，朗然具在。故黃宗羲《明儒學案》謂「求本心於良知，指點更為親切，合致知於格物，工夫確有循持」也。（〈師說〉）

要尋陽明學之精義，當明白其所謂良知者果何指，明白得良知，則陽明其他說話，皆迎刃自解。今試先問，良知是知個什麼？

（陸）澄問主一之敬，如讀書則一心在讀書上，接客則一心在接客上，可以為主一乎？曰：好色則一心在好色上，好貨則一心在好貨上，可以為主一乎，主一是專主一個理。

良知專知一個理，是陽明直承宋儒榘矱處。天理二字，由明道提出。仁即天理，但如何識仁，明道〈識仁篇〉，終欠明白發揮。陽明則謂人心自能識得天理，不煩再有工夫，故云：「良知只是知個天理。」又曰：「聖人無所不知，只是知個天理。」又云：「良知即天理。」如是則本體工夫一并安放在良知上，圓滿無虧。陽明又云：

明道云：吾學雖有所受，然天理二字卻是自家體認出來。良知即是天理，體認者，實諸己之謂耳。（《文集．與馬子莘》）

這不是明道意思在陽明便發明得更簡易明白了嗎？天理實有諸己，不假外求。天理反面是人欲，天理人欲之辨亦即義利之辨，此乃宋學相傳一條大血路。濂溪云，主靜立人極，自注無欲之謂靜，此是要去人欲。明道云，識得此理以誠敬存之，則是要存天理。晦菴之居敬窮理，象山之主辨義利，都為要去人欲存天理，今陽明只用良知二字，便把此問題整個括盡。梨洲說之云：

> 儒釋界限只一理字。釋氏於天地萬物之理一切置之度外，更不復講，而止守此明覺。世儒則不持此明覺。而求理於天地萬物之間，所謂絕異。然其歸理於天地萬物，歸明覺於吾心，則一也。向外尋理，終是無源之水，無根之本，縱使合得本體上，已費轉手。故沿門乞食，與合眼見暗，相去不遠。點出心之所以為心，不在明覺而在天理，金鏡已墜而復收，遂使儒釋疆界，渺若山河，此有目者所覩也。

此處梨洲指出心之所以為心，不在明覺而在天理，是極有力量的話。陽明自己說，則謂良知只是知個天理。

又曰：良知即天理，已如上述。今試再問天理又是什麼呢？陽明云：

> 良知只是個是非之心，是非只是個好惡。只是好惡就盡了是非，只是非就盡了萬事萬變。

天理逃不出是非二字，而所謂是非，實只是人心之好惡，人心所好即是，人心所惡即非。若人心無好惡，試問更於何處覓是非。無是非，又於何處覓天理。天理與人欲相對，人欲逃不了好惡。天理也逃不了好惡。好惡而是則是理，好惡而非則是欲。人世間萬事萬變，總逃不出此好惡是非四字。而吾心良知，則對此已明白淨盡。似乎陽明言良知，主要義即在此。

但從此處，便透露一歧點。即如二加二等於四，此亦是理，然此理不與人心好惡相干，亦即不與人欲相對，此理只可說是事物之理。事物之理則超然自存於人心好惡之外，明道以至陽明之所謂天理，則似僅在於人心好惡之中。須伊川晦菴纔把事物之理與人心好惡之理緊密相連，故要主張格物窮理。把此理分成事理物理。事理固與人心好惡相關，物理卻不便是人心好惡之理。儘格盡了二加二等於四之理，可依然尋不到人心好惡之理究竟何在。故象山譏朱子為支離，殆亦在此。陽明治學，本亦從朱子入，而終覺物理吾心之非一。待其龍場驛一悟，提出良知來，從此遂轉近象山。但究不能把物理剔出在天理之外，此處則終是一問題。

今再說：物理不牽涉到人心之好惡。晦翁《大學・格物補傳》，則似乎在物理方面太多喫重了。象山說，在人情物理上做工夫，其實也還連帶到物理。人情物理是兩件事，但我們為要滿足人情，便不得不連帶研究物理。陽明好像痛快承認了天理只在人情一邊，只是人心之好惡，故更喫緊說存天理去人欲，這問題便在內而不在外。我們也可說，陽明纔把天理重新挽回到人欲的對面來，重新把天理放在人心的好惡上。此是陽明良知學說中最關緊要處，我們只仔細體會到陽明在龍場驛一悟時的情境，也自易體會到此。

但所謂良知知個天理，其實只是知道你自己的好惡。天下人豈有連自己好惡都不知的。人人知得自己好惡，便是人人知得天理。如此說法，豈不易簡直捷。陽明又說：

知是心之本體，心自然會知。見父自然知孝，見兄自然知弟，見孺子入井，自然知惻隱，此便是良知，不假外求。

此處所謂孝弟惻隱，皆屬人事，皆是人心之好惡，亦皆是人情。若說你心即是天理，人或不敢當。若說你心自有好惡，則人人自肯坦白承受，沒有人說我自心絕不知有好惡者。陽明又云：

有孝親之心，即有孝親之理，無孝親之心，即無孝親之理矣。有忠君之心，即有忠君之理，無忠君之心，即無忠君之理矣。（《文集・答顧東橋書》）

此處又明白指出天理即原於人心之好惡，人心無好惡，亦即無所謂天理。於是亦可說人情即天理，但人情中不能無欲，遂使天理與人欲對稱又起了問題。今問人欲又是什麼？其實人欲也只是人心之好惡，故天理人欲同樣是人情，其別只在公私之間。陽明又曰：

此心無私欲之蔽即是天理，不須外面添一分。

欲是私的，公的即不名欲而名理。理是欲之公，理欲亦只是一公私之別，心中有私欲作蔽，則是夾雜不純，故曰：「此心純乎天理，而不容一毫人欲之雜。」則天理只是純，人欲只是雜。夾雜了便有障礙，即私的障礙了公的。故曰：「更無障礙，得以充塞流行。」充塞便是通體圓滿充實之義，人心內部圓滿充實，自然有一股力量要向外面推擴流行。若夾雜了，便內部不充塞，外部不流行。不充塞只是不純不實，不純不實，因有夾雜障礙，此種夾雜障礙，譬如牆壁遮蔽，故曰「撤去牆壁，總是一個天」。為許多牆壁遮了，便不見天之全體。此種夾雜遮蔽，亦可說是掛帶。故曰：「良知上留得些掛帶，便非必為聖人之志。」亦可說是渣滓，故曰：「良知本來自明，氣質不美者渣滓多，障蔽厚，不易開明。」學者先明白得自己心上此種夾雜障礙遮蔽掛帶渣滓，乃始明白得良知。明白得天理，此種夾雜掛帶渣滓，輕言之則如池上浮萍，陽明云：

> 吾輩通患，正如池面浮萍，隨開隨蔽。未論江海，但在活水，浮萍即不能蔽。何者，活水有源，池水無源也。

重言之則如大樹根葉盤互。

> 孟源有自足好名之病，先生喻之曰：此是汝一生大病根。譬如方丈地內，種此一樹，雨露之滋，土脈之力，只滋養得這個大根，四旁縱要種些嘉穀，上被此樹遮覆，下被此樹盤結，如何生長得成。須伐去此樹，纖根勿留，方可種植嘉穀。不然，任汝耕耘培壅，只滋養得

此根。

故要良知本體顯豁呈現，必先做一番廓清蕩滌洗伐剝落的工夫，陽明云：

學絕道喪，俗之陷溺，如人在大海波濤中，且須援之登岸，然後可授之衣而與之食。若以衣食投之波濤中，是適重其溺。

如何廓清蕩滌洗伐剝落，則當從自己內心入微處用力，在標末處粧綴比擬，全用不到。因此種夾雜障礙掛帶渣滓，本在人的心坎入微處，不從此處用力則不見功效也。

陽明又云：

僕近時與友朋論學，惟說立誠二字。吾人為學，當從心髓入微處用力，自然篤實光輝。雖私欲之萌，真是紅爐點雪，天下之大本立矣。（《文集・與黃宗賢》）

故要明白良知與天理，該先明白得自己好惡。要明白得自己好惡，該先明白得自己好惡之誠。在內能充塞，在外能流行，便沒有絲毫夾雜障礙。但此處如何下工夫，則陽明教人，亦有幾個轉變。最先陽明常教學者做靜坐功夫，一則此種夾雜渣滓，全從外面俗習陷溺而來，靜坐可以澄心，收斂精神，讓此心從陷溺中拔出。二則可讓心內各種活動，好的壞的自然發露，由你自己體認，乃可有下手用力處。但稍後陽明又覺默坐澄心之學，易使學者喜靜厭動，流入枯槁，不免有惡事厭俗的傾向，於是遂專提致良知一語，作為教人宗旨。所謂致良知，便是教人在實事上磨練。只要把此一點良知，做你自家準則。陽明說：

> 只莫要欺他，實實落落依著他做去，善便存，惡便去。各隨分量所及。今日良知見在如此，則隨今日所知擴充到底。明日良知又有開悟，便隨明日所知擴充到底。

總之是要他充塞、流行。說到此處，便要補述陽明的知行合一論。照陽明意見，知行本屬一體，本來合一。他說：

> 行之明覺精察處便是知，知的真切篤實處便是行。
>
> 徐愛問：今天儘有知父當孝兄當弟者，卻不能孝不能弟，知行分明是兩件。曰：此已被私欲間斷，不是知行本體。未有知而不行者。知而不行，只是不知。……《大學》指個真知行與人看。說如好好色，如惡惡臭。見好色屬知，好好色屬行。只見好色時已自好了，不是見後又立個心去好。聞惡臭屬知，惡惡臭屬行。只聞惡臭時已自惡了，不是聞後別立個

心去惡。

此處所謂知行合一的本體，便是人之心，便是人心之好惡，便是人心好惡之誠，便是良知，也便是天理。天理只是人心所真喜歡，真討厭的。若人心沒有討厭與喜歡，天理也就無地存在。如此說天理，天理豈不有了真內容，真著落，不是一個空格套。而且天理自身便有一種向前動進的力量，便有一股行的分數在裏面。人心一面是明覺的知，另一面又是真切的行。須把知行兩個合起來，始說得盡人心真體段。

現在再問人心何以有時會失卻他一股真切的行的力量，而變成雖知而不行的呢？則緣為私欲所障隔。私欲只是人心上一些夾雜和渣滓，卻把心的自在流行阻障了。那些夾雜渣滓，便會使人好惡不誠，使人心內不充塞外不流行。默坐澄心是一種消極向內工夫，要人把那些夾雜渣滓澄化去。致良知是一種積極向外工夫，只管把自家現前的一點良心實實落落地向外面事事物物上推送出去。這一邊用了力，那一邊自然沖刷消散，夾雜渣滓自然會消失融化。所以知行合一是本體，即知即行致良知是工夫。良知是一個能生長的東西，致良知的工夫天天用得勤，這知行合一的良知本體便也天天生長，天天完成。只因世人信不過自己的心，不敢照他當前心知實實落落地向外推送，他還恐怕知有未盡，先要在知上用工夫，卻不知如走路一般。走得一段，才認得一段。走到歧路處，有疑便問，問了又走，方纔能到。今於已知之天理不肯存，已知之人欲不肯去，只管愁不能盡知，閒講何益。

因此致良知工夫當下即是，現前具足。只有用此工夫，則默不假坐，心不待澄，下學上達，一天天的致良知，即是一天天的夾雜也融了渣滓也化了，直上達天德。這是陽明教人在工夫上認識本體的話。但同時那工夫卻早就是本體了。

繼此再說到陽明人皆可以為堯舜的理論。陽明說：

聖人之所以為聖，只是此心純乎天理，而無人欲之雜，猶精金之所以為精，但以其成色足而無銅鉛之雜也。人到純乎天理方是聖，金到足色方是精。然聖人才力亦有大小不同，猶金之分兩有輕重。所以為精金者，在足色而不在分兩。所以為聖者，在純乎天理而不在才力也。學者學聖人，不過是去人欲而存天理，猶鍊金而求其足色耳。後世不知作聖之本，卻專去知識才能上求聖人，敝精竭力，從冊上鑽研，名物上考索，形迹上比擬，智識愈廣而人欲愈滋，才力愈多而天理愈蔽，正如見人有萬鎰精金，不務鍛鍊成色，而乃妄希分兩。錫鉛銅鐵雜然投之，分兩愈增而成色愈下。及其末梢，無復有金矣。

如此說來，一個尋常人，只要能實實落落地致良知，今日知到這裏，今日即行到這裏，是便是，非便非，到得此心純乎天理而無一毫人欲之雜的境界，他已便是聖人了。只如一兩黃金，較之萬鎰黃金，輕重不同，而其為精金則一。至於外面一切節目事變，不可預定，亦不可勝窮，亦不能先有一準則。惟一的準則，便是你心的良知。只有用你心良知，隨時精察而權度之。此即所謂天理之節文。天理節文，不是不要精求，卻先要有個頭腦，即致良知。人類一切事業，在天理前面，全屬平等。人生最高理想，只在存天理去人欲。此外種種差別，都非真差別。由此理論，陽明極看不起世俗的功利觀點，於是遂有他的拔本塞源論。（此見〈答顧東橋書〉，收《傳習錄》卷中，文長不具引，下面略述其大旨。）所謂本源，即指功利觀點言。而此種功利觀點，又必與個人主義相引並起。陽明認為現社會一切現象，一切病痛，全由此本源出發。必得拔本塞源以後，始可有一嶄新的理想新社會出現。但陽明不認那個新社會只在將來，而謂已曾在過去，在唐虞三代早已出現過。以古代經學來寄託想象，此乃中國儒家傳統遺風。據陽明意見，那時人莫不抱一「以天地萬物為一體」的觀念：天下只如一家，根本沒有個人主義，因此也不會有功利思想。那時的教育，則「惟以完成各個人的德行為務」。換言之，只要人人成精金，人人在天理中，因此也人人平等。至於其有才能之異，則只就其成德而因使益精。及其服務社會，如稷勤稼，契善教，夔司樂，夷通禮。乃至才質之下者，則安其農工商賈之分，各勤其業以相生相養。如一家人，集謀並力以求遂其仰事俯畜之願。那時則全社會精神流貫，志氣通達，而無有乎人己之分，物我之間。譬之一人之身，目視耳聽手持足行，凡以濟一身之用。目不恥其無聰，耳不恥其不明。蓋其元氣充周，血脈條暢，是以痒痾呼吸感觸神應，有不言而喻之妙。試問在此社會裏的每一個人，如何再會有「有我之私物欲之蔽」的病痛呢？以天地萬物為一體，本屬心體之同然。有我之私，物欲之蔽，則是人生以後事，大抵由於俗情習氣所陷溺。現在整個社會全是天德王道，自無俗情習氣之誘染，則豈不人人至易至簡的便達到了聖人地位。那時則盡人都是精金，人人全是天理，全社會成了一個聖潔。但逐漸到後世便變壞了。王道熄，霸術昌，聖學晦而邪說橫教興。其時之學者，則有聞見之雜，記誦之煩，辭章之靡濫，功利之馳逐。那時則盡是竊取從前先王之近似者而假之於外以內濟其私己之欲。教育壞了，人心亦昧失了。人人苟一時之得以獵取聲利，於是鬪爭劫奪，不勝其禍。這全是一種功利觀念之毒淪浹於人之心髓而習以成性。人人盡在外面求分兩，不從內面問成色。那時則良知之學亦不好再講了。要再講良知之學，除非拔本塞源，把那種個人主義的功利觀點之積污積漬徹底洗刷盡淨不為功。

陽明這一番理論，有兩大特點應該注意。第一，陽明論良知，並不偏重在心上，而把心和事，內外交融，鑄成一片。第二，陽明論良知，並不偏重在人心之同然上，而把人盡其性，分工合作，來完成天下一家萬物一體的境界。陽明竭力排斥功利觀點，而一切功利事業，全包括在他理想的新社會裏。陽明竭力排斥個人主義，而一切個人盡在他理想的新社會裏得了充分自由的發展。

說到此，使我們又要轉到另一問題上去，即天地萬物一體的問題。此問題，亦是兩宋儒學傳統共同是認的中心問題。但如何證成萬物一體，則意見頗有不同。大抵伊川晦翁偏向外，明道象山偏向內。陽明自然也是偏向內的。他說：

> 目無體，以萬物之色為體。耳無體，以萬物之聲為體。鼻無體，以萬物之臭為體。口無體，以萬物之味為體。心無體，以天地萬物感應之是非為體。

若盡滅萬物之色，便無目見。盡去萬物之聲，便無耳聽。盡屏萬物之感應，也便無心知可得。可見心體只在萬物感應上，此即所謂合內外之道。若要排除外面萬物感應，向內覓自心本體，試問此心本體更從何覓去。說到心的感應，自然要牽連到好惡。決沒有心不帶好惡的感應。人心有了好惡，便已把自己內心與外面事物紐為一結，再也分不開。試以如好好色如惡惡臭言之。見好色時我心便自好了，聞惡臭時我心便自惡了，可見好色惡臭與我心好惡緊切相依，實是一體，並無內外限隔。究竟是那色好了我心才去好的呢？還是我心好了始見其色之好的呢？這是再也分不清的一個問題。故曰見父自然知孝，見兄自然知弟，孝弟乃我心一段真切之情，亦即我心一點靈明知覺，只此一點真情明覺，便把我身與父兄聯成一片，融成一體。在孝的心境上，更沒有父子對立的分別。當知見父知孝，只還滿足了兒子的自心要求。在人子的心境上說，本沒有嚴格的我與父之別，本沒有嚴格的內外之別。我心的一點孝思，便已融合了我與父，渾忘了內與外。我心只有這一點孝思，並不在此孝思外，再分別此是我而彼是父，此在內而彼在外。故無外亦便無內，無我亦便無人。內外人己合一處，纔是吾心之真體。若如此說去，則天地萬物一體，亦只從自心感應處認取，只從良知的好惡是非之真切明覺處認取。本來此理極簡易，極明白，陽明所講良知之學，通觀大體，應該如此講。

但陽明有時說良知，卻有墮入渺茫的本體論之嫌。如云：

> 良知是造化的精靈。這些精靈，生天生地，成鬼成帝，皆從此出，真是與物無對。

這裏便把良知說成天地萬物後面的一個絕對的本體，良知便是造化，天地鬼神全由良知生成，試問此事何由證知？豈不說成了人的良知乃與上帝造物一樣。這實是太渺茫了。

> 或問人有虛靈方有良知，若草木瓦石之類亦有良知否？先生曰：人的良知，就是草木瓦石的良知。若草木瓦石無人的良知，不可以為草木瓦石矣。豈惟草木瓦石，天地無人的良知，亦不可以為天地矣。蓋天地萬物與人原是一體，其發竅之最精處是人心一點靈明。風雨露

雷，日月星辰，禽獸草木，山川土石，與人原只一體。故五穀禽獸之類皆可以養人，藥石之類皆可以療疾，只為同此一氣，故能相通耳。

此條與上條同義，而語更支離。如此則陽明的良知與晦翁的理乃至周濂溪的太極又走上同一條路。萬物一體，不從人的良知取證，而人的良知轉要到萬物一體上去尋覓，此為陽明良知學說一岐點。反不如濂溪說太極晦翁說理，較易明白。又

先生遊南鎮，一友指巖中花樹問曰：天下無心外之物，如此花樹在深山中，自開自落，於我心亦何相關。先生曰：你未看此花時，此花與汝心同歸於寂，你來看此花時，則此花顏色一時明白起來，便知此花不在你的心外。

此條含義與前兩條又別，幾乎變成為一種極端個人主義的惟心論，一切天地萬物，皆由心生，此心滅則天地萬物同時俱滅，此等理論極近楊慈湖，卻非陽明良知學的正義，此又是陽明良知學之另一岐點。陽明又云：

良知之虛，便是天之太虛。良知之無，便是太虛之無形，日月風雷，山川民物，凡有貌象形色，皆在太虛無形中發用流行，未嘗作得天的障礙。聖人只是順其良知之發用，天地萬

物，俱在我良知的發用流行中，何嘗又有一物超於良知之外，能作得障礙。

此條與前一條大略同義。要把良知看成一個超乎人物乃至天地以上的本體，天地人物都在良知的發用中流出，這又成為陽明良知學之一岐點。佛家有所謂法性與理法界，與陽明前兩條頗相近。佛家又有所謂天地四大皆我妙明心中物，與陽明後兩條頗相近。陽明同時有湛甘泉（若水）主隨處體認天理，與陽明說良知宗旨不同。嘗曰：「陽明以方寸為心，吾所謂心者，體萬物而不遺。」其實陽明說心，如上舉諸條，也都要說成體萬物而不遺，因而轉陷於晃蕩無歸，與陽明原來宗旨，良知只是好惡之誠，好惡之誠便是天理的意見差岐了。但陽明有時又實不免以方寸為心，如前舉巖中花樹一條可知。在此進退失據的兩種意見下，便不免造成了王學末流一派之狂禪。

此處又要連帶牽涉到心體無善無惡的問題。據《傳習錄》卷三，陽明征思田，王龍谿與錢緒山論學，因舉陽明教言「無善無惡是心之體，有善有惡是意之動，知善知惡是良知，為善去惡是格物」，並謂此非究竟話頭。若心體是無善無惡，意亦是無善無惡之意，知亦是無善無惡之知，物亦是無善無惡之物。緒山謂心體是天命之性，原是無善無惡。但人有習心，意念上見有善惡在。是夕侍坐天泉橋，各舉請正。陽明曰：我這裏接人原有此二種。利根人直從本原上悟入心本體，一悟本體即是工夫。其次不免有習心在，本體受蔽，故且教在意念上實落為善去惡工夫，熟後渣滓去盡，本體亦明了。以上本錢緒山所為〈天泉證道記〉。後人對此頗滋諍疑。有人曲為迴護，說心體無善無惡，並非陽明本意。其實心體無善無惡的見解，陽明確自有之。《傳習錄》有云：

無善無惡者理之靜，有善有惡者氣之動。

又曰：

汝心循理便是善，動氣便是惡。

此從理氣分說，顯循朱子舊誼。不知捨卻氣即無從見理，除去動亦無處覓靜。豈得謂循理便善，動氣便惡。即如好好色，惡惡臭，不能謂只循理未動氣，亦不能謂只是理之靜，不是氣之動。若一動氣便是惡，此乃本諸張程分別義理之性與氣質之性引申而來，實與陽明良知學本身有衝突。若此處理字改作公字，氣字改作私字，則可無病。橫渠《正蒙》論義理與氣質本從公私立論，但程朱都從先後天動靜分辨。陽明此條，語氣含混，恐怕還是占在程朱一邊的話多了，但程朱論理氣也不如此說。只看下一條便可證。如云：

不思善不思惡時，認本來面目，此佛氏為未識本來面目者設此方便。本來面目即吾聖門所謂良知。今認得良知明白，即已不消如此說矣。隨物而格，是致知之功，即佛氏之常惺惺，亦是常存他本來面目耳。

認本來面目，是禪宗語，後來漸變成程門看未發以前氣象。推而申之，先天後天隔成兩截。有一形而下之氣，又有一形而上之理，又是理先氣後，此是不善講程朱的有此說。陽明似未能擺脫此圈套。陽明曾云：「良知是天理之昭明靈覺處。」從陽明自己立場講此語最恰當。此處即是先後天合一，知行合一。若果牢守此語，則良知本已是至善無惡，為何要在此上面更尋一無善無惡之本體？亦為何必以不思善不思惡時乃為見本來面目乎？若以不思善不思惡為寂然未發，則豈必寂然未發時始是善，一到感時發時即不善？天理之昭明靈覺，同時即是氣之動，但同時又是理之靜，又何必另安放一無善無惡者在前，始為理之靜乎？截分先天後天，理氣對峙，體用劃界，便不免要有此種種毛病。今陽明不守定以天理之昭明靈覺處為良知，而別自用太虛無形，寂然不動處為心體，則心體依然是一境界，而非功能，自然無善惡可言。試問若非另有一功能，天地萬物又如何從此境界中流出？故謂無善無惡即至善者，此即無異謂境界即功能。濂溪說，從太極陰陽生出天地萬物與人，此是常識，但亦可說是真理。晦翁換上一理字，義蘊深了。但不可說天地萬物與人，皆從無理出生。晦翁語是常識，亦是真理。陽明又換上良知二字，則成為玄談了。在無善無惡的境界中，到底流不出至善無惡的功能。晦翁說理是無作用無功能的，性亦然。其言作用功能，卻在氣上。落到人事，卻在心上。故喫緊為人，則應在心上用工。陸王言心即理，有時似乎言心即天，則反而似乎無工可用。故曰易簡工夫終久大，易簡之極，則一任自然，更何工夫可用。陽明始言良知，重在工夫上，後言良知，又重在本體上。以良知言工夫，是緊切的。以良知言本體，則入於渺茫中去了。朱子以理氣分言之，轉無病。陽明以理氣合言，病痛轉顯。無怪此後龍谿要更進一步發揮四無之論，認心體無善無惡，意知物亦同一無善無惡，此則走回了禪宗無一佛可成無一法可得的路子，所以後人要罵陽明良知學流弊，成為狂禪，此層實自陽明及身啟之，不得專責龍谿，但若就陽明學說通體觀之，則此等處不能不說是陽明學說本身中自有之岐點。本來陽明良知學精義則並不在此，只仔細讀其龍場驛一段經過可知。

我們本此觀點來衡量兩宋諸儒，算只有象山一人，比較極少接觸到宇宙本體論，但其門人楊慈湖便不同了。當時浙東巨子葉水心，已對象山致不滿。黃東發有云「水心病學者言心而不及性，則似不滿於陸」是也。(《日鈔》卷六十八)陽明亦謂：「濂溪明道之後還是象山，只是粗些。」不知象山長處正在粗，若從濂溪明道再入細，便應成伊川晦翁，陽明嫌象山之粗，故今《傳習錄》中頗有許多條很近伊川晦翁，卻又不肯如伊川晦翁之入細。這是陽明的短處。

前述陽明指示學者途轍，先主默坐澄心，嗣主致良知。以後則只說良知，更不復言致字，(見

《學案・卷三十二・王一菴語錄》。）梨洲謂其「居越以後，所操益熟，所得益化，時時知是知非，時時無是無非，開口即得本心，更無假借湊泊，如赤日當空，而萬象畢照，是學成之後又有此三變」。其實陽明立教，若只言知行合一，只言致良知，只言存天理去人欲，只言事上磨練，只言誠意一關，只在粗處指點人，只不失其在龍場驛一悟時光景，亦自見精神，自足振發人。且莫向深處鑽。夫子之性與天道不可得聞，正見孔子之卓爾不可企及。但陽明由良知而轉論到心體，像是深入細到，毛病轉從這裏冒出。

上引陽明論心體各條，大體多收在《傳習錄》之第三卷，前兩卷皆刻於陽明生前，第三卷多出陽明晚年，梨洲亦謂《傳習後錄》記陽明之言多失真，（見《學案・卷三十五・耿天臺傳》。）但亦正是梨洲所稱所操益熟，所得益化之境界。故知陽明學自身，實自有毛病。現在我們若要再來講王學，似乎還以依據《傳習錄》前兩卷意見較為妥當。

此稿刊載於《學原》第一卷第八期

讀陽明《傳習錄》

陽明《傳習錄》凡三卷。據《年譜》，武宗正德十三年戊寅八月，門人薛侃刻《傳習錄》。注：侃得徐愛所遺《傳習錄》一卷，〈序〉二篇，與陸澄各錄一卷，刻於虔。是《傳習錄》初刻，分《徐錄》、《陸錄》、《薛錄》凡三卷，即今傳《傳習錄》卷上是也。時陽明年四十七。陽明自謂南畿論學，專教學者存天理，去人欲，為省察克治實功。大抵徐陸薛三人所記，正是南畿論學語也。越後三年，陽明在贛，始揭致良知之教，而《傳習錄》第二卷之傳刻則尚在後。

《年譜》，世宗嘉靖三年甲申十月，門人南大吉續刻《傳習錄》。注：《傳習錄》薛侃初刻於虔，凡三卷，至是年，大吉取先生論學書，復增五卷，續刻於越，此即今傳《傳習錄》之中卷。時陽明年五十四。惟此卷復經錢德洪增刪。今《傳習錄》中卷開首有德洪一短記，謂南元善刻《傳習錄》於越，凡二冊。下冊摘錄先師手書凡八篇。其答徐成之二書，經德洪刪去，而增錄〈答聶文蔚〉第二書。今按：〈答聶〉第二書既係德洪增入，而今傳刻本於〈答聶〉第二書後有友南大吉錄一行。此謂本卷以上各書皆由南大吉所錄。足證今刻本《傳習錄》卷中，又經後人手，遂有此誤，疑非德洪增刪時之原本矣。又按：德洪所記南大吉原錄答周道通陸清伯歐陽崇一四書，又答羅整菴及聶文蔚第一書共六篇，又刪答徐成之二書共八篇。然據《年譜》，〈答顧東橋書〉在嘉靖四年乙酉之九月，而南大吉續刻《傳習錄》在上年之十月，今答顧東橋一書，褎然列於《傳習錄》中之首篇，宜亦德洪所增入。蓋以替代南大吉之以答徐成之二書列冊首也。

更可疑者，乃在答聶文蔚之第一書，據《年譜》，乃在嘉靖五年丙戌之八月，尚在〈答顧東橋書〉後一年。又文蔚原與陽明不相識，是年夏，以御史巡按福建，渡錢塘，來見陽明，別後致書，則其第一書明在是年之八月可知。此豈兩年前南大吉續刻《傳習錄》時所能有。《年譜》亦德洪手編，乃與其改編南刻《傳習錄》時之短記彼此相僢，豈德洪刪南刻，尚有一篇未說及。抑南刻所錄陽明書共止七篇，抑別有致誤之故，則不可詳矣。然答顧東橋及答聶文蔚三書，皆與陽明在嘉靖六年丁亥九月在天泉橋與王龍谿錢德洪論四句教之時間極相近，斯誠陽明晚年思想，不可不深細玩味也。

又據《年譜》，嘉靖十四年乙未，《陽明文錄》刻於姑蘇，亦由德洪主其事，上距陽明之卒七年，凡收錄於《傳習錄》卷中之各篇，今《書錄》皆不載。至〈答徐成之〉兩書，入《書錄・卷四・逸稿》，原入《外集》者。德洪《傳習錄》中短記，亦謂刻先師《文錄》，置二書於《外集》。是證《傳習錄》中亦必與《文錄》同時編定，至是否同時付刻，則不可知。

至今傳《傳習錄》第三編之付印，據德洪〈跋〉，乃在嘉靖三十五年丙辰。〈跋〉中又云：是編乃陽明卒後，同門各以所記見遺，亦由德洪所定。德洪居吳時，將與《文錄》並刻，適以憂去未遂。嗣又經曾才漢傍為采輯，名曰遺言。德洪復加刪削，存其三之一，名曰《傳習續錄》。於嘉靖三十四年乙卯付刻。嗣又增成為此卷。則連前遺言繼錄共已四刻，而最後兩刻出德洪之手者，上距陽明之卒，亦已二十有八九年矣。〈跋〉中又云：中卷易為問答語，亦在是年。與此卷同刻。疑中卷開首短記，亦斯時作，故年遠記憶有誤也。

陽明講學，居越以後為第三變。其時門人既盛，所記自廣，而陽明議論，亦實與在南畿及江右時有辨。故江右王門，乃極尊其南畿講學語，而於其晚年居越理論，則加多審擇。如聶雙江云：今之為良知之學者，於《傳習錄前編》所記真切處俱略之，乃駕空立籠罩語，似切近而實渺茫。終日遂外，而自以為得手。據此一例可見。又顧箬溪應祥，見《傳習續錄》門人問答，多有未當於心者，作《傳習錄疑》。於龍谿〈致知議略〉，亦摘其可疑者辨之。箬溪亦浙中王門，是致疑於陽明晚年說者，固非江右而已也。又黃梨洲《明儒學案》亦謂：《傳習後錄》有黃省曾所記數十條，當是採之《問道錄》中，往往失陽明之意，然無如儀秦一條，云：蘇秦張儀之智，也是聖人之資。後世事業文章，許多豪傑名家，只是學得儀秦故智。儀秦亦是窺見得良知妙用處，但用之於不善耳。今考黃省曾乃南中王門，初見陽明在嘉靖三年甲申，即南大吉刻《傳習錄》之歲。《學案》謂其作《會稽問道錄》十卷，東廓南野心齋龍谿，皆相視而莫逆。陽明以省曾筆雄見朗，欲以王氏論語屬之，出山不果。是省曾《問道錄》，陽明當亦見之。《傳習錄》下卷，有錢德洪錄數十條，開首即錄黃勉之問，然此數十條未必盡出勉之。如最後一條天泉橋侍坐，決是德洪手記。儀秦一條，果出勉之所記否，亦不可知。何以梨洲編《學案》，下筆荒疏至此，大不可解。勉之《問道錄》今恨不可見，德洪平謹持重，固不當輕疑其收入《傳習錄》下卷並經其手錄者有失陽明本意也。

陽明歿後，王門學術漸趨分裂，於是或推崇其《傳習錄》之前卷，或致疑其《傳習錄》之後卷，迄至梨洲為《學案》，仍陷此分裂中，雖於陽明多所迴護，而終於陽明立言本旨，無所發明。如上引一節，疑及黃省曾，實則不啻是疑及錢德洪，實則只是梨洲自白其迴護之情而已，至於陽明自己意見，梨洲亦未能有辨明。

又按，《年譜》後附錢德洪〈答羅洪先論年譜書〉凡十首，最後一書有云：

先師始學，求之宋儒，不得入。因學養生，而沉酣於二氏，恍若得所入焉。至龍場，再經憂患，而始豁然大悟良知之旨。自是出與學者言，皆發誠意格物之教。病學者未易得所入也。每談二氏，猶若津津有味。蓋將假前日之所入，以為學者入門路徑。辛巳以後，經寧藩之變，則獨信良知，單頭直入。雖百家異術，無不具足。自是指發道要，不必假途傍引，無不曲暢旁通。故不肖刻《文錄》，取其指發道要者為正錄，其涉假借者，則釐為《外集》。譜中所載，無非此意。蓋欲學者志專歸一，而不疑其所往也。師在越時，同門有用功懇切，而泥於舊見，鬱而不化者，時出一險語以激之，如水投石，於烈焰之中，一擊盡碎，纖滓不留，亦千古一大快也。聽者於此處等，多好傳誦，而不究其發言之端。譬之用藥對症，雖芒硝大黃，立見奇效。若不得症，未有不因藥殺人者。故聖人立教，只指揭學問大端，使人自證自悟，不欲以峻言隱語，立偏勝之劑，以快一時聽聞，防其後之足以殺人也。師沒後，吾黨之教，日多歧矣。洪居吳時，見吾黨喜為高論，立異說，以為親得師傳，而不本其言之有自。不得已，因其所舉，而指示立說之端，私錄數條，未敢示人。不意為好事者竊錄。甲午主試廣東，其錄已入嶺表，故歸而刪正，刻《傳習續錄》於水西，實以破傳者之疑，非好為多述，以聳學者之聽也。故譜中俱不欲採入。而兄今節取而增述焉，然刪削苦心，亦不敢不為兄一論破也。

緒山此書，極關重要，大堪玩味。知今《傳習錄》下卷，正多陽明居越時語，已經緒山多所刪削。故黃省曾有《問道錄》十卷，而今《傳習錄》下卷所收，僅數條而止。即謂儀秦一條亦出黃省曾，然其所收之寥寥有限可知。而今《傳習錄》下卷所收，終多可疑之語，即德洪所錄之數十條，其可疑尚有遠在儀秦一條之上者，此誠大值研討之一問題也。

又德洪編定《傳習錄》中卷，收〈與聶雙江書〉，有曰：人者天地之心，天地萬物本吾一體。良知之在人心，無間於聖愚，天下古今之所同。則烏得謂儀秦無聖人之良知。德洪既收答聶書於《傳習錄》中，又收儀秦一條於《傳習錄》下，自不感其可疑。惟陽明謂儀秦亦窺得良知妙用，亦是聖人之資，此等話，正亦德洪所謂快一時聽聞，防其後之足以殺人也。在德洪意，此等話，皆出其師之親筆親口，惟貴學者能知其師立說之端，而勿遽自喜為高論，立異說，以為乃親得之於師傳耳。然則欲深究陽明立說之真相，固當善體德洪之所分析，尤遠勝於輕信梨洲之所辨斥耳。

又錢德洪為〈陽明先生文錄序〉有曰：

先生之言，世之信從者曰眾矣。特其文字之行於世者，或雜夫少年未定之論。愚懼後之亂先生之學者，即自先生之言始也。乃取其少年未定之論盡刪而去之。詳披諦閱，參酌眾見，得至一之言五卷。

又其〈刻文錄敘說〉有曰：

夫傳言者，不貴乎盡其博，而貴乎得其意。雖一言之約，足以入道。不得其意而徒示其博，則泛濫失真。匪徒無益，是眩之也。當今天下士，方馳騖於辭章。先生少年，亦嘗沒溺於是矣。卒乃自悔。惕然有志於身心之學。學未歸一，出入於二氏者又幾年矣。卒乃自悔，省然獨得於聖賢之旨。自辛巳年以後，而先生教益歸於約矣。今傳言者，不揭其獨得之旨，而尚容情於悔前之遺，未透之說，而混焉以誇博，是愛其毛而不屬其裏也。既又思之，先生之文，既以傳誦於時，今尚能次其月日，善讀者尤可以驗其悔悟之漸。不得已，乃俱存之。以文之純於講學明道者裒為正錄，餘則別為《外集》。始之以正錄，明其志也。繼之以《外集》，盡其博也。識道者讀之，庶幾知所取乎？

是德洪於陽明晚年居越，既謂其多峻言隱語，立偏勝之劑，其後足以殺人。於其早歲之作，亦謂其多悔前之遺，未透之說，足以自亂其學，故刪之別之，至慎至謹。然其尊崇陽明之意，則終始如一，並有遠超於其他門人之上者。如陽明答徐成之二書，自謂天下是朱非陸，論定既久，一旦反之為難，故二書姑為調停之說。德洪本其意，乃列二書於《外集》，又南大吉刻《傳習錄》中卷，首列此二書，而德洪徑為刪去。又按《年譜》，嘉靖二十九年庚戌，上距陽明卒二十二年，增刻《朱子晚年定論》。師門所刻止一卷，德洪又增錄二卷，共三卷。是德洪既不信是朱非陸之論，又深信其師乃不繆於朱子晚歲既悟之論。故於其師歿後，猶不斷增足定論至三卷之多也。今恨未見其書，然德洪畢生之尊崇其師，亦於此而可見矣。至其謂陽明自辛巳以後教益歸約者，辛巳乃正德十六年，陽明年五十，在江西，始揭致良知之教。《年譜》又引陽明言，吾講學亦嘗誤人，今較來較去，只是致良知三字無病。（見嘉靖二十九年所引）然薛侃刻《傳習錄》上卷，在正德十三年戊寅，尚在辛巳前三年。則依德洪之意，此徐陸薛三人之所記，是否亦有陽明未透之說未定之論之可以誤人者夾雜其間，此亦深值研玩也。

又按，徐愛為〈傳習錄序〉有曰：

> 門人有私錄陽明先生之言者，先生聞之，謂之曰：聖賢教人，如醫用藥，皆因病立方，酌其虛實溫涼，陰陽內外，而時時加減之。要在去病，初無定說。若拘執一方，鮮不殺人矣。

是《年譜》末附德洪與羅洪先書因藥殺人之語，陽明固已先告其門人。而徐愛特以識於其所記《傳習錄》之首。然則後人治陽明學，必謂《傳習錄》下卷多可疑，上卷多可信，亦未為得王門當時論學傳教之深旨與真相也。

抑且浙江王門，親炙久，信受篤，一時推巨擘者，錢德洪緒山以外，尚有王畿龍谿。梨洲《學案》稱，王文成平濠歸越，四方之士來學者甚眾，緒山龍谿疏通其大旨，而後卒業於文成，一時稱為教授師。而二人所得實不同。梨洲稱二人皆習聞陽明過重之言。在師門之旨，皆不能無毫釐之差。緒山之徹悟不如龍谿，龍谿之修持不如緒山。乃龍谿竟入於禪，而緒山不失儒者之矩矱。何也。龍谿懸崖撒手，非師門宗旨所可繫縛，而緒山則把纜放船，雖無大得，亦無大失耳。故梨洲又謂：姚江之學，惟江右為得其傳，東廓念菴兩峯雙江其選也。梨洲此意，實承自劉蕺山，未必真有當於王門往年之實況。今可據以論陽明之學者，如《傳習錄》、《文錄》、《年譜》，皆經緒山親所編校，而緒山敘其師學，其先沉酣於二氏，其後每談二氏，猶若津津有味，此乃親窺於其師之言。以緒山之平謹篤厚，決不率爾言之。然則陽明之始教，及其終教，莫不夾雜有二氏，而緒山獨取其辛巳五十在贛所專提之致良知一語，謂其師之教乃益歸於約。江右王門，獨取於此。然歐陽德初見陽明，最年少，陽明呼以小秀才，故遣服役。及嘉靖二年癸未，陽明五十二在越，德第進士，是年即緒山龍谿為教授師之年，以後德即少見陽明，於陽明居越言論殆所少聞。聶豹則僅於嘉靖五年丙戌一見陽明，稱晚生，此後僅通書問。越兩年，陽明即卒。豹乃以緒山龍谿二人為證，具香案，再拜稱門人。然豹主歸寂之說，緒山龍谿皆不以為是。即江右如鄒東廓歐陽南野亦議論相異。羅洪先念菴獨深契之。然洪先未與陽明一面，及與德洪同修《年譜》，亦稱後學，不稱門人。雖德洪勸之，並徑為改稱門人。時洪先已卒，固未親得其同意者。梨洲所舉江右王門四人中，獨鄒守益東廓，從遊最久，並又見陽明於越，與南野雙江念菴不同。惟東廓初聞陽明言有省，乃曰：往吾疑程朱補《大學》，先格物窮理，而《中庸》首慎獨，兩不相蒙，今釋然格致之即慎獨也。遂稱弟子。格物即慎獨，亦見《傳習錄》下卷。及劉蕺山論學，標慎獨為宗，已見當時學風，群欲挽王歸朱。蕺山之言謹獨，即欲挽王學於程朱之言主敬也。而梨洲乃謂：陽明之歿，不失其傳者，不得不以東廓為宗子，此自蕺山一派之言耳。治陽明學而獨標慎獨為宗，豈當時陽明講學有是乎。

又如讀陽明晚年詩，多明白提挈禪宗。其天泉橋及嚴灘兩番告示門人之語，深涉禪味，顯而易見。梨洲謂龍谿竟入於禪，緒山則不失儒者矩矱。又曰：龍谿徹悟，緒山修持，而於師門皆不能無毫釐之差。其實天泉橋論四句教，緒山龍谿同蒙印可。若以龍谿擬之慧能，則緒山乃近神秀。而陽明兩許之者，亦即慧能所謂人有南北法無頓漸也。梨洲又引鄧定宇，謂陽明必為聖學無疑，然及門之士概多矛盾，其私淑而有得者，莫如念菴。梨洲稱此為定論。惟其必尊陽明為聖學，乃不得不謂緒山龍谿於師門皆不能無毫釐之差。又謂越中流弊錯出，江右獨能破之，蓋陽明一生精神俱在江右也。然考鄧定宇乃隆慶辛未進士，已在緒山念菴修成《陽明年譜》後之第八年，其學乃私淑於龍谿，較之念菴之猶得與緒山龍谿為友者，抑又遠矣。其意或乃謂龍谿之外，莫如念菴，亦不可知。則梨洲之必抑浙中，揚江右，其無當於當時王學傳受之真相，亦可知矣。

故今日治王學，於《傳習錄》上中下三卷，固可分別而觀，亦當會合而求。於江右浙中之相異，於緒山龍谿論學之不同，固亦當分別而觀，但仍當會合而求。而梨洲《學案》，則承自蕺山，而實未得蕺山之深旨。若即據此以作王學之衡評，則又未見其有當也。

王陽明先生《傳習錄》及《大學問》節本

一、陽明先生《傳習錄》節本

《傳習錄》節本小目

（一〇）存天理去人欲　（一一）知行合一　（一二）致良知
（一三）事上磨練　（一四）心物一體　萬物一體　（一五）心身一體
（一六）聖人　理想人格之完成　（一七）異端　（一八）拔本塞源論　理想社會之完成

明代大儒王陽明先生，提倡良知之學，那真是一種人人易知易行，雖愚夫愚婦，不識字人，也可了解，也可奉行的學說。而循此上達，則人人可以完成一最高理想的人格，即中國傳統所謂的聖人，而社會也可達到一最高理想的社會，如陽明先生拔本塞源論中所指示。

陽明的門人弟子，把陽明先生平常講話，逐條記錄，並陽明先生和人討論學術的信札，擇要精選，彙成《傳習錄》三卷。（上卷下卷是語錄，中卷是書札。）凡屬有志研究陽明學說的人，此書在所必讀。只要三天乃至一星期的時間，准可把《傳習錄》三卷，通體細覽。但三卷《傳習錄》，究竟也將近十五萬言，中間所討論的問題，牽涉甚廣，並多引據古經典，初學者讀之，或將仍感困難。茲特再為摘要選錄，僅以原文一萬字為度。並分別標識小題，點醒大意，庶有志王學者，更易入門。惟望讀此節本者，能循次再細讀《傳習錄》全本，並更進而通覽陽明先生之全書，庶於此一代大儒，可以窺見其講學立說之精細博大處。但若即就此節本玩索，或甚至僅於此節本中任擇幾條，悉心玩誦，身體力行，只要積久不懈，亦可終身成一完人。這正是陽明先生立說教人之簡易淺近，博厚高深，而為我們所最值得崇拜與信守之所在。

（一）立志

陽明先生教人，最先第一步，常重立志二字。人若不先立志，則下面所引陽明先生的一切話，也將一無入門了。

所謂立志，即是立一個必為聖人之志，即是立志要完成一個最高理想的人格，立志要做天地間第一等的人。

此志好像甚高甚大，但若看能照陽明先生話躬行實踐，卻又是甚簡甚易，並不困難呀！

先生曰：諸公在此，務要立箇必為聖人之心。時時刻刻，須是一棒一條痕，一摑一掌血，方能聽吾說話，句句得力。若茫茫蕩蕩度日，譬如一塊死肉，打也不知得痛癢，恐終不濟事，回家只尋得舊時伎倆而已，豈不惜哉！

大抵吾人為學緊要大頭腦，只是立志。所謂困忌之病，亦只是志欠真切。今好色之人，未嘗病於困忌，只是一真切耳。自家痛癢，自家須會知得，自家須會搔摩得。既自知得痛癢，自家須不能不搔摩得。佛家謂之方便法門，非是自家調停斟酌，他人總難為力，亦更無別法可設也。

（二）立志貴專一

種樹者必培其根，種德者必養其心。欲樹之長，必於始生時刪其繁枝，欲德之盛，必於始學時去夫外好。如外好詩文，則精神日漸漏泄在詩文上去。凡百外好皆然。

又曰：我此論學，是無中生有的工夫。諸公須要信得及，只是立志。學者一念為善之志，如樹之種，但勿助勿忘，只管培植將去，自然日夜滋長，生氣日完，枝葉日茂，樹初生時，便抽繁枝，亦須刊落，然後根幹能大。初學時亦然，故立志貴專一。

持志如心痛，一心在痛上，豈有工夫說閒話，管閒事？

（三）立志在漸進

問：知識不長進，如何？先生曰：為學須有本原，須從本原上用力，漸漸盈科而進。仙家說嬰兒，亦善譬。嬰兒在母腹時，只是純氣，有何知識？出胎後，方始能啼，既而後能笑，又既而後能識認其父母兄弟，又繼而後能立能行，能持能負。卒乃天下之事無不可能。皆是精氣日足，則筋力日強，聰明日開。不是出胎日便講求推尋得來。故須有箇本原。聖人到位天地，育萬物，也只從喜怒哀樂未發之中上養來。後儒不明格物之說，見聖人無不知，無不能，便欲於初下手時講求得盡，豈有此理？

又曰：立志用功，如種樹然，方其根芽，猶未有幹。及其有幹，尚未有枝。枝而後葉，葉而後花實，初種根時，只管栽培灌溉，勿作枝想，勿作葉想，勿作花想，勿作實想。懸想何益？但不忘栽培之功，怕沒有枝葉花實？

（四）立志是學問本原

與其為數頃無源之塘水，不若為數尺有源之井水，生意不窮。時先生在塘邊坐，傍有井，故以之喻學云。

（五）立志是徹始徹終之事

善念發，而知之，而充之。惡念發，而知之，而遏之。知與充與遏者，志也。天聰明也。聖人只有此，學者當存此。

按：人只要能立志，則自能知善知惡，自能充善遏惡，故說是天聰明。可見陽明先生所講良知與知行合一，亦須自立志參入。

（六）誠意與立誠

陽明先生教人，首言立志，次言誠意，其實兩語只是一語，立志與誠意還是一件事。

陽明先生說：誠意之說，自是聖門教人用功第一義。又云：僕近時與朋友論學，惟說立誠二字。殺人須就咽喉上著刀，吾人為學，當從心髓入微處用力，自然篤實光輝。雖私欲之萌，真是紅鑪點雪，天下之大本立矣。

問：知至然後可以言誠意，今天理人欲，知之未盡，如何用得克己工夫？先生曰：人若真實切己用功不已，則於此心天理之精微，日見一日。私欲之細微，亦日見一日。若不用克己工夫，終日只是說話而已。天理終不自見，私欲亦終不自見。如人走路一般，走得一段，方認得一段。走到歧路處，有疑便問，問了又走，方漸能到得欲到之處。今人於已知之天理不肯存，已知之人欲不肯去，且只發愁不能盡知，只管閒講，何益之有？且待克得自己無私可克，方愁不能盡知，亦未遲在。

（七）誠便是良知

或問至誠前知，先生曰：誠是實理，只是一個良知。

（八）良知

良知二字，始見於《孟子》，而發揮良知精義，組成一套既簡易，又親切而完整的學說者，則其事始於陽明。

先生曰：知是心之本體，心自然會知。見父自然知孝，見兄自然知弟，見孺子入井，自然知惻隱。此便是良知，不假外求。若良知之發，更無私意障礙，即所謂充其惻隱之心而仁不可勝用矣。然在常人，不能無私意障礙，所以須用致知格物之功，勝私復理，即心之良知更無障礙，得以充塞流行，便是致其知，知致則意誠。

良知只是箇是非之心，是非只是箇好惡。只好惡就盡了是非，只是非就盡了萬事萬變。

又曰：是非兩字，是箇大規矩，巧處則存乎其人。

（九）心即理　良知即天理

心即理之說，始於宋儒陸象山，而陽明承之，始曰良知即天理。

徐愛問：至善只求諸心，恐於天下事理有不能盡。先生曰：心即理也。天下又有心外之事，心外之理乎？愛曰：如事父之孝，事君之忠，交友之信，治民之仁，其間有許多理在，恐亦不可不察。先生嘆曰：此說之蔽久矣，豈一語所能悟。今姑就所問者言之。且如事父，不成去父上求箇孝的理？事君，不成去君上求箇忠的理？交友治民，不成去友上民上求箇信與仁的理！都只在此心，心即理也。此心無私欲之蔽，即是天理，不須外面添一分。以此純乎天理之心，發之事父便是孝，發之事君便是忠，發之交友治民便是信與仁。只在此心去人欲存天理上用功便是。愛曰：聞先生如此說，愛已覺有省悟處，但舊說纏縛於胸中，尚有未脫然者。如事父一事，其間溫清定省之類，有許多節目，不亦須講求否？先生曰：如何不講求，只是有箇頭腦，只是就此心去人欲存天理上講求。就如講求冬溫，也只是要盡此心之孝，恐怕有一毫人欲間雜。講求夏清，也只是要盡此心之孝，恐怕有一毫人欲間雜。只是講求得此心。此心若無人欲，純是天理，是箇誠於孝親的心，冬時自然思量父母的寒，便自要去求箇溫的道理。夏時自然思量父母的熱，便自要去求箇清的道理，這都是那誠孝的心發出來的條件。都是須有這誠孝的心，然後有這條件發出來。譬之樹木，這誠孝的心便是根，許多條件便是枝葉。須先有根，然後有枝葉。不是先尋了枝葉，然後去種根。《禮記》言，孝子之有深愛者，必要和氣，有和氣者，必有愉色，有愉色者必有婉容。須是有箇深愛做根，便自然如此。

（一〇）存天理去人欲

惟其良知即天理，因此陽明先生的良知之學，主要便在去人欲，存天理。

一日，論為學工夫。先生曰：教人為學，不可執一偏。初學時，心猿意馬，栓縛不定，其所思慮，多是人欲一邊。故且教之靜坐，息思慮。久之，俟其心意稍定，只懸空靜守，如槁木死灰，亦無用，須教他省察克治。省察克治之功，則無時而可間，如去盜賊，須有箇掃除廓清之意。無事時，將好色好貨好名等私，逐一追究搜尋出來，定要拔去病根，永不復起，方始為快。常如貓之捕鼠，一眼看著，一耳聽著，纔有一念萌動，即與克去。斬釘截鐵，不可姑容，與他方便，不可窩藏，不可放他出路，方是真實用功，方能掃除廓清。到得無私可克，自有端拱時在。雖曰何思何慮，非初學時事。初學必須省察克治，即是思誠。只思一箇天理，則得天理純全，便是何思何慮矣。克己須要掃除廓清，一毫不存方是。有一毫在，則眾惡相引而來。

孟源有自是好名之病，先生屢責之。一日，警責方已，一友自陳日來工夫請正，源從旁曰：此方是尋著源舊時家當。先生曰：爾病又發。源色變，議擬欲有所辨。先生曰：爾病又發。因喻之曰：此是汝一生大病根。譬如方丈地內，種此一大樹，雨露之滋，土脈之力，只滋養得這箇大根。四旁縱要種些嘉穀，上面被此樹葉遮覆，下面被此樹根盤結，如何生長得成？須用拔去此樹，纖根勿留，方可種植嘉穀。不然，任汝耕耘培壅，只是滋養得此根。

一友自歎，私意萌時，分明自心知得，只是不能使他即去。先生曰：你萌時這一知處，便是你的命根，當下即去消磨，便是立命工夫。

聖人之知，知青天之日。賢人如浮雲天日，愚人如陰霾天日。雖有昏明不同，其能辨黑白則一。雖昏黑夜裏，亦影影見得黑白，就是日之餘光未盡處。困學工夫，亦只從這點明處精察去耳。

問：知譬日，欲譬雲，雲雖能蔽日，亦是天之一氣，合有的，欲亦莫非人心合有否？先生曰：喜怒哀樂愛惡欲，謂之七情。七者俱是人心合有的。但要認得良知明白，比如日光，亦不可指著方所。一隙通明，皆是日光所在。雖雲霧四塞，太虛中色象可辨，亦是日光不滅處。不可以雲能蔽日，教天不要生雲，七情順其自然之流行，皆是良知之用，不可分別善惡。但不可有所著，七情有著，俱謂之欲，俱為良知之蔽。然纔有著時，良知亦自會覺，覺即蔽去，復其體矣。此處能勘得破，方是簡易透澈工夫。

（二）知行合一

心即理，乃承襲象山，知行合一則是陽明新創。凡欲瞭解陽明先生之良知學說者，必須深究其知行合一的說法。

徐愛因未會先生知行合一之訓，與宗賢惟賢往復辨論，未能決，以問於先生，先生曰：試舉看！愛曰：如今人儘有知得父當孝，兄當弟者，卻不能孝，不能弟，便是知與行分明是兩件。先生曰：此已被私欲隔斷，不是知行的本體了。未有知而不行者，知而不行，只是未知。聖賢教人知行，正是要復那本體，不是著你只恁的便罷。故《大學》指箇真知行與人看，說如好好色，如惡惡臭。見好色屬知，好好色屬行，只見那好色時，已是好了，不是見了後又立箇心去好。聞惡臭屬知，惡惡臭屬行，只聞那惡臭時，已是惡了，不是聞了後別立箇心去惡。如鼻塞人，雖見惡臭在前，鼻中不曾聞得，便亦不甚惡，亦只是不曾知臭。就如稱某人知孝，某人知弟，必是其人已曾行孝行弟，方可稱他知孝知弟。不成只是曉得說些孝弟的話，便可稱為知孝弟。又如知痛，必已自痛了，方知痛。知寒，必已自寒了。知饑，必已自饑了。知行如何分得開？此便是知行的本體，不曾有私意隔斷的。聖人教人，必要是如此，方可謂之知。不然，只是不曾知。此卻是何等緊切著實的工夫？如今苦苦定要說知行做兩箇，是甚麼意？某要說做一箇，是甚麼意？若不知立言宗旨，只管說一箇兩箇，亦有甚用？愛曰：古人說知行做兩箇，亦是要人見箇分曉。一行做知的工夫，一行做行的工夫，即工夫始有下落。先生曰：此卻失了古人宗旨也。某嘗說：知是行的主意，行是知的工夫，知是行之始，行是知之成。若會得時，只說一箇知，已是有行在。只說一箇行，已是有知在。古人所以既說一箇知，又說一箇行者，只為世間有一種人，懵懵懂懂的任意去做，全不解思維省察，也只是箇冥行妄作，所以必說箇知，方纔行得是。又有一種人，茫茫蕩蕩，懸空去思索，全不肯著實躬行，也只是箇揣摩影響，所以必說一箇行，方纔知得真。此是古人不得已，補偏救弊的說話。若見得這箇意時，即一言而足。今人卻就將知行分作兩件去做，以為必先知了然後能行，我如今且去講習討論，做知的工夫，待知得真了，方去做行的工夫。故遂終身不行，亦遂終身不知。此不是小病痛，其來已非一日矣。某今說箇要知行合一，正是對病的藥，又不是某鑿空杜撰，知行本體原是如此。今若知得宗旨時，即說兩個亦不妨，亦只是一箇。若不會宗旨，便說一箇，亦濟得甚事，只是閒說話。

知者行之始，行者知之成，聖學只一箇工夫，知行不可分作兩事。

問知行合一。先生曰：此須識我立言宗旨。今人學問，只因知行分作兩件，故有一念發動，雖是不善，然卻未曾行，便不去禁止。我今說箇知行合一，正要人曉得一念發動處，便即是行了。發動處有不善，就將這不善的念克倒了，須要澈根澈底，不使那一念不善潛伏在胸中，此是我立言宗旨。

今按：朱子言格物窮理，似是偏在知一邊。陽明言知行合一，則格物窮理須參加進行的工夫纔得。而且朱子所云……窮理，似是理偏在先定而現成的一邊，陽明所認之天理，卻包涵有生機，轉向到能前進的，開展的，活動的一面。因此後來王學，要說即流行即本體。此處有甚深義趣，學者須深辨。

（一二）致良知

陽明先生三十八歲，在龍場驛，始論知行合一。五十歲在江西，始揭致良知之教，此是陽明學成後之第二變。所以他說：近來信得致良知三字，真聖門正法眼藏。往日尚疑未盡，今日多事以來，只此良知，無不具足。譬之操舟得舵，平瀾淺瀨，無不如意，雖遇顛風逆浪，舵柄在手，可免沉溺之患矣。

庚辰，往虔州，再見先生，問近來工夫雖若稍知頭腦，然難尋箇穩當快樂處。先生曰：爾卻去心上尋箇天理，此正所謂理障。此間有箇訣竅。曰：請問如何？曰：只是致知。曰：如何致？曰：爾那一點良知，是爾自家底準則。爾意念著處，他是便知是，非便知非，更瞞他一些不得。爾只要不欺他，實實落落依著他做去，善便存，惡便去，他這裏何等穩當快樂！此便是格物的真訣，致知的實功。若不靠著這些真機，如何去格物？我亦近年體貼出來如此分明。初猶疑只依他恐有不足，精細看，無些小欠闕。

黃以方問：先生格致之說，隨時格物以致其知，則知是一節之知，非全體之知也。何以到得溥博如天，淵泉如淵地位？先生曰：人心是天淵，心之本體，無所不該，原是一個天。只為私欲障礙，則天之本體失了。心之理無窮盡，原是一淵。只為私欲窒塞，則淵之本體失了。如今念念致良知，將此障礙窒塞一齊去盡，則本體已復，是天淵了。乃指天以示之，曰：比如面前見天，是昭昭之天，四外見天，也只是昭昭之天。只為許多房子牆壁遮蔽，便不見天之全體。若撤去房子牆壁，總是一箇天矣。不可道眼前天是昭昭之天，外面又不是昭昭之天也。於此，便見一節之知，即全體之知。全體之知，即一節之知。總是一箇本體。

先生曰：我輩致知，只是各隨分限所及，今日良知見在如此，只隨今日所知擴充到底。明日良知又有開悟，便從明日所知擴充到底，如此方是精一功夫。與人論學，亦須隨人分限所及。如樹，有這些萌芽，只把這些水去灌溉。萌芽再長，便又加水。自拱把以至合抱，灌溉之功，皆是隨其分限所及。若些小萌芽，有一桶水在，盡要傾上，便浸壞他了。

（一三）事上磨練

陽明先生致良知的致字，像把一件東西致送到外面交付給人。因此講致良知，便要繼續講到事上磨練。

陸澄嘗問象山在人情事變上做工夫之說。先生曰：除了人情事變，則無事矣。喜怒哀樂，非人情乎？自視聽言動以至富貴貧賤，患難死生，皆事變也。事變亦只在人情裏，其要只在致中和，致中和只在謹獨。

問：靜時亦覺意思好，才遇事，便不同，如何？先生曰：是徒知靜養，而不用克己工夫也。如此，臨事便要傾倒。人須在這上磨，方立得住。方能靜亦定，動亦定。

崇一問：尋常意思多忙，有事固忙，無事亦忙，何也。先生曰：天地氣機，元無一息之停，然有箇主宰，故不先不後，不急不緩。雖千變萬化，而主宰常定，人得此而生，若主宰定時，與天運一般不息。雖酬酢萬變，常是從容自在。所謂天君泰然，百體從令。若無主宰，便只是這氣奔放，如何不忙？

有一屬官，因久聽講先生之學，曰：此學甚好，只是簿書訟獄繁難，不得為學。先生聞之，曰：我何嘗教爾離了簿書訟獄，懸空去講學？爾既有官司之事，便從官司的事上為學，纔是真格物。如問一詞訟，不可因其應對無狀，起箇怒心。不可因他言語圓轉，生箇喜心。不可惡其囑託，加意治之。不可因其請求，屈意從之。不可因自己事務煩冗，隨意苟且斷之。不可因旁人譖毀羅織，隨人意思處之。這許多意思皆私，只爾自知，須精細省察克治。惟恐此心有一毫偏倚，枉人是非，這便是格物致知。簿書訟獄之間，無非實學。若離了事物為學，卻是著空。

陸澄在鴻臚寺倉居，忽家信至，言兒病危。澄心甚憂悶不能堪。先生曰：此時正宜用功。若此時放過，閑時講學何用？人正要在此等時磨練。父之愛子，自是至情，然天理亦自有箇中和處。過即是私意。人於此處，多認做天理當憂，則一向憂苦，不知已是有所憂患不得其正。大抵七情所感，多只是過，少不及者。才過，便非心之本體，必須調停適中始得。就如父母之喪，人子豈不欲一哭便死，方快於心，然卻曰毀不滅性，非聖人強制之也，天理本體自有分限，不可過也。人但要識得心體，自然增減分毫不得。有一學者病目，戚戚甚憂。先生曰：爾乃貴目賤心。

問：樂是心之本體，不知遇大故，於哀哭時，此樂還在否？先生曰：須是大哭一番了方樂，不哭便不樂矣。雖哭，此安安處即是樂也，本體未嘗有動。

（一四）心物一體　萬物一體

陽明先生言良知，一面是說知行合一，另一面又說心物一體。我們該從知行合一來透悟心即理，從心物一體來透悟心即天。

目無體，以萬物之色為體。耳無體，以萬物之聲為體。鼻無體，以萬物之臭為體，口無體，以萬物之味為體。心無體，以天地萬物感應之是非為體。

按：目是能視，色是所視，能所一體，即是心物一體。天地萬物感應之是非便是理，此處便是心與理一，心即理，心與理一體。

先生遊南鎮，一友指巖中花樹，問曰：天下無心外之物，如此花樹，在深山中，自開自落，於我心亦何相關？先生曰：你未看此花時，此花與汝心同歸於寂。你來看此花時，則此花顏色一時明白起來，便知此花不在你的心外。

問：大人與物同體，如何《大學》又說箇厚薄？先生曰：惟是道理自有厚薄。比如身是一體，把手足捍頭目，豈是偏要薄手足，其道理合如此。禽獸與草木同是愛的，把草木去養禽獸，又忍得。人與禽獸同是愛的，宰禽獸以養親，與供祭祀，燕賓客，心又忍得。至親與路人同是愛的，如簞食豆羹，得則生，不得則死，不能兩全，寧救至親，不救路人，心又忍得。這是道理合該如此。及至吾身與至親，更不得分別彼此厚薄，蓋以仁民愛物，皆從此出，此處可忍，更無不可忍矣。《大學》所謂厚薄，是良知上自然的道理，不可踰越，此便謂之義。順這箇條理，便謂之禮。知此條理，便謂之智。終始是這條理，便謂之信。

問：程子云：仁者以天地萬物為一體，何墨氏兼愛，反不得謂之仁？先生曰：此亦甚難言，須是諸君自體認出來始得。仁是造化生生不息之理，雖瀰漫周遍，無處不是，然其流行發生，亦只有箇漸。所以生生不息，如冬至一陽生，必自一陽生，而後漸漸至於六陽。若無一陽之生，豈有六陽？陰亦然。惟其漸，所以便有箇發端處，惟其有箇發端處，所以生，惟其生，所以不息。譬之木，其始抽芽，便是木之生意發端處，抽芽然後發幹，發幹然後生枝生葉。然後是生生不息。若無芽，何以有幹有枝葉？能抽芽，必是下面有箇根在。有根方生，無根便死。無根何從抽芽？父子兄弟之愛，便是人心生意發端處，如木之抽芽。自此而仁民，而愛物，便是發幹生枝生葉。墨氏兼愛無差等，將自家父子兄弟與途人一般看，便自沒了發端處。不抽芽，便知得他無根，便不是生生不息，安得謂之仁？孝弟為仁之本，卻是仁理從裏面發生出來。

按：陽明此條，暢闡一切天理從人心發端之義，極重要，當細玩。

（一五）心身一體

陽明既主心物一體，自主心身一體，學者必由此參入，始可透悟陽明良知學之精義。

蕭惠問：己私難克，奈何？先生曰：將汝己私來，替汝克。先生曰：人須有為己之心，方能克己。能克己，方能成己。蕭惠曰：惠亦頗有為己之心，不知緣何不能克己？先生曰：且說汝有為己之心是如何。惠良久，曰：惠亦一心要做好人，便自謂頗有為己之心。今思之，看來亦只是為得箇軀殼的己，不曾為箇真己。先生曰：真己何曾離著軀殼？恐汝連那軀殼的己也不曾為。且道汝所謂軀殼的己，豈不是耳目口鼻四肢？惠曰：正是為此，目便要色，耳便要聲，口便要味，四肢便要逸樂，所以不能克。先生曰：美色令人目盲，美聲令人耳聾，美味令人口爽，馳騁田獵令人發狂，這都是害汝耳目口鼻四肢的，豈得是為汝耳目口鼻四肢？若為著耳目口鼻四肢時，便須思量耳如何聽，目如何視，口如何言，四肢如何動。必須非禮勿視聽言動，方才成得箇耳目口鼻四肢。這箇才是為著耳目口鼻四肢。汝今終日向外馳求，為名為利，這都是為著軀殼外面的物事。汝若為著耳目口鼻四肢，要非禮勿視聽言動時，豈是汝之耳目口鼻四肢自能勿視聽言動，須由汝心，這視聽言動，皆是汝心。汝心之視，發竅於目。汝心之聽，發竅於耳。汝心之言，發竅於口，汝心之動，發竅於四肢。若無汝心，便無耳目口鼻。所謂汝心，亦不專是那一團血肉，若是那一團血肉，如今已死的人，那一團血肉還在，緣何不能視聽言動？所謂汝心，卻是那能視聽言動的，這箇便是性，便是天理。有這箇性，才能生。這性之生理便謂之仁。這性之生理發在目，便會視。發在耳，便會聽。發在口，便會言。發在四肢，便會動。都只是那天理發生。以其主宰一身，故謂之心。這心之本體，原只是箇天理，原無非禮。這箇便是汝之真己。這箇真己，是軀殼的主宰。若無真己，便無軀殼。真是有之即生，無之即死。汝若真為那箇軀殼的己，必須用這箇真己，便須常常保守著這箇真己的本體，戒慎不覩，恐懼不聞，惟恐虧損了他一些。才有一毫非禮萌動，便如刀割，如針刺，忍耐不過。必須去了刀，拔了針。這才是有為己之心，方能克己。汝今正是認賊作子，緣何卻說有為己之心，不能克己。

（一六）聖人　理想人格之完成

陽明良知之學，其主要用意，即在教人各自到達其可能完成的一種理想的人格。此種人格即所謂聖人。故良知之學亦即是聖學。

蔡希淵問：聖人可學而至，然伯夷伊尹於孔子，才力終不同，其同謂之聖者安在？先生曰：聖人之所以為聖，只是其心純乎天理而無人欲之雜。猶精金之所以為精，但以其成色足而無銅鉛之雜也。人到純乎天理方是聖，金到足色方是精。然聖人之才力，亦有大小不同，猶金之分兩有輕重。堯舜猶萬鎰，文王孔子有九千鎰，禹湯武王猶七八千鎰，伯夷伊尹四五千鎰。才力不同，而純乎天理則同，皆可謂之聖人。猶分兩雖不同，而足色則同，皆可謂之精金。以五千鎰者而入於萬鎰之中，其足色同也。以夷尹而廁諸堯孔之間，其純乎天理同也。蓋所以為精金者，在足色，而不在分兩。所以為聖者，在純乎天理而不在才力也。故雖凡人，而肯為學，使此心純乎天理，則亦可為聖人，猶一兩之金，比之萬鎰，分兩雖懸絕，而其到足色處，可以無媿，故曰人皆可以為堯舜者以此。學者學聖人，不過是去人欲而存天理耳。猶鍊金而求其足色，金之成色所爭不多，則煅鍊之工省而功易成。成色愈下，則煅鍊愈難。人之氣質，清濁粹駁，有中人以上，中人以下，其於道，有生知安行，學知利行。其下者，必須人一己百，人十己千，及其成功則一。後世不知作聖之本是純乎天理，卻專在知識才能上求聖人，以為聖人無所不知，無所不能，我須是將聖人許多知識才能，逐一理會始得。故不務去天理上著工夫，徒弊精竭力，從冊子上鑽研，名物上考索，形迹上比擬。知識愈廣而人欲愈滋，才力愈多而天理愈蔽。正如見人有萬鎰精金，不務煅鍊成色，求無媿於彼之精純，而乃妄希分兩，務同彼之萬鎰。錫鉛銅鐵，雜然而投，分兩愈增，而成色愈下。既其梢末，無復有金矣。時曰仁在傍，曰：先生此喻，足以破世儒支離之惑，大有功於後學。先生又曰：吾輩用功，只求日減，不求日增。減得一分人欲，便是復得一分天理，何等輕快脫灑，何等簡易。

德章曰：聞先生以精金喻聖，以分兩喻聖人之分量，以煅鍊喻學者之工夫，最為深切，惟謂堯舜為萬鎰，孔子為九千鎰，疑未安。先生曰：此又是軀殼上起念，故替聖人爭分兩。若不從軀殼上起念，即堯舜萬鎰不為多，孔子九千鎰不為少。堯舜萬鎰，只是孔子的。孔子九千鎰，只是堯舜的，原無彼我，所以謂之聖。只論精一，不論多寡。只要此心純乎天理處同，便同謂之聖。若是力量氣魄，如何盡同得。後儒只在分兩上較量，所以流入功利。若除去了比較分兩的心，各人儘著自己力量精神，只在此心純乎天理上用功，即人人自有箇箇圓成，便能大以成大，小以成小，不假外慕，無不具足。此便是實實落落，明善誠身的事。後儒不明聖學，不知就自己心地良知良能上體認擴充，卻去求知其所不知，求能其所不能，一味只是希高慕大，不知己是桀紂心地，動輒要做堯舜豐業，如何做得？終年碌碌，至於老死，竟不知成就了箇甚麼，可哀也已！

（一七）異端

或問異端，先生曰：與愚夫愚婦同的，是謂同德。與愚夫愚婦異的，是謂異端。

按：陽明先生良知之學，主張人皆可以為堯舜，愚夫愚婦皆有良知，皆可為聖人。故與愚夫愚婦異者便成為異端了。

（一八）拔本塞源論　理想社會之完成

陽明先生良知之學，若使大明於天下，則雖愚夫愚婦，不識一字，亦得修心上達，躋於聖人之域。若使人人為聖人，則此社會便成一理想的新社會。《傳習錄》卷中陽明先生〈答顧東橋書〉，篇末有一大段提出他所謂拔本塞源之論，專為此理想的新社會，作了一番詳細的描述，並指出到達此新社會的一條最簡易、最直捷的路徑。

夫拔本塞源之論不明於天下，則天下之學聖人者，將日繁日難，斯人淪於禽獸夷狄，而猶自以為聖人之學。吾之說雖或暫明於一時，終將凍解於西，而冰堅於東，霧釋於前，而雲滃於後，呶呶焉危困以死，而卒無救於天下之分毫也已。夫聖人之心，以天地萬物為一體，其視天下之人，無外內遠近，凡有血氣，皆其昆弟赤子之親，莫不欲安全而教養之，以遂其萬物一體之念。天下之人心，其始亦非有異於聖人也。特其間於有我之私，隔於物欲之蔽，大者以小，通者以塞。人各有心，至有視其父子兄弟如仇讎者。聖人有憂之，是以推其天地萬物一體之仁，以教天下，使之皆有以克其私，去其蔽，以復其心體之同然。其教之大端，則堯舜禹之相授受，所謂道心惟微，惟精惟一，允執其中。而其節目，則舜之命契，所謂父子有親，君臣有義，夫婦有別，長幼有序，朋友有信，五者而已。唐虞三代之世，教者惟以此為教，而學者惟以此為學。當是之時，人無異見，家無異習。安此者謂之聖，勉此者謂之賢，背此者雖其啟明如朱，亦謂之不肖。下至閭井田野，農工商賈之賤，莫不皆有是學，而惟以成其德行為務。何者？無有聞見之雜，記誦之煩，辭章之靡濫，功利之馳逐，而但使之孝其親，弟其長，信其朋友，以復其心體之同然。是蓋性分之所固有，而非有假於外者。則人亦孰不能之乎？學校之中，惟以成德為事，而才能之異，或有長於禮樂，長於政教，長於水土播植者，則就其成德，而因使益精其能於學校之中。迨夫舉德而任，則使之終身居其職而不易。用之者，惟知同心一德，以共安天下之民。視才之稱否，而不以崇卑為輕重，勞逸為美惡。效用者，亦惟知同心一德，以共安天下之民。苟當其能，則終身處於煩劇而不以為勞，安於卑瑣而不以為賤。當是之時，天下之人，熙熙皥皥，皆相視如一家之親。其才質之下者，則安其農工商賈之分，各勤其業，以相生相養，而無有乎希高慕外之心。其才能之異，若皐夔稷契者，則出而各效其能。若一家之務，或營其衣食，或通其有無，或備其器用，集謀并力，以求遂其仰事俯育之願。惟恐當其事者之或怠，而重己之累也。故稷勤其稼，而不恥其不知教。視契之善教，即己之善教也。夔司其樂，而不恥於不明禮。視夷之通禮，即己之通禮也。蓋其心學純明，而有以全其萬物一體之仁。故其精神流貫，志氣通達，而無有乎人己之分，物我之間。譬之一人之身，目視耳聽，手持足行，以濟一身之用。目不恥其無聰，而耳之所涉，目必營焉。足不恥其無執，而手之所探，足必前焉。蓋其元氣充周，血脈條暢，是以痒疴呼吸，感觸神應，有不言而喻之妙。此聖人之學所以至易至簡，易知易從，學易能而才易成者，正以大端惟在復心體之同然，而知識技能，非所與論也。三代之衰，王道熄而霸術猖。孔孟既沒，聖學晦而邪說橫。教者不復以此為教，而學者不復以此為學。霸者之徒，竊取先王之近似者，假之於外，以內濟其私己之欲。天下靡然而宗之。聖人之道，遂以蕪塞。相倣相傚，日求所以富強之說，傾詐之謀，攻伐之計，一切欺天罔人，苟一時之得，以獵取聲利之術，若管商蘇張之屬者，至不可名數。既其久也，鬪爭刼奪，不勝其禍。斯人淪於禽獸夷狄，而霸術亦有所不能行矣。世之儒者，慨然悲傷，蒐獵先聖王之典章法制，而掇拾修補於煨燼之餘。蓋其為心，良亦欲以挽回先王之道。聖學既遠，霸術之傳，積漬已深，雖在賢知，皆不免於習染。其所以講明修飾，以求宣暢光復於世者，僅足以增霸者之藩籬。而聖學之門牆，遂不復可覩。於是乎有訓詁之學，而傳之以為名。有記誦之學，而言之以為博。有詞章之學，而侈之以為麗。若是者，紛紛籍籍，羣起角立於天下，又不知其幾家。萬徑千蹊，莫知所適。世之學者，如入百戲之場，讙謔跳踉，騁奇鬪巧，獻笑爭妍者，四面而競出。前瞻後盼，應接不遑。而耳目眩瞀，精神恍惑。日夜遨遊淹息其間，如病狂喪心之人，莫自知其家業之所歸。時君世主，亦皆昏迷顛倒於其說，而終身從事於無用之虛文，莫自知其所謂。間有覺其空疎謬妄，支離牽滯，而卓然自奮，欲以見諸行事之實者，極其所抵，亦不過為富強功利五霸之事業而止。聖人之學，日遠日晦，而功利之習，愈趨愈下。其間雖嘗瞽惑於佛老，而佛老之說，卒亦未能勝其功利之心。雖又嘗折衷於羣儒，而羣儒之論，終亦未能有以破其功利之見。蓋至於今，功利之毒，淪浹於人之心髓，而習以成性也，幾千年矣。相矜以知，相軋以勢，相爭以利，相商以技能，相取以聲譽。其出而仕也，理錢穀者，則欲兼夫兵刑。典禮樂者，又欲與於銓軸。處郡縣則思藩臬之高。居臺諫則望宰執之要，故不能其事，則不得以兼其官。不通其說，則不可以要其譽。記誦之廣，適以長其敖也。知識之多，適以行其惡也。聞見之博，適以肆其辨也。辭章之富，適以飾其偽也。是以皐夔稷契所不能兼之事，而今之初學小生，皆欲通其說，究其術。其稱名借號，未嘗不曰吾欲以共成天下之務。而其誠心實意之所在，以為不如是，則無以濟其私而滿其欲也。嗚呼！以若是之積染，以若是之心志，而又講之以若是之學術，宜其聞吾聖人之教，而視之以為贅疣枘鑿，則其以良知為未足，而謂聖人之學為無所用，亦其勢有所必至矣。嗚呼！士生斯世，而尚何以求聖人之學乎？尚何以論聖人之學乎？士生斯世，而欲以為學者，不亦勞苦而繁雜乎？不亦拘滯而險艱乎？嗚呼！可悲也已！所幸天理之在人心，終有所不可泯。而良知之明，萬古一日。則其聞吾拔本塞源之論，必有惻然而悲，戚然而痛，憤然而起，沛然若決江河，而有所不可禦者矣。非夫豪傑之士，無所待而興起者，吾誰與望乎？

今按：陽明此書中所言唐虞三代，可謂是中國儒家傳統之烏托邦，正是其理想所寄。讀者當會此意，幸勿以考據疑古之說，遽斥其不信，而遂并其理想之大義而忽之也。

二、王陽明先生《大學問》節本

《大學問》節本小目

明明德	親民	止至善
定靜安慮得	修身	正心
誠意	致知	格物

《大學問》為陽明先生晚年手筆，其及門大弟子錢德洪緒山曾說：

吾師接初見之士，必借《學》、《庸》首章以指示聖學之全功，使知從入之路。師征思田將發，先授《大學問》，德洪受而錄之。

又說：

《大學問》者，師門之教典也。學者初及門，必先以此意授。門人有請錄成書者，曰：此須諸君口口相傳，若筆之於書，使人作一文字看過，無益矣。嘉靖丁亥八月，師起征思田，將發，門人復請，師許之。錄既就，以書貽洪，曰：《大學或問》數條，非不願共學之士盡聞斯義，顧恐藉寇兵而齎盜糧，是以未欲輕出。蓋當時尚有持異說以混正學者，師故云然。師既沒，音容日遠，吾黨如以己見立說，學者稍見本體，即好為徑超頓悟之說，無復有省身克己之功。謂一見本體，超聖可以跂足，視師門誠意格物為善去惡之旨，皆相鄙以為第二義。簡略事物，言行無顧。甚者蕩滅禮教，猶自以為得聖門之最上乘。噫！亦已過矣。是篇，鄒子謙之嘗附刻於《大學》古本，茲收錄《續編》編首，便學者開卷讀之，吾思師之教，平易切實，而聖智神化之機，固已躍然。不必更為別說，匪徒惑人，祗以自誤，無益也。

據此知《大學問》確為王門要典，學者由是而入，可無歧趨。茲再節錄要旨，以附《傳習錄》節本之後。

《大學》者，昔儒以為大人之學矣，敢問大人之學，何以在於明明德乎？

陽明子曰：大人者，以天地萬物為一體者也。其視天下猶一家，中國猶一人焉。若夫間形骸而分爾我者，小人矣。大人之能以天地萬物為一體也，非意之也。其心之仁本若是其與天地萬物而為一也。豈惟大人，雖小人之心，亦莫不然，彼顧自小之耳。是故見孺子之入井，而必有怵惕惻隱之心焉，是其仁之與孺子而為一體也。孺子猶同類者也，見鳥獸之哀鳴觳觫，而必有不忍之心焉，是其仁之與鳥獸而為一體也。鳥獸猶有知覺者也，見草木之摧折，而必有憫恤之心焉，是其仁之與草木而為一體也。草木猶有生意者也，見瓦石之毀壞，而必有顧惜之心焉，是其仁之與瓦石而為一體也。是其一體之仁也，雖小人之心亦必有之。是乃根於天命之性，而自然靈昭不昧者也。是故謂之明德。小人之心，既已分隔隘陋矣，而其一體之仁，猶能不昧若此者，是其未動於欲，而未蔽於私之時也。及其動於欲，蔽於私，而利害相攻，忿怒相激，則將戕物圮類，無所不為，其甚至有骨肉相殘者，而一體之仁已矣。……故夫為大人之學者，亦惟去其私欲之蔽，自明其明德，復其天地萬物一體之本然而已耳，非能於本體之外而有所增益之也。

曰：然則何以在親民乎。

曰：明明德者，立其天地萬物一體之體也。親民者，達其天地萬物一體之用也。故明明德必在於親民，而親民乃所以明其明德也。是故，親吾之父，以及人之父，以及天下人之父，而後吾之仁實與吾之父人之父與天下人之父而為一體矣。實與之為一體，而後孝之明德始明矣。兄弟也，君臣也，夫婦也，朋友也，以至於山川鬼神鳥獸草木也，莫不實有以親之，以達吾一體之仁，然後吾之明德始無不明，而真能以天地萬物為一體乎。……

曰：然則，又焉在其為止至善乎？

曰：至善者，明德親民之極則也。天命之性，粹然至善，其靈昭不昧者，此其至善之發見，是乃明德之本體，而即所謂良知者也。至善之發見，是而是焉，非而非焉，輕重厚薄，隨感隨應，變動不居，而亦莫不自有天然之中，是乃民彝物則之極，而不容少有議擬增損於其間也。少有議擬增損於其間，則是私意小智，而非至善之謂矣。自非慎獨之至，惟精惟一者，其孰能與於此乎？後之人，惟其不知至善之在吾心，而用其私智以揣摸測度於其外，以為事事物物各有定理也，是以昧其是非之則，支離決裂，人欲肆而天理亡，明德親民之學遂大亂於天下。蓋昔之人，固有欲明其明德者矣，然惟不知止於至善，而鶩其私心於過高，是以失之虛罔空寂，而無有乎家國天下之施，則二氏之流是矣。固有欲親其民者矣，然惟不知止於至善，而溺其私心於卑瑣，是以失之權謀智術，而無有乎仁愛惻怛之誠，則五伯功利之徒是矣。是皆不知止於至善之過也。……故止於至善以親民而明其明德，是之謂大人之學。

曰：知止而後有定，定而後能靜，靜而後能安，安而後能慮，慮而後能得，其說何也。

曰：人惟不知至善之在吾心，而求之於其外，以為事事物物皆有定理也，而求至善於事事物物之中，是以支離決裂，錯雜紛紜，莫知有一定之向。今焉，既知至善之在吾心，而不假於外求，則志有定向，而無支離決裂錯雜紛紜之患矣。無支離決裂錯雜紛紜之患，則心不妄動，而能靜矣。心不妄動而能靜，則其日用之間，從容閒暇而能安矣。能安，則凡一念之發，一事之感，其為至善乎？其非至善乎？吾心之良知，自有以詳審精察之，而能慮矣。能慮，則擇之無不精，處之無不當，而至善於是乎可得矣。

曰：……敢問欲修其身，以至於致知在格物，其工夫次第，又如何其用力歟？

曰：此正詳言明德親民止至善之功也。……何謂身心之形體？運用之謂也。何謂身心之靈明？主宰之謂也。何謂修身？為善去惡之謂也。吾身自能為善而去惡乎？必其靈明主宰者，欲為善而去惡，然後其形體運用者，始能為善而去惡也。故欲修其身者，必在於先正其心也。

然心之本體則性也，性無不善，則其心之本體本無不正也。何從而用其正之之功乎？蓋心之本體本無不正，自其意念發動而後有不正，故欲正其心者，必就其意念之所發而正之。凡其發一念而善也，好之真如好好色，發一念而惡也，惡之真如惡惡臭，則意無不誠而心可正矣。

然意之所發，有善有惡，不有以明其善惡之分，亦將真妄錯雜，雖欲誠之，不可得而誠矣。

故欲誠其意者，必壯於致知焉。致者至也。如云喪致乎哀之致。易言知至至之，知至者，知也。至之者，致也。致知云者，非若後儒所謂充廣其知識之謂也。致吾心之良知焉耳，良知者，孟子所謂是非之心人皆有之者也。是非之心，不待慮而知，不待學而能，是故謂之良知。是乃天命之性，吾心之本體，自然靈昭明覺者也。凡意念之發，吾心之良知，無有不自知者。其善歟，惟吾心之知自知之。其不善歟，亦惟吾心之良知自知之。是皆無所與於他人者也。故雖小人之為不善，既已無所不至，然其見君子，則必厭然揜其不善而著其善者，是亦可以見其良知之有不容於自昧者也。今欲別善惡以誠其意，惟在致其良知之所知焉爾。何則？意念之發，吾心之良知，既知其為善矣，使其不能誠有以好之，而復背而去之，則是以善為惡，而自昧其知善之良知矣。意念之所發，吾心之良知，既知其為不善矣，使其不能誠有以惡之，而復蹈而為之，則是以惡為善，而自昧其知惡之良知矣。若是，則雖曰知之，猶不知也。意其可得而誠乎？今於良知所知之善惡者，無不誠好而誠惡之，則自不欺其良知而意可誠也已。

然欲致其良知，亦豈影響恍惚而懸空無實之謂乎？是必實有其事矣。故致知必在於格物。物者事也。凡意之所發，必有其事。意所在之事謂之物。格者正也，正其不正以歸於正之謂也。正其不正者，去惡之謂也。歸於正者，為善之謂也。夫是之謂格。……良知所知之善，雖誠欲好之矣，苟不即其意之所在之物而實有以為之，則是物有未格，而好之之意猶為未誠也。良知所知之惡，雖誠欲惡之矣，而不即其意之所在之物而實有以去之，則是物有未格，而惡之之意猶為未誠也。今焉，於其良知所知之善者，即其意之所在之物而實為之，無有乎不盡。於其良知所知之惡者，即其意之所在之物而實去之，無有乎不盡。然後物無不格，而吾良知之所知者，無有虧缺障蔽，而得以極其至矣。夫然後吾心快然無復餘憾而自謙矣。夫然後意之所發者，始得無自欺而可以謂之誠矣。故曰：物格而後知至，知至而後意誠，意誠而後心正，心正而後身修。蓋其工夫條理，雖有先後次序之可言，而其體之惟一，實無先後次序之可分。其條理工夫，雖無先後次序之可分，而其用之惟精，固有纖毫不可得而缺焉者。……

按：陽明先生《大學問》闡發《大學》三綱領，可謂已括盡了他自己講學宗旨，學者最當細闡。至其分別解說格致誠正諸條目，尤其關於誠意格物兩項，王學後起極多異解，莫衷一是。學者當從此文看陽明先生自己意見，用與《傳習錄》相證。至其是否即《大學》本文原義，此屬另一問題，治王學者，可暫置勿重也。

說良知四句教與三教合一

治陽明王學者，率謂其簡易直捷，雖愚夫愚婦，能知能行。然陽明自謂「自幼篤志二氏，其後見得聖人之學，始自嘆悔」。又其於宋賢之說，濡染亦深。不僅濂溪明道，即伊川晦翁，亦有涉及。龍場驛一悟，始指點出良知二字，自謂是千古聖賢相傳一點滴骨血。然陽明在軍日久，享年不永，其所提良知宗旨，猶多未及深究。其平常言教，頗雜老釋與宋賢陳言，與其良知之說多有錯差。而陽明包和混會，不及剖析。故其身後，門人後學即多分歧，梨洲所謂各以意見攙和，說玄說妙，幾同射覆也。其關係尤大，最為詬厲者所藉口，則莫如龍谿〈天泉證道記〉所舉無善無惡心之體一語。梨洲撰《學案》，竭力為陽明迴護開脫，然殊失陽明之本趣。竊謂此實王學中一大節目，研究良知學者，於此不宜輕輕放過。茲就〈天泉證道記〉原文，再加考訂如次。

據〈天泉證道〉記，陽明論學，每提四句為教法。「無善無惡心之體，有善有惡意之動，知善知惡是良知，為善去惡是格物。」緒山謂此是師門定本，龍谿則謂「夫子立教隨時，謂是權法，未可執定。體用顯微，只是一機，心意知物，只是一事。若悟得心是無善無惡之心，則意知物俱是無善無惡。天命之性，粹然至善，神感神應，其機自不容已，無善可名。惡固本無，善亦不可得而有也」。緒山曰：「若是，是壞師門教法，非善學也。」龍谿曰：「學須自證自悟，不從人腳跟轉。若執著師門權法，以為定本，未免滯於言詮，亦非善學。」時陽明將征思田，緒山曰：「吾二人所見不同，盍相與就正。」陽明晚坐天泉橋上，因各請質。陽明曰：「正要二子有此一問。吾教法原有此兩種。四無之說為上根人立教，四有之說，為中根以下人立教。上根之人，悟得無善無惡心體，便從無處立根基，意與知物皆從無生，一了百當，即本體便是工夫，易簡直捷，更無剩欠，頓悟之學也。中根以下之人，未嘗悟得本體，未免在有善有惡上立根基，心與知物皆從有生。須用為善去惡工夫，隨處對治，使之漸漸入悟，從有以歸於無，復歸本體。及其成功一也。世間上根人不易得，只得就中根以下人立教，通此一路。汝中所見，我久欲發，恐人信不及，徒增躐等之病，故含蓄到今。此是傳心秘藏，顏子明道所不敢言者。今既說破，亦是天機該發泄時，豈容復秘。汝中此意正好保任，不宜輕以示人。德洪卻須進此一格，始為玄通。德洪資性沉毅，汝中資性明朗，故所得亦各因其所近。若能互相取益，使吾教法上下皆通，始為善學耳。」自此海內相傳天泉證悟之論，道脈始歸於一云。

今按：此文所記，應為陽明晚年絕大理論，乃於陽明書中無之，而獨見於龍谿之傳述。而王學亦由龍谿而變。厥後王學流弊日著，無善無惡之論大為東林諸賢所攻擊。故袒護王學者，乃疑陽明本無是說，或又為此四句意義別立解釋者。（此皆見於梨洲《學案》，以下隨文辨正。）今就陽明《傳習錄》細加籀繹，乃知陽明實自有此無善無惡為心體之意見，此乃陽明講學本身一歧點。惟在陽明當時，弊害尚不襮著。自經龍谿推闡盡致，遂至泛濫放決，離失本原。欲辨此事，先當一論陽明之所謂良知。陽明有時以良知為吾心之本體，亦有時以良知為天地萬物之本體。即此歧義，便大可商討。而陽明於此忽彼忽爾，殊未細剖。循此推說，便生許多歧點。天泉問答，亦由此歧點派分也。

陽明謂「知是心之本體，心自然會知，見父自然知孝，見兄自然知弟，見孺子入井自然知惻隱，此便是良知，不假外求」。此以良知為心體之說也。陽明又曰：「夫心之體，性也。能盡其心，是能盡其性矣。」又曰：「性是心之體。」既謂良知是心體，又謂良知即性。考良知一語，本於孟子，孟子道性善，以孩提之童之良知良能為證。今陽明即以良知為心體，又認其為性，此若直承孟子，而實已與孟子有歧。心性之辨，即其一端。陽明書中常言良知為心體，卻不常言良知即性，此緣陽明見性未真切，故其言性時有鶻突，不如其言心之透澈分明也。

陽明又言：「天理在人心，亙古亙今，無有終始，天理即是良知。」他處又言：「心之體，性也，性即理也。故有孝親之心，即有孝之理。無孝親之心，即無孝之理矣。有忠君之心，即有忠之理，無忠君之心，即無忠之理矣。理豈外於吾心耶。」又曰：「心即性，心即理。」若以會之天理即是良知之說，可見陽明所謂良知，實相當於其所謂性。良知與心與性與理，皆混說無分辨。

或問大人與物同體。曰：「目無體，以萬物之色為體。耳無體，以萬物之聲為體。鼻無體，以萬物之臭為體。口無體，以萬物之味為體。心無體，以天地萬物感應之是非為體。」此一條說心與物，更見歧義。心不能離物獨存，心物相交，乃見心之用，由心之用，而可以推知此心之體，此所謂即用見體也。陽明又云：「孟子曰，是非之心，智也，是非之心，人皆有之，即所謂良知也。」又云：「良知只是箇是非之心，是非只是箇好惡，只好惡就盡了是非，只是非就盡了萬事萬變。」此處所謂萬事萬變，即上文所引天地萬物之感應。故知陽明謂良知即心體，乃心與物相交相感之一種作用，即吾心對物之一種是非之辨。而此種與物相交而能辨是非之作用，即我心一種好惡之態度。

佛家本有作用見性之說。《朱子語類》卷六十二：「龐居士神通妙用運水搬柴之頌，須是運得搬得是，方是神通妙用。若搬運得不是，如何是神通妙用。佛家所謂作用是性，他都不理會是非，只認得那衣食作息視聽舉履便是道。說我這箇會說話會作用底叫著便應底便是神通妙用，更不問道理如何。儒家則須是就這上尋討箇道理。」又《語類》卷三十六：「釋氏專以作用為性，在目曰見，在耳曰聞，在鼻齅香，在口談論，在手執捉，在足運奔。且如手執捉，若執刀亂殺人，亦可謂性乎。龜山舉龐居士神通妙用，運水搬柴，以比徐行後長，亦坐此病。不知徐行後長乃謂之弟，如曰運水搬柴即是妙用，則徐行疾行皆可謂之弟耶。」朱子此處分辨儒釋。謂釋氏即以作用為性，儒家則須在作用上尋一箇是非，一箇理來。程朱性即理，與佛家作用見性之說之不同處在此。今陽明以天地萬物感應之是非為心體，知是知非即是良知，是非便是理，故曰，天理即良知，又曰，心即理。故陽明言良知，雖若近似釋氏之作用見性，而實仍不失儒家之精神與矩矱。然未在作用與是非上加一分辨，則易生歧。

故程朱言性即理，陸王言心即理，其間有不同，惟謂性即心體，則二語歸一，可無異致。《朱子文集・卷五十六・答鄭子上》有云：「吾以心與理為一，彼以心與理為二。亦非固欲如此，乃是其所見處不同。彼見得心空而無理，此見得心雖空而萬物咸備也。」又《文集・卷五十九・答吳斗南》有云：「所云禪學悟入，乃是心思路絕，天理盡見，此尤不然。心思之正，便是天理。流行運用，無非天理之發見。豈待心思路絕而後天理乃見耶。且所謂天理復是何物。仁義禮智，豈不是天理。君臣父子兄弟夫婦朋友，豈不是天理。若使釋氏果見天理，則亦何必如此悖亂，殄滅一切，昏迷其本性而不自知耶。」是朱子亦未嘗不言心即理。今陽明云：「心之體，性也，性即理也。」又云：「人只要在性上用功，看得一性字分明，即萬理粲然。」則陽明亦未嘗不言性，並言性即理。朱王兩家講心講性，到頭都會歸到理字上，此乃其大端相同處。

惟此處實有歧義。陽明謂：目無體，以萬物之色為體。目是能見，物是所見。豈得謂能無體，以所為體。有了萬物之色，亦豈得謂色中便有目。但亦不得謂物無色，因有目，乃有色。此處有內外之辨。但如謂天地萬物感應之是非，則此處明見有心。若無心，天地萬物雖儼然具在，由何感，由何應，由何而見其是非。朱子之理氣論，只謂若無氣，理亦無掛搭處。只謂理必從氣上見，然終不謂除卻氣即無理。又若謂必分先後，畢竟應是理先氣後。有理於是有性，所謂感應是非，發於性。若無性，又何來有感應是非。天地萬物只屬氣，其相互間之感應是非則屬理屬性。物各有性。性不同，斯其感應是非亦不同。於是而又有心。心只是一個虛明靈覺，能感能應，知是知非。朱子說此理字性字心字，有此三層次。今陽明言心之體，性也，性即理也，若把此三層次混會合併言之，宜亦無不可。惟謂心無體，以天地萬物感應之是非為體，則含義大不同。因照陽明義，乃是即用見體，然終不得謂有用無體。亦不得謂以無為體，或體即是無。陽明晚年論無善無惡心之體，正是明白以無為體。若果如此，又何來而有天地萬物感應之是非。繼此又謂有善有惡意之動，則是謂心與物交，而後始有善惡可見也。然如此豈不既有心，復有物乎。陽明明白要從無上立根基，然如何由無生出有。又明白說即本體即工夫，是即釋氏之作用見性也。可見陽明之四句教，實與其目無體，以萬物之色為體，心無體，以天地萬物感應之是非為體之說，前後不相一致，朱子譏釋氏以作用見性，陽明實似之，乃似主有用而無體。惟用由何來，則無交代。朱子力言理無作用，性無作用，此中實涵深義。因若理有作用，性有作用，作用即是本體，則人生以後不復需要有工夫。人人皆能全性合理，人人皆即是聖人，若要用工夫，反即入歧。王學末流，實有此弊。故曰此處有歧義存在也。

今再說理字。理必有一箇是非，但必是公是公非，非小我個己之所得私。故理曰天理，取與人欲對。理欲之分，即天人之分，亦即公私之分。存天理，去人欲，此亦朱王兩家之所同。陽明云：性是心之體，天是性之原。但此處有一分辨。性固原於天，而心則必屬於人。朱子以性屬理，心屬氣，其意正在此。故朱子言下工夫則正在心上用。陽明則又曰：「心之體，性也。性之原，天也。天之命於我者，心也，性也。」又曰：「心也，性也，天也，一也。」此乃以心性即理，又以心性即天，不僅心與性不見有分別，心與天亦不見有分別。而孟子則必曰人心有同然，此同然處始謂之性。既是同然處，則決非小我個己之私。此乃性，故乃推本歸極之於天。《中庸》亦曰：天命之謂性，不曰天命之謂心。心有公心私心，性則只曰天性，不得謂有公性私性也。陽明岐義，正在不於心性作區別。於是謂無內外，無古今，只是一理，亦只是一性，只是一心，只是一良知。

依孟子語，則只是一心之同然處，其不同然處，即所謂人欲，否則天理人欲，又從何處作分別乎。

今引錢緒山語說之。緒山曰：

吾人與萬物混處於天地之中，其能以宰乎天地萬物者，非吾心乎。何也。天地萬物有聲矣，而為之辨其聲者誰歟。天地萬物有色矣，而為之辨其色者誰歟。天地萬物有味也，而為之辨其味者誰歟。天地萬物有變化也，而神明其變化者誰歟。是天地萬物之聲非聲也，由吾心聽，斯有聲也。天地萬物之色非色也，由吾心視，斯有色也。天地萬物之味非味也，由吾心嘗，斯有味也。天地萬物之變化非變化也，由吾心神明之，斯有變化也。然則天地也，萬物也，非吾心則弗靈矣。吾心之靈毀，則聲色味變化不得而見矣。聲色味變化不可見，則天地萬物亦幾乎息矣。故曰，人者天地之心，萬物之靈也，所以主宰乎天地萬物者也。吾心為天地萬物之靈者，非吾獨能靈之也。吾一人之視其色若是矣，凡天下之有目者同是明也。一人之聽其聲若是矣，凡天下之有耳者同是聰也。一人之嘗其味若是矣，凡天下之有口者同是嗜也。一人之思慮其變化若是矣，凡天下之有心智者同是神明也。非徒天下為然也。凡前乎千百世已上，其耳目同，其口同，其心知無弗同也。後乎千百世已下，其耳目同。其口同，其心知亦無弗同也。然則明非吾之目也，天視之也。聰非吾之耳也，天聽之也。嗜非吾之口也，天嘗之也。變化非吾之心知也，天神明之也。故目以天視，則盡乎明矣。耳以天聽，則竭乎聰矣。口以天嘗，則不爽乎嗜矣。思慮以天動，則通乎神明矣。天作之，天成之，不參以人，是謂天能，是之謂天地萬物之靈。

緒山此段話，有極是處，亦可謂大體皆是。如其謂吾人與萬物混處天地中，而心能宰乎天地萬物，又謂天地萬物非吾心則弗靈是也。分天與人而言之，此乃傳統之儒家義。但又生歧處。如謂變化非吾之心知，天神明之，又曰：天作之，天成之，不參以人，是謂天能。此即其師陽明高揭良知一語所生之歧義。其流弊在只重天命自然，不重人文修為。《中庸》曰：天命之謂性，率性之謂道，修道之謂教，豈可只有天命，而不許有人之率與修乎？又豈可只仗天能，而不參以人之良知乎？緒山所論尚如此，則固無論於龍谿矣。

今再論及天地萬物與我一體之見解。陽明所主，實亦與考亭濂溪之說異。濂溪謂「二五之精，妙合而凝」，朱子謂「鱖魚肚裏水與鯉魚肚裏水只一般」（《語類》三），此皆就外面物質實體立說，而見天地萬物之一體。陽明則專就吾心，而證其為天地萬物之一體。此種萬物一體論，北宋諸儒中，惟與明道見解頗相近。明道謂「仁者渾然與物同體」，此處仁字即指此心，不指外物實質。然明道又曰：「天下事只是感與應而已矣。」此是說天下事，非說萬物一體。又曰：「既說心有感通，更說甚生死古今之別。」又曰：「知性即明死生之說。」此乃說死生。古人已死，但古人之心則若依然尚在，今人仍可與之相感通。故自心之感通言，則無生死，無古今。象山謂「人與天地萬物皆在無窮之中，此心同，此理同」。陽明謂「天理在人心，亘古亘今，無有終始，天理即是良知」。又曰：「若解向裏尋求，見得自己心體，既無時無處不是此道。亘古亘今，無終無始，更有甚同異。」陽明此等話，皆承象山來，而與明道見解若有相似。即皆專從心上言，不從物上言是也。

明道嘗謂「質美者明得盡，渣滓便渾化，卻與天地同體。其次惟在莊敬持養」。此處明道言與天地同體，亦從心上言，即猶言仁者渾然與物同體也。此頗與伊川晦庵格物窮理之說有異。象山則近明道，故曰：「今之論學者，只務添人底，自己只是減他底。」下到陽明，還是承接明道象山此路，而發揮益透闢。但亦益見其歧處。陽明謂「人心與物同體，只是一箇靈明充天塞地。中間只有這箇靈明。我的靈明，便是天地鬼神萬物的主宰。離卻我的靈明，更沒有天地鬼神萬物。離卻天地鬼神萬物，亦沒有我的靈明」。此處上一句謂離卻我的靈明，更沒有天地鬼神萬物，此語易明。陽明常言之。但下一句謂離卻天地鬼神萬物，亦沒有我的靈明，此語卻不易明。因此非陽明所常言，故不易明也。陽明謂：見父自然知孝，則沒有父，豈不亦沒有了我良知之孝，陽明所謂離卻了天地鬼神萬物，亦沒有我的良知。意當接此。但內心外物兼言，此處又生歧。

問聖人應變不窮，莫亦是預先講求否。先生曰：「聖人之心如明鏡，只是一箇明。隨感而應，無物不照。未有已往之形尚在，未照之形先具者。只怕鏡不明，不怕物來不能照。」又曰：「心體上著不得一念留滯，就如眼著不得些沙子，塵沙能得幾多，滿眼便昏天黑地了。這一念不但是私念，便好的念頭亦著不得些子。如眼中放些金玉屑，亦開不得了。」此種工夫，即象山所謂減，亦即明道所謂明得盡，渣滓便渾化。但以明鏡喻心，則鏡外顯尚有物，鏡不明則不能照。鏡外無物，又何所照。此非有歧義乎。

陽明又曰：「去心上尋箇天理，此正所謂理障。」問立志是常存箇善念要為善去惡否。曰：「此念即善，更思何善。此念非惡，更去何惡。」問心無惡念時，亦須存箇善念否。曰：「既去惡念，便是善念。若又要存箇善念，即是日光之下，添燃一燈。」由此推衍，便即是陽明無善無惡心之體之說。但可謂無善無惡是心之體，與離卻我的靈明，更沒有天地鬼神萬物之論，仍有歧義。因善惡只屬人文問題，天地鬼神萬物，則屬自然問題也。

茲再引錢緒山語一節以當說明。緒山曰：

人之心體一也。指名曰善可也，曰至善無惡亦可也，曰無善無惡亦可也。曰善，曰至善，人皆信而無疑。又為無善無惡者，何也。至善之體，惡固非其所有，善亦不得而有也。至善之體，虛靈也。即目之明，耳之聰也。虛靈之體，不可有乎善，即明之不可有乎色，聰之不可有乎聲也。目無色，故能盡萬物之色。耳無聲，故能盡萬物之聲。心無善，故能盡天下萬事之善。今之論至善者，乃索之於事事物物之中，先求其所謂定理者，以為應事宰物之則，是虛靈之內先有乎善也。虛靈之內先有乎善，是耳未聽而先有乎聲，目未視而先有乎色。塞其聰明之用，而窒其虛之體，非至善之謂矣。今人乍見孺子入井，皆有怵惕惻隱之心。怵惕惻隱之心，是謂善矣。然未見孺子之前，先加講求之功，預有此善以為之則耶，抑虛靈觸發，其機自不容已耶。目患不能明，不患有色不能辨。耳患不能聽，不患有聲不能聽。心患不能虛，不患有感不能應。虛則靈，靈則因應無方。萬感萬應，萬應俱寂。是無應非善，而實未嘗有乎善也。衡能一天下之輕重，而不可加以銖兩之積。鑑能别天下之妍媸，而不可留夫一物之形。心能盡天下之善，而不可存乎一善之迹。太虛之中，日月星辰，風雨露雷，曀霾絪縕，何物不有。而未嘗有一物為太虛之有。故曰：一闔一闢謂之變，往來不窮謂之道。又曰：天下何思何慮，天下殊塗而同歸，一致而百慮。夫既曰百慮，則所謂何思何慮者，非絕去思慮之謂也。千思萬慮，而一順乎不識不知之則，則無逆吾明覺自然之體。是千思萬慮，謂之何思何慮也。此心不有善乎，是至善之極，謂之無善也。故先師曰，無善無惡心之體。至善本體，本來如是，未嘗有所私意撰說其間也。

緒山此段話，發揮陽明無善無惡心之體一語，亦可謂暢盡矣。其實無善無惡為心之體，豈能謂性即無善無惡，理亦無善無惡乎？亦豈得謂良知亦無善無惡乎？又如緒山言，目無色，故能盡萬物之色，則是明明有萬物之色存乎吾目之外也。又烏得謂萬物一體乎。此處又是一歧，陽明及其門人如緒山之徒，似皆未在此處深入探討。

又陽明緒山均以明鏡喻心，皆謂隨感而應，此層亦與孟子原旨不合。而全部王學亦遂由此生歧。蓋心如明鏡之喻，本出老佛。儒家傳統精神則決不然。當知感應二字，應為容而感為主，此心不僅能應，亦復主感。孟子曰：孩提之童，無不知愛其親，及其長也，無不知敬其長。孝弟愛敬，自本自根，乃中誠主動，其事不在應而主在感。若陽明說，見父自然知孝，見兄自然知弟，便若隨感而應，則心中無孝弟，孝弟轉在父兄一邊，此將不見吾性之健德。設若父歿兄亡，豈此心孝弟便永歸寂滅乎。又若父兄離別，豈此心孝弟便纖塵不留乎。縱謂心可以鏡喻，但性則終不可以鏡喻。理亦更不可以鏡喻，王門說良知，專從照應處說，畢竟有病。又按梨洲《明儒學案》據鄒東廓〈青原贈處〉記，緒山曰：至善無惡者心，與王龍谿所記不同，謂不當以無善無惡譏陽明。然如上引，緒山自以無善無惡說至善，且明稱師說，正可證王門當日確有此無善無惡為心體之理論也。

此層在王門，已為季彭山識破，龍惕一書，甚堪玩味。其言曰：

> 聖人以龍言心，而不言鏡。蓋心如明鏡之說，本於釋氏，照自外來，無所裁制者也。而龍則乾乾不息之誠，理自內出，變化在心者也。予力主此說，而同輩尚多未然。

蓋當時如龍谿東廓對季說皆有爭辯。此自師門宗旨，故對彭山說不易信肯也。陽明曰：

> 良知之虛，便是天之太虛。良知之無，便是太虛之無形。日月雷風，山川民物，凡有貌象形色，皆在太虛無形中發用流行，未嘗作得天的障礙。聖人只是順其良知之發用。天地萬物俱在我良知的發用流行中，何嘗又有一物超於良知之外，能做得障礙。

如此則竟以虛無說良知。而天地萬物仍皆在此虛無中發用流行，豈不又是語病乎？季彭山主宰流行之辨，即由此發。其言曰：

> 謂天非虛不可，然就以虛言天，則恐著虛亦倚於氣，而其動也為氣化。如日月星辰水火土

石風雨露雷鳥獸蟲魚之類，有隨其所重而莫節其過者矣。蓋虛貴有主，有主之虛，誠存於中，是謂健德。所惡於虛者，為其體之非健也。

又曰：

自然者流行之勢，屬於氣者也。勢以漸而重，重則不可反矣。惟理可以反之。故語自然者，必以理為主宰。

以前橫渠《正蒙》，正主氣散為太虛之說，而朱子則必以理字代橫渠《正蒙》之氣字。此處季彭山辨理氣，辨主宰流行，即為此下自王反朱之趨嚮開先路，而已在陽明及身弟子中啟其端兆矣。學術言思不能稍有偏倚，偏倚即積漸成重，益增繼起者反復之難。彭山之言，正已說到此層矣。

陽明以虛無言良知，其說頗近於老佛，此在陽明亦所不諱。故曰：

良知所謂情順萬事而無情，無所住而生其心，佛氏曾有此言，未為非也。

情順萬事而無情，語出明道〈定性書〉。明道之言曰：「夫天地之常，以其心普萬物而無心。聖人之常，以其情順萬事而無情。故君子之學，莫若廓然而大公，物來而順應。人之情各有所蔽，故不能適道，大率患在於自私而用智。自私則不能以有為為應迹，用智則不能以明覺為自然。今以惡外物之心，而求照無物之地，是反鑑而索照也。與其非外而是內，不若內外之兩忘，兩忘則澄然無事矣。無事則定，定則明，明則尚何應物之為累哉。」大抵陽明言良知，頗有些處承襲明道。然明道此等理論，老釋氣味亦甚重，亦僅能脫去應物之累而止。若果如明道之意，欲以有為為應迹，以明覺為自然，此豈儒家至剛至健至誠感物而參天地之妙乎。

且果如明道所言，聖人情順萬事而無情，其喜以物之當喜，其怒以物之當怒，聖人之喜怒，不繫於心而繫於物，不得以從外者為非，而更求在內者為是。是則聖人之孝，豈不以父母之當孝。聖人之弟，豈不以兄長之當弟。則聖人之孝弟，豈不亦繫於父母兄長而不繫於己心乎。若必如此，乃為以有為為應迹，以明覺為自然，則其極必至於其心空虛，不留一物，此固莊老道家之理想境界。而明道特修飾之以莊敬存養之一語而已。故伊川繼之乃曰：「敬只是涵養一事，必有事焉須當集義。只知用敬，不知集義，卻是都無事也。」於是乃有敬義夾持之訓，乃有即物窮理之教。明道所謂物之當喜，物之當怒，即理之所在也。伊川晦庵即物窮理之說，正亦承接明道宗旨。而心物內外統合言之，始為無病。明道言，不得以從外者為非，而更求在內者為是，然亦豈即以從外者為是，而以在內者為非乎？語意一輕一重之間，兩皆有弊，要之物理吾心不當判為兩事。格物窮理之學而不以吾心為之主宰，則幾於陷而為義外。故象山起而糾之，唱為心即理之說。陽明特提良知二字，以天地萬物感應之是非為心體，其意亦欲以吾心物理，一而二，二而一，內外心物統合而言，此亦明道所謂內外之兩忘也。惜其立言，仍不免於病，乃終以虛無言良知，則失之甚也。

與無善無惡之說相關者，尚有傳習錄與薛侃論去花間草一段。薛侃去花間草，曰：「天地間何善難培，惡難去。」先生曰：「未培未去耳。」少間，曰：「此等看善惡，皆從軀殼起念，便會錯。」侃未達，曰：「天地生意，花草一般，何曾有善惡之分。子欲觀花，則以花為善，以草為惡。如欲用草時，則復以草為善矣。此等善惡，皆由汝心好惡所生，故知是錯。」曰：「然則無善無惡乎。」曰：「無善無惡者理之靜，有善有惡者氣之動。不動於氣，即無善無惡，是謂至善。」曰：「佛氏亦無善無惡，何以異。」曰：「佛氏著在無善無惡上，便一切都不管。聖人無善無惡，只是無有作好，無有作惡。」曰：「草既非惡，即草不宜去矣。」曰：「草若有礙，何妨汝去。」曰：「若此又是作好作惡。」曰：「不作好惡，非是全無好惡。只是好惡，不去又著一分意思，如此即是不曾好惡一般。」曰：「然則善惡全不在物。」曰：「只在汝心，循理便是善，動氣便是惡。」曰：「畢竟物無善惡。」曰：「在心如此，在物亦然。」曰：「先生云，草有妨礙，理亦宜去，緣何又是軀殼起念。」曰：「此須汝心自體。當汝要去草，是什麼心。茂叔窗前草不除，是甚麼心。」梨洲曰：「先生之言，自是端的，與天泉證道之說迥異。」又曰：「陽明言無善無惡者理之靜，有善有惡者氣之動。蓋言靜為無善無惡，不言理為無善無惡。理即是善也。猶程子言人生而靜以上不容說，周子太極而加之無極耳。獨〈天泉證道記〉有無善無惡者心之體，有善有惡者意之動之語。夫心之體，理也。心體無間於動靜，若心體無善無惡，則理是無善無惡，陽明不當但指其靜時言之矣。釋氏言無善無惡，正言無理也。善惡之名，從理而立耳。既已有理，惡得言無善無惡乎。就此去草之言證之，則知天泉之言未必出自陽明也。」

今再細繹《傳習錄》答薛侃問一節，陽明已明謂天地生意，花草一般，本無善惡。若吾心未起意去草，則花草之於我心，亦復一般，亦無善惡。若周茂叔窗前草不除，決知不以草為惡也。逮其生心去草，乃始以草為惡。故曰：無善無惡者理之靜，有善有惡者氣之動。此與〈天泉證道記〉所謂無善無惡者心之體，有善有惡者意之動二語，義旨相發，並無二致。梨洲謂善惡之名，從理而立，此非陽明意。陽明乃謂善惡之分，起於吾心之好惡。當吾心好惡未形，則內之吾心，外之萬物，一體平等，各無善惡可言，故曰理之靜。陽明以理之靜對氣之動，則陽明意乃謂理無善惡，及於氣而始見有善惡也。梨洲則謂陽明蓋言靜為無善無惡，不言理為無善無惡，此顯是存心迴護。陽明真意，實不如此。惟陽明既言無善無惡理之靜，有善有惡氣之動，把理之靜與氣之動對言，又卻並不專向理之靜一邊去。故曰：草若有礙，何妨汝去。只不作好惡，即是不曾好惡一般。是氣之動仍與理之靜一般。故曰即便吾心有善有惡，而不從軀殼起念，仍無害於其無善無惡之真，此之謂循理，即是善。惟是吾心於好惡上多著了一分意思，如真實認草為惡，此之謂作好作惡，此便是動氣，如此則是惡非善。故曰：循理便是善，動氣便是惡。循理並非無好無惡，只是好惡一循於理，不去著一分意，便如不曾好惡一般。如此則雖亦分善分惡，而到底並無善惡之分。如此言之，則豈非天地本體本自無善無惡。陽明主要意在教人不從軀殼上起念，又要人於心所好惡上不著一分意見。但不知果不分軀殼，又何來有天地萬物。又去了草，不真實認草為惡。但若不真實認草為惡，又為何要去草。此等皆無以自全其說。陽明意，實只言天地萬物一體，無善惡之分，故此心亦當無善惡，無好惡。此與《論語》所謂惟仁者能好人能惡人，其實並不同。若其心認定花是善，草是惡，花必培，草必去，便是動氣了。亦即是不循理。如此則《中庸》所謂栽者培之，傾者覆之，又當如何解。故陽明答薛侃之意大體本與天泉橋四句教法相似，焉得轉據答薛侃者，反疑天泉橋所言不出陽明。且陽明說好惡便是良知，即知良知決非僅屬照心。儻此心果如明鏡，僅主於照，則照心並無好惡可言。花草一般有生意，如何又在此心上照出其善惡來。可知以照心說良知，到底不得不如老佛落在無上去，對外惟當一切不管。今既說良知即好惡，便知良知不能專以明鏡為喻。若謂良知能照知物之好惡，則在物本身本無好惡可言。好惡屬心，不屬物，故知陽明好以明鏡喻良知，終是認性未真切也。

陽明又曰：

不思善不思惡時認本來面目，此佛氏為未識本來面目者設此方便。本來面目，即吾聖門所謂良知。今既認得良知明白，已不消如此說矣。

是陽明明言良知，即猶佛家之所謂本來面目也。佛家本來面目，在不思善不思惡時認。此與孟子言良知又是大不同。故陽明又必以無善無惡為心體也。陽明又曰：

無所住而生其心，佛氏曾有是言，未為非也。明鏡之應也，妍者妍，媸者媸，一過而不留，即是無所住處。

然物之妍媸可以一去不留。豈孝親敬長，亦可一去不留乎。且佛氏謂無所住而生其心，其工夫吃緊處，不在無所住，而在生其心。儻只是一過不留，是雖無所住而亦不能生，乃是斷滅種性。將人於枯木死灰，終成無好惡，又豈不作好不作惡而已。孟子言所過者化，尚有所存者神。無所存之神，所過亦未必能化。明鏡照物，僅能一過不留，並說不上所過者化，正為其無所存者神耳。且明鏡之照，妍者妍，媸者媸，而明鏡別無好惡之見存。若人心照物，亦如明鏡，則花是花，草是草，花儘妍，草儘媸，花草妍媸亦無別，在人心上又如何安放得一份好惡來。在人心上既安放得一份好惡，便知此心不盡如明鏡。明鏡只能無所住，卻不能生，心則能生。須說到心之能生處，始是心之體，此體則便是性。陽明以良知為心體，以好惡為良知，此義卻可說。只緣陽明認性不真切，故又時時以明鏡喻心。由此一錯，便入歧途。故陽明以無善無惡為主體，僅得為遮撥義，非究竟義也。心體自有一片好惡之誠，孟子所謂根於心，睟於面，盎於背。自有天機，自有生趣。豈得如明鏡。今曰心如明鏡，曰無善無惡，則此心至多有當於《中庸》之所謂明，而無當於《中庸》之所謂誠。至多有合於佛氏之所謂無所住，而不能合於佛氏之所謂生。若由此而謂以有為為應迹，以明覺為自然，則恐不僅無當於中土聖人之所謂至善之性，亦且無當於彼佛菩薩之所謂佛性。當知佛性亦自有種子，亦自具生理，亦不全如明鏡也。

朱子亦以虛明靈覺言心，然須能明得此理，覺得此理。此始是心之虛靈，乃能明得覺得。而求使此心虛靈，則另有一番工夫，待其明得覺得後，乃可言心即理。苟其不虛不靈，不明不覺，即不得言心即理。孟子言良知，乃據孩提之童言。又曰：大人者，不失其赤子之心者也。苟非大人，則孩提時之良知，每易失去，此在孟子謂之放心。陽明言良知，實即如言心，遂有江右王門現成良知之疑。是陽明言心言良知，非儒非釋，非孟非朱，而自成一說也。

梨洲又曰：陽明所謂無善無惡者，無善念惡念耳，非謂性無善惡也。意之有善有惡，亦是有善念惡念，兩句只完得動靜二字。他日語薛侃曰：「無善無惡理之靜，有善有惡氣之動，即此兩句。所謂知善知惡者，非意動於善惡。從而分別之而為知，知亦只是誠意中之好惡。好必於善，惡必於惡，無是無非而不容已者，虛靈不昧之性體也。為善去惡，只是率性而行，自然無善惡之夾雜。先生所謂致吾心之良知於事事物物也。四句本無病，學者錯會，乃謂無善無惡斯為至善。善一也，而有有善之善，有無善之善，無乃斷滅性種乎。」

今按：陳九川問：「有無念時否。」陽明曰：「實無無念時。」若此說諦當，既無無念時，豈得又以無善念無惡念時為心體。且如梨洲意，誠意中之好惡即是善惡，更無所謂是非，凡好皆善，凡惡即惡，是氣之動即是理之靜，外而天地萬物，內而此心良知，此心之有好有惡，此物之可好可惡，將全屬一善，問題只在其意之誠否。是則《中庸》只須言誠，不須言明。故梨洲又必以虛靈不昧為性體。此則泯心於性，泯人於天，泯明於誠。於《論語》、《孟子》、《中庸》所言皆不合，又如何為陽明釋疑。

陽明他日又謂心體上著不得一念留滯，此即所謂不思善不思惡時見本來面目，是則陽明所謂心體，本屬一無。即慧能所謂本來無一物也。惟弘忍又必教慧能以無所住而生其心。故慧能之告陳惠明有不思善不思惡時見本來面目也。乃陽明又仍以明鏡喻心，此乃神秀之偈所云耳。儒釋言心本不同，陽明混而言之。而釋氏言心，即就禪家言，亦有不同，而陽明又混而言之，故轉不如龍谿之言四無，陽明乃不得不為之首肯也。

陽明又云：「性善之端，須在氣上始見得。若無氣亦無可見矣。惻隱羞惡辭讓是非即是氣，程門謂論性不論氣不明，亦是為學者各執一邊，只得如此說。若見得自性明白時，氣即是性，性即是氣，原無性氣之可分也。」陽明此處言性氣不分。無寧是更近於橫渠之《正蒙》，故又謂良知之虛，便是天之太虛，良知之無，便是太虛之無形。蓋陽明意，以無善無惡為理之靜，為心之體，必待氣之動而後有惻隱羞惡辭讓是非可見，而後有善端可見。其向上一層，則明道所謂人生而靜以上不容說也。然在明道意，則以後天氣質之性為有善有惡，所以圓成其先天義理之性之為至善無惡也。而陽明又似乎錯會了程子意，乃以惻隱羞惡辭讓是非為氣，謂至此善端始見，則豈不轉以證成其性體之本為無善無惡乎。由明道轉出朱子，乃有理氣之混合一元論。心屬氣，而惻隱羞惡辭讓是非則屬理。理必掛搭於氣，如惻隱羞惡辭讓是非之必發見於心也。必於氣中識得有理，即猶必於心中識得有惻隱羞惡辭讓是非諸端也。朱子言性即理，而陽明言心即理，又言性氣不分，則一切應言至善始得，始與其龍場一悟所提出之良知有交代，而何以必以無善無惡為收場乎？

陽明他日又言：「心無體，以天地萬物感應之是非為體。」是陽明亦以知是知非為即心體，即是理之靜矣，烏得又謂是非乃氣一邊事。又謂性氣不分乎？陽明良知之說，本於其龍場之悟，自謂乃於百死千難中得來，是豈可謂之無，又豈得只謂是氣之動。是皆無說可通者。蓋陽明平日，於北宋諸儒之說，本多沾染，而辨析未精，又兼雜以老釋之言，而又必求反朱子，故其論心性論理氣，時有語不圓融之病。豈不如單提良知兩字，再不須牽涉到心性理氣之諸問題上之真見為簡易而直捷乎？即如此條謂性即是氣，氣即是性，梨洲亦謂其更有商量。而其他可商量處尚多，則貴學者之能審細而求也。

上述皆陽明以良知為心體之說。大體謂良知只是一片好惡之誠，人性之至善即在此。而陽明又喜以明鏡之照說之，鏡止於照，非有好惡。若曰心能知是非，一如明鏡之照物，則成為是非在物而不在心。則不能謂是非本於我心之好惡，而好惡即是天理矣。否則好惡與天理，不能一如明鏡之照，又斷斷然矣。故曰：此處又王學一歧義也。此下請再論其以良知為天地萬物之本體之一義。

天地萬物一體之說，宋儒亦都主之，惟其間宜可分兩派。明道曰：「仁者渾然與物同體。」象山謂「宇宙內事，即吾心內事」。此一派也。濂溪〈太極圖〉，橫渠《正蒙》，皆從陰陽五行一氣之化證天地萬物之一體。晦翁承之，而主一物一太極，萬物一太極。此又一派也。王學精神，當屬前者，而有時則依違於後說。此又王學一歧點也。實則宋儒兩派，本可會通，並不分歧。故伊川之說，乃一本諸其兄明道。朱子承接伊川，而又會通之於濂溪橫渠，此可證其實無分歧。惟象山必欲別伊川於明道，乃見若有分歧。陽明承象山，而此分歧乃更顯。

陽明常曰：「心之感應謂之物。」又曰：「萬事萬物之理，不外於吾心。」此一說也。實則心物相交而有所謂感應，亦由心物相交而見有所謂理，上引謂心之感應而謂之物，顯有語病。而有時陽明又曰：「心外無物。」此則又說之更極端，與前說迥殊，而語病更大。《傳習錄》，先生遊南鎮，一友指巖中花樹問曰：「天下無心外之物，如此花樹在深山中，自開自落，於我心亦有何關。」先生曰：「你未看此花時，此花與汝心同歸於寂。你來看此花時，則此花顏色一時明白起來，便知此花不在你的心外。」此處竟儼如釋氏所稱三界惟心，山河大地盡妙明心中物矣。此與孟子之言良知又何關。陽明一方既認良知為虛無，一方又認心外無物，此即釋氏以山河大地為心，不見有山河大地，山河大地無礙於其所謂空。此皆陽明早年宿習，留滯在心中，故乃不免隨順舊格套，未能擺脫淨盡。而從此等處更加推闡，則大足為其良知說之病害。實不如前引緒山一節話，所謂目以天視耳以天聽之猶尚較為妥帖也。

或問：「人有虛靈，方有良知，若草木瓦石之類，亦有良知否。」曰：「人的良知就是草木瓦石的良知。若草木瓦石無人的良知，不可以為草木瓦石矣。豈惟草木瓦石為然，天地無人的良知，亦不可以為天地。」此條更無理致，更屬無可證成。

良知二字，本從孟子來，今陽明所謂良知，究不知當作何解。前人每謂象山只言心，不如陽明言良知，較更親切明白。其實如此等處言良知，則不如象山之但言心字矣。且陽明說心外無物，專從心上說，顯是一種絕對的唯心論。但如上引一條，則未免又轉向外去。若真循此說下，又不難轉成濂溪考亭路脈。茲引陽明弟子歐陽南野一節話以為比較。南野曰：

道塞乎天地之間，所謂陰陽不測之神也。神凝而成形，神發而為知，知感動而萬事出焉。萬事出於知，故曰皆備於我。而知又萬事之取正焉者，故曰有物有則。知也者，神之所為也。神無方無體，其在人為視聽，為言動，為喜怒哀樂。其在天地萬物，則發育峻極者，即人之視聽言動，喜怒哀樂者也。鳶之飛，魚之躍，以至山川之流峙，草木之生生化化者，亦即人之視聽言動喜怒哀樂者也。故人之喜怒哀樂視聽言動，與天地萬物周流貫轍，作則俱作，息則俱息，而無彼此之間，神無方體故也。故格吾視聽言動喜怒哀樂之物，則範圍天地之化而不過，曲成萬物而不遺，神無方體故也。視聽喜怒之外，更有何物。蓋古之言視聽喜怒者，有見於神，通天地萬物而為言。後之言視聽喜怒者，有見於形，對天地萬物而為言。通則一，對則二，不可不察也。

南野此條，亦可謂是天地萬物一體論之又一種闡述。朱子以天地萬物融會於理氣，理氣則是一而二，二而一者。南野則綜合天地萬物而謂之是一神。神字較理字，更見於先秦之古籍。若循南野說，更加發揮，亦未嘗不可上通於《孟子》與《易》、《庸》之境界。而宋儒濂溪明道伊川朱子之兩派，亦可由此綰合。實可謂有當於先秦儒傳統德性一元論之旨趣。今陽明則謂山中花樹不在心外，是猶未免落實於形的一邊。其謂天地草木無人的良知便不成其為天地草木，下語更唐大不實，蓋陽明亦隨順張皇言之。較之上引南野語，顯有偏圓之別。此等處，皆是陽明學自身闡發未臻成熟之境也。

陽明又云：

良知是造化的精靈。這些精靈，生天生地，成鬼成帝，皆從此出，真是與物無對。

此條大旨，與前引一條無大出入，而下語尤偏著。老子謂道生天生地，神鬼神帝。〈易繫傳〉則曰，一陰一陽之謂道。此等語皆猶可解說。今陽明易之曰良知的精靈，則未免生造。蓋陽明龍場一悟，始拈出良知二字，然僅指在人事上，尚不見有病。其後推論愈遠，而仍用此良知二字，則顯見有病。今只可謂陽明胸中之萬物一體論，實依違出入於濂溪明道兩可之間，則差得陽明之本意。此處所謂良知，實即濂溪之太極也。陽明以良知本體為虛無，即猶濂溪謂無極而太極也。陽明平常推挹濂溪明道，猶在象山之上。然若論究天地萬物之一體，則明道象山差近，當為一格，濂溪應別為一格。陽明提倡良知，應單從象山路子，不必牽涉濂溪。今陽明既未能更超一級，融通此兩徑於一致，而立說忽彼忽此，此皆其學說闡發未細，未臻成熟之故。

陽明又云：「離卻我的靈明，更沒有我的天地鬼神萬物。」或問：「天地鬼神萬物，千古見在，何沒了我的靈明便俱無了。」曰：「今看死的人，他的天地萬物尚在何處。」此條陳義甚膚，乃似一種極端個人主義的唯心論，亦可謂是一種常識的世俗之見的唯心論，此正陽明自所譏評從軀殼起念也。若如上引兩條之說，良知生天生地，神鬼神帝，草木瓦石皆有良知，則人之良知，亦只分得了天地鬼神萬物良知之一分。而個人的良知，更屬人類良知之一瞥。與物無對的良知精靈，決不盡於我之方寸間，何得謂離卻我的靈明，便無天地鬼神萬物乎。此乃陽明夙昔所存心外無物之舊意見，而言之更墮落。孟子象山決不如此說。當知有一人一時之心，有萬眾萬世之心。姑以人心道心說之。人心道心雖屬一心，而自有辨。人心乃一人一時之心，當下而即是。道心乃萬眾萬世之心，千古而常然。離卻當下即是之心，亦不見有千古常然之心，此一義也。然不可謂凡屬當下即是者，皆屬千古常然，此又一義也。良知靈明，固屬當下即是，而尤當要是千古常然。浙中王門有徐魯源，學於錢緒山，嘗謂：「求之於心者，所以求心之聖。求之於聖者，所以求聖之心。聖人先得此心之同然，故盡心必證於聖人。《中庸》言至誠無息，將此理生人方有，未生既化之後俱息耶，抑高明博厚悠久無疆之理異於天地耶。」魯源此說，可以糾上引陽明一番話之偏失矣。故象山言心即理，亦必同舉東海南海西海北海之聖人，又必同舉千百世之上乃至千百世之下之聖人。包宇宙以為量，奉聖人以為準。豈如陽明隨舉當前一人一時瞬息變滅之心而輕為之說乎。若果以此心之虛靈為心體，推論之極，而以一人一時之心為當下而即是，此亦言思之相引而必至者。然而不免為狂禪之歸，此又陽明言良知一歧義。陽明隨順為說，後學不察，推波遂至於不勝其流弊也。

以上皆舉陽明以良知為天地萬物之本體之義，其語病尤易見。惟其陽明以良知為天地萬物之本體，而又以虛無說良知。謂良知之虛，便是天之太虛。良知之無，便是太虛之無形。日月風雷，山川民物，凡有貌象形色，皆在太虛無形中發用流行。由此說下，又何疑乎以無善無惡為心體，又何疑於龍谿之以四無立教乎？繼此有當附論者，則晚明學者盛行之三教合一論，其源亦起於陽明。陽明早年濡染於老佛之說者既深，及其晚節，告語學者，於二氏之說，常明白稱引不諱，此已略見於前述矣。茲再舉其明顯者一條如次。

張元沖問：「二氏與聖人之學所爭毫釐，謂其皆有得於性命也，不知亦須兼取否。」先生曰：「說兼取便不是。聖人盡性至命，何物不具，何待兼取。二氏之用，皆我之用，即吾盡性至命中完養此身謂之僊，即吾盡性至命中不染世累謂之佛。但後世儒者不見聖學之全，故與二氏成二見耳。譬之廳堂三間共為一廳，儒者不知皆吾所用，見佛氏則割左邊一間與之，見老氏則割右邊一間與之，而己則自處中間，皆舉一而廢百也。聖人與天地民物同體。儒佛老莊皆吾之用。是之謂大道。」

此可謂是陽明之三教合一論。至龍谿，乃昌言無避忌。

或問龍谿以天根月窟之義。龍谿曰：「天地之間，一陰一陽而已矣。陽主動，陰主靜，坤逢震為天根，所為復也。乾遇巽為月窟，所為姤也。根主發生，鼓萬物之出機。窟主閉藏，鼓萬物之入機。陽往陰來之義也。古之人仰觀俯察，類萬物之情，而近取諸身，造化非外也。一念初萌，洪濛始判，粹然至善，謂之復。復者，陽之動也。當念攝持，翕聚保合，不動於妄，謂之姤。姤者，陰之靜也。一動一靜之間，天地之至妙者也。夫一陰一陽之謂道，繼之者善，即謂之復。成之者性，即謂之姤，復與姤，人人所共具，百姓特日用而不知耳。顏子擇乎中庸，有不善未嘗不知，未嘗復行，無祇於悔，所謂復也。能擇而守，拳拳服膺而弗失，所謂姤也。復者，陽乘陰也。姤者，陰遇陽也。知復而不知姤，則孤陽易蕩而藏不密。知姤而不知復，則獨陰易滯而應不神。知復知姤，乾坤互用，動靜不失其時，聖學之脈也。堯夫所謂天根，即師門所謂良知。萬有生於無，知為無知之知，歸寂之體，即天根也。萬物備於我，物為無物之物，應感之用，即月窟也。意者動靜之端，寂感之機，致知格物者，誠意之功也。此孔門家學也。」

陽明常引釋氏語論學，龍谿乃援道家言暢伸之，可謂有其師必有其弟矣。然龍谿至以邵堯夫之說天根者說師門之良知，則豈陽明龍場驛一悟時之所知乎？又其謂一念初萌，洪濛始判，則不僅儒家無其義，即老釋亦無此說，此乃其師答薜侃去草之問之引伸也。

或問老佛虛無之旨與吾儒之學同異。龍谿曰：

先師有言，老氏說到虛，聖人豈能於虛上加得一毫實。佛氏說到無，聖人豈能於無上加得一毫有。吾人今日未用屑屑在二氏身分上辨別同異，先須理會吾儒本宗明白。聖人微言見於《大易》，學者多從陰陽造化上抹過，未之深究。夫乾，其靜也專，其動也直，是以大生焉。夫坤，其靜也翕，其動也闢，是以廣生焉。便是吾儒說虛的精髓。無思也，無為也，寂然不動，感而遂通天下之故，便是吾儒說無的精髓。自今言之，乾屬心，坤屬身。心是神，身是氣。身心兩事，即火即藥。元神元氣，謂之藥物。元氣往來，謂之火候。神專一則自能直遂，性宗也。氣翕聚則自能發散，命宗也。真息者，動靜之幾，性命合一之宗也。一切藥物，老嫩浮沉，火候文武進退，皆於真息中求之。大生云者，神之馭氣也。廣生云者，氣之攝神也。天地四時日月有所不能違焉，不求養生而所養在其中，是之謂至德。盡萬卷丹經，有能出此者乎。無思無為，非是不思不為。念慮酬酢，變化云為，如鏡之照物，我無容心焉，是故終日思而未嘗有所思也，終日為而未嘗有所為也。無思無為，故其心常寂，常寂故常感。無動無靜，無前無後，而常自然。不求脫離，而自無生死可出，是之謂大易。盡三藏釋典，有能外此者乎。先師提出良知二字，範圍三教之宗，即性即命，即寂即感，至虛而實，至無而有，千聖至此，騁不得一些精采，活佛活老子至此，弄不得一些伎倆。同此即是同德，異此即是異端，如開拳見掌，是一是二，曉然自無所遁也。不務究明本宗，而徒泥執名象，纏繞葛籐，祇益紛紛射覆耳。

讀龍谿此條，可見王門當時確有以良知二字範圍三教之意。惟龍谿不從孟子說良知，改從《大易》說良知，更為別開生面。龍谿晚年所至接引，自兩都及吳楚閩粵，皆有講舍，而江浙為尤盛。每會常數百人，龍谿年至八十，猶不廢出游，其精神蓋幾幾自講學轉而為傳教。溫陵李贄於龍谿尤讚嘆佩服，以為前無往古，今無將來。後有學者，可以無復著書矣。然王學至於李贄之徒，亦遂橫流放濫，不可復從而究詰之，而王學遂自此墮地不復振。夫範圍三教，融通歸一，豈非學術界一大業，思想界一大事。惟其言思意境，必能卓乎有以超乎三家之上，乃始可以包絡乎三家之外，而後三家之異同乃可融會消攝於我範圍之內，而俱以為我之用。否然者，隨順含糊，管攝不住，終必決裂以去。抑且自亂本宗，精微昧失，粗迹流傳，其害不可勝言矣。故君子之論學，別異尤審於會同。張程言理一，必言分殊。朱子言格物，今日格一物，明日格一物，貴能即物而格，而豁然貫通，則期之不知誰何日之一旦。豈得以尊德性為易簡，而目道問學為支離乎？孔子曰：十室之邑，必有忠信如丘者焉，不如丘之好學也。豈十室之邑之忠信，即是易簡。而孔子之好學，乃為支離乎。孟子曰：予豈好辨哉，予不得已也。至若陽明龍谿之為辨，則後人實有不得其不得已之所在者，是亦不可以無辨也。

略論王學流變

陽明良知之學，簡易直捷，明白四達，兼掃蕩和會之能事。且陽明以不世出之天姿，演暢此愚夫愚婦與知與能之真理，其自身之道德功業文章，均已冠絕當代，卓立千古，而所至又汲汲以聚徒講學為性命，若飢渴之不能一刻耐。故其學風淹被之廣，漸漬之深，在宋明學者中，乃莫與倫比。即伊川晦翁，皆所不逮。惟其所提良知宗旨，即在及門弟子中，已多出入異同，而末梢更甚。舉其著者，有浙中泰州江右三派。

浙中為陽明鄉里，承風最先。弟子著者有錢緒山（德洪）王龍谿（畿），四方來學者，先由二人疏通其大旨，乃卒業於陽明，一時稱教授師。陽明卒後，二人主持江浙宣歙楚閩各地講會，歷數十年。故陽明學之宏揚，二人之功最大。陽明初教學者以默坐澄心之學，晚年始提致良知宗旨，二人親炙最久，於此獨多發揮。緒山之言曰：

夫鏡物也，故斑垢駁雜，得積於上，而可以先加磨去之功。吾心良知，虛靈非物，斑垢駁雜停於何所？磨之之功，又於何所乎？今所指吾心之斑垢駁雜者，非氣拘物蔽乎？既曰氣拘物蔽，則由人情事物之感而後有。今將於未涉人情事物之感之前而先加致之之功，又將何所施耶？（〈答聶雙江〉）

又曰：

離已發而求未發，必不可得。久之則養成一種枯寂之病，認虛景為實得，擬知見為性真，誠可慨也。（〈復何吉陽〉）

緒山此說，確承陽明晚年事上磨鍊與必有事焉之教而來。嘗指畫廊真武流形圖曰：觀此可以證儒釋之辯。眾曰，何如？曰：真武山中久坐，無得，欲棄去，感老嫗磨針之喻，復坐二十年，遂成至道。今若畫堯流形圖，必從克明峻德親九族以至協和萬邦。畫舜流形圖，必從舜往於田，自耕稼陶漁以至七十載陟方。又何時得在金碧山水中枯坐二三十年，而後可以成道耶？緒山此說，與此後顏習齋分畫孔孟程朱兩講堂之喻，先後如出一口。良知之學，由此入手，斷無沉空守寂之病。

又若依照緒山此番意見，為諸色人等各畫一幅流形圖，則必成為陽明拔本塞源論中之理想社會，以其各有所事，絕不蹈空也。此是緒山確守師門宗旨處。

緒山又有〈天成篇〉，大意謂：

> 吾人與萬物混處於天地之中，其能以宰乎天地萬物者，心也。天地萬物有聲，而為之辨其聲者心也。天地萬物有色，而為之辨其色者亦心也。是天地萬物之聲非聲，由吾心聽斯有聲。天地萬物之色非色，由吾心視斯有色。天地萬物之變化非變化，由吾心神明之斯有變化。（一）
>
> 然吾心為天地萬物之靈者，非吾能靈之，吾一人之視其色若是矣，凡天下之有目者同是明也。一人之聽其聲若是矣，凡天下之有耳者，同是聰也。一人之思慮其變化若是矣，凡天下之有心知者，同是神明也。匪徒天下，凡前乎千百世以上，後乎千百世以下，其耳目心知亦無弗同。然則明非吾之目，天視之也。聰非吾之耳，天聽之也。變化非吾之心知，天神明之也。（二）
>
> 吾心為天地萬物之靈，惟聖人能全之。非聖人能全之，夫人之所同也。聖人之視色與吾目同，而能不引於物者，率天視也。聖人之聽聲與吾耳同，而能不蔽於聲者，率天聽也。聖

人之思慮與吾心知同，而不亂於思慮者，通神明也。故曰聖人可學而至。非學聖人也，能自率吾天也。(三)

緒山此論，發揮心體，最為有功。大抵言良知者，率本個人言，而不知心體之超個人。其超個人而言心體者，又兼綜萬物言，不知人與萬物自有界限。故言心體，莫如就人心之同然處言。良知非個人心，乃大群心。抑且大群或僅指同時，良知心體並包異世。故良知不僅為大群心，乃實為歷史心。良知者，乃就歷史大群心之同然處言，即人類悠久不息之一種文化心也。通古今人文大群而言其同然之大體，則人而達於天矣。蓋惟到此境地，始為人為與自然之交融點，此即天人合一之真體也。此體本就人文大群而建立，故與主張天地萬物皆由吾心中流出者不同，亦與主張天地萬物之背後皆屬同一心體者有辨。故孟子道性善，言必稱堯舜，所以必稱堯舜者，非就古今人文大群之全體而求其準則，則不足以見此心體之至善也。故象山亦言，東海有聖人，西海有聖人，千百世之上有聖人，千百世之下有聖人，此心同，此理同。若抹殺海之東西，世之上下，惟我獨聖，而言良知，斷無是處。

然若依上述意見，則緒山〈天成篇〉之最末一節，陳義尚待商榷。其言曰：

吾心之靈與聖人同，聖人能全之，學者求全焉，則何以為功耶？有要焉，不可以支求也。

目蔽於色而後求去焉，非所以全明也。耳蔽於聲而後求克焉，非所以全聰也。心知亂於思慮，而後求止焉，非所以全神明也。靈者心之本體，率吾靈而發之目，自辨乎色，發之耳，自辨乎聲，發之思慮，萬感萬應，而其靈常寂，所以全神明也。天作之，人復之，是之謂天成，是之謂致知之學。

夫人心之靈，固與聖人同，然謂吾心之靈同於聖人，有時或不如謂聖人之靈同於吾心。由吾心之靈去認識聖人，有時或不如從聖人之心反過來認識吾心之更便捷，更恰當。堯舜性之，湯武反之。性之是前一路，反之是後一路。堯舜乃上古之聖人，其前無所啟發，故一切皆須自率吾靈，發之天性。湯武已為中古之聖人，方湯武之未生，而此心之靈，固已昭昭於天壤間矣，故湯武不俟一一發之於己，由其前多有啟發，反之我心而見其同然，此亦一性之也。若湯武必效堯舜，一切必自率吾靈而始得謂之性，則天地永為上古之天地，性靈亦永為上古之性靈，人文演化，不見日新之妙矣。且即以堯舜言，舜居深山之中，與木石居，與鹿豕遊，及其聞一善言，見一善行，沛然若決江河，可見舜亦不純乎性之者。舜之聞善言，見善行，而沛然若決，即舜之由外反之也。故曰大舜善與人同，樂取於人以為善。洵知取於人以為善，何必果於自率己靈？千百世之上，有聖人焉，此心同，此理同，千百世以上聖人之心靈，即吾心之靈也。服堯之服，言堯之言，行堯之行，斯亦堯而已矣。必如是乃見心體之廣大。故曰多識前言往行以蓄我德，惟其心同理同，故前言往行，反之我心，即我心之德也。陽明嘗言，有百鎰之黃金，有一兩之黃金，其分兩異，其成色同。然即為一兩之黃金，亦非可棄學而自成。試觀老農老圃，日出而作，日入而息，彼豈止自率吾靈？彼固已承襲乎千百世以來人之心靈之經驗積集而為老農老圃。必如是乃始謂天作之，人復之。夫所謂人者，固必將通物我，互古今，累千百世而上下一焉。莊生曰：參萬歲而一成純，乃始謂之人耳。豈專區區於七尺之軀，百年之壽，而乃謂之人乎？陽明本意謂一兩之金與百鎰之金，其為精金則一，然並不專欲人為一兩之金。凡必欲自率吾靈，以為致知之全功者，此皆易於限人為一兩之金，而忽忘百鎰之貴重。由其忽忘大眾心，而拘束於小我心，忽忘文化心，而徘徊於現前心，則天乃昭昭之天，人乃藐藐之人，其心靈亦如星星之火，涓涓之泉，雖亦火然泉流，要之不光明不充沛。此種缺陷，在龍谿呈露更顯。

龍谿云：

> 涓流積至滄溟水，拳石崇成太華岑，先師謂象山之學得力處全在積累。須知涓流即是滄海，拳石即是泰山，此是最上一機，不由積累而成者也。

此處提高了涓流拳石，必主不由積累，則易使人由文化心轉退到現在心，勢必主張當下即是，現前具足。羅念菴極懷疑現成良知而龍谿非之，謂：

念菴謂世間無有現成良知，非萬死功夫，斷不能生，以此較勘虛見附和之輩，未為不可。若必以見在良知與堯舜不同，必待功夫修證而後可得，則未免矯枉之過。曾謂昭昭之天與廣大之天有差別否？

龍谿必認昭昭之天即廣大之天，猶其謂涓流即滄溟，拳石即華岑也。此種意見，固是直承陽明精金之喻而來，但若推義至盡，則現在的心靈，只如電光石火，一閃一閃，變動不可捉摸，必認真此處入手，則最多只是所謂天機一片而已。龍谿謂：

現在一念，無將迎，無住著，天機常活，便是了當，千百年事業更無剩欠。

此種境界，顯與禪宗無大區別。一切價值，全在當下認取，更不受其他衡量，如此則易使人生專走向活潑自在脫灑快樂的路上去。故龍谿曰：

樂是心之本體，本是活潑，本是脫灑，本無罣礙繫縛。

由此便與泰州路脈接筍。陽明嘗云：

> 某於此良知之說，從百死千難中得來，不得已與人一口說盡。只恐學者得之容易，把作一種光景玩弄，不實落用功，負此知耳。

其實龍谿心齋早有把良知作光景玩弄之意味。若論活潑快樂，天機自在，此本人人可有，時時可有，但若張皇過甚，實際是愚夫愚婦，砍柴擔水，卻定要說成天德王道，神機妙用，則便成何心隱李卓吾之流。彼輩已早在龍谿講學時期活躍。顧亭林《日知錄》謂，龍谿之學，一傳為何心隱，再傳為李卓吾陶石簣，梨洲《學案》以心隱石簣入泰州，於卓吾則諱而不言。今若再將此種現在心靈天機活潑處，向裏一層更細追求，則：

> 當下本體，如空中鳥迹，水中月影，若有若無，若沉若浮。

只成「一點虛明」，「無中生有」。如此則自然要說成「心是無善無惡之心，意是無善無惡之意，知亦是無善無惡之知，物亦是無善無惡之物」。如此則良知學便走上了狂禪路子。梨洲之論緒山龍谿曰：

> 兩先生之良知，俱以現在知覺而言，於聖賢凝聚處，盡與掃除，在師門之旨，不能無毫釐之差。龍谿從現在悟其變動不居之體，緒山只於事物上實心磨練，故緒山之徹悟，不如龍

谿，龍谿之修持，不如緒山，乃龍谿竟入於禪，而緒山不失儒者矩矱，何也。龍谿懸崖撒手，非師門宗旨所可繫縛，緒山則把纜放船，雖無大得，亦無大失耳。

又曰：

象山之後不能無慈湖，文成之後不能無龍谿，以為學術之盛衰因之。

皆的評也。

與龍谿論學意趣相近者為泰州學派。泰州學派始王心齋（艮）。梨洲謂：

陽明先生之學，有泰州龍谿，而風行天下，亦因泰州龍谿而漸失其傳。泰州龍谿時時不滿其師說，益啟瞿曇之祕而歸之師，蓋躋陽明而為禪矣。然龍谿之後，力量無過於龍谿者，又得江右為之救正，故不至十分決裂。泰州之後，其人多能赤手以搏龍蛇，傳至顏山農何心隱一派，遂非復名教之所能羈絡矣。

今若以龍谿論良知，側重了現在心，而忽略了文化心，則心齋論良知，卻是注重了小我心，而忽略了大群心。同是一偏，而症候微別。心齋論格物，後人稱之為淮南格物說，大意謂身與天下國家一物而身為之本，故欲齊治平在於安身，知安身者則必愛身敬身。愛身敬身者，必不敢不愛人不敬人。能愛人敬人，則人必愛我敬我，而我身安矣。一家愛我敬我則家齊，一國愛我敬我則國治。天下愛我敬我則天下平。故曰：

知得身是天下國家之本，則以天地萬物依於己，不以己依於天地萬物。

又曰：

出必為帝者師，處必為天下萬世師，學不足以為人師皆苟道。

故心齋主張尊身，謂：

身與道原是一件。

但心齋卻不知道與身未必是一件。過分把身的地位提高，故為明哲保身論，謂明哲即是良知，明哲保身即是良知良能。不悟此種良知良能，愚夫愚婦與知與能，若用陽明拔本塞源論裏理想的社會觀點來看，把小我溶入大群中，此說尚無大病。今心齋卻高提身的地位，變成一種獨出的小我中心觀，則此種保身論便有討論餘地了。

心齋第二論點，要推他的樂學論，他有一首〈樂學歌〉說：

人心本自樂，自將私欲縛。私欲一萌時，良知還自覺。一覺便消除，人心依舊樂。樂是樂此學，學是學此樂。不樂不是學，不學不是樂。樂便然後學，學便然後樂。樂是學，學是樂。嗚呼！天下之樂，何如此學，天下之學，何如此樂。

原來良知流行，活潑自在，本有一種樂的境界。但若把樂的價值太提高了，說成學只為了樂，樂即便是學，如此則不從良知上尋樂，卻轉從樂上去認良知，此處便又有歧。因此我們可以說，心齋的良知學，是一種自我中心之快樂主義者。而彼之所謂樂，又只是一種為天下萬世師的心樂。只由內心估價，不受外市折扣，如此則自然要使泰州學派走上狂者路子。這都與心齋的才氣及其早年環境有關。

惟心齋是粗豪人物，其論學語只如上述，大體只是狂，還不是禪。至其子東崖（襞）幼年隨父入浙，陽明使師緒山龍谿，又開始把龍谿的現前良知論與其父心齋的自我心樂說相和會，於是泰州學說遂益恣肆，乃始有禪的意味。大抵東崖之學，以不犯手為妙。鳥啼花落，山峙川流，饑食渴飲，夏葛冬裘，至道無餘蘊。充拓得開，則天地變化草木蕃。充拓不去，則天地閉賢人隱。東崖謂，今人纔提起一學字，卻似便要起幾層意思。不知原無一物，原自現成。將議論講說之間，規矩戒嚴之際，工焉而心日勞，勤焉而動日拙。忍欲希名，而誇好善，持念藏穢，而謂改過。據此為學，百慮交錮，血氣靡寧矣。泰州學派由此遂如狂瀾之決，徐波石，趙大洲，顏山農，羅近溪，何心隱，李卓吾輩打通儒釋，掀翻天下。與其專說是泰州派，其實不如說是泰州與龍谿之合流，更為近情。獨心齋弟子王一菴（棟）於師門步趨不失，而醇正深厚抑有過之。然泰州有一菴，正猶浙中有緒山，要之學術大潮則在彼不在此。

一菴之貢獻，在其對於誠意提出新解釋。陽明致知，心齋格物，一菴誠意，皆援據《大學》，直承朱子〈格物補傳〉的問題而來，其是否有當於《大學》原義，此當別論，惟在良知學說發展途徑中，則一菴意見，實甚重要。一菴之意，不仍舊說以意為心之所發。謂：

> 舊謂意者心之所發，教人審幾於動念之初。竊疑念既動矣，誠之奚及。蓋自身之主宰而言謂之心，自心之主宰而言謂之意。心則虛靈而善應，意有定向而中涵。自心虛靈之中，確然有主者而名之曰意耳。

又曰：

> 誠意工夫在慎獨，獨即意之別名。以其寂然不動之處，單單有個不慮而知之靈體自做主張，

自裁生化，故舉而名之曰獨。少間攙以見聞才識之能，情感利害之便，則是有所商量依靠，不得謂之獨矣，……知誠意之為慎獨，則知用力於動念之後者悉無及矣。

本來宋明學偏重的爭點，只在心性二字上。伊川晦翁偏重性，便不免要向天地萬物的後面去尋找一本體。象山陽明偏重心，說到性處，往往疏略不見精彩，如是則又似只偏在現象一方面。陽明云：性只是心之體，又說知是心之本體，但你若看重知字，則自易偏向已發處。及其弊，則即流行即本體，又落禪宗窠套。龍谿泰州皆由此走失。今一蕃提出意字，說其有定向而中涵，不下本體字，而恰恰坐落到孟子性字的意義上。當知性正指人心之有定向處，而又是涵於人心之中，非獨立於人心之外。故一蕃誠意慎獨之說，正可補救陽明良知學易犯之流病，使人回頭認識心體，則不致作一段光景玩弄。但心之定向，由一人一世看，尚不如由千萬人千百世看，更為明白是當。一蕃對此處，惜未見有所發揮。則慎獨之學，到底又不免要轉入江右主靜歸寂的路去。此後劉蕺山亦主誠意慎獨，與一蕃意思不謀而合。黃梨洲仍襲師說，故謂姚江之學，惟江右得其傳，其實此意亦仍待商量也。

江右王門以鄒東廓（守益）羅念菴（洪先）劉兩峯（文敏）聶雙江（豹）為著。但惟雙江念菴專拈歸寂主靜，確然與浙中樹異。當陽明征思田，雙江書問勿忘勿助，陽明答書，此間只說必有事焉，不說勿忘勿助，專言勿忘勿助，是空鍋而爨也。此可謂是陽明之晚年定論。但雙江講學，則刻意注重陽明早年教法，提倡靜坐，使能歸寂以通感。一時同門皆疑其說，其一則謂道不可須臾離，今日動處無功，是離之也。其一則謂道無分於動靜，今日工夫只是主靜，是二之也。其一謂心事合一，心體事而無不在，今日感應流行著不得力，是脫略事為，類於禪悟也。獨羅念菴於雙江深相契合，謂雙江所言真是霹靂手段，許多英雄瞞昧，被他一口道著，如康莊大道，更無可疑。故念菴又特提濂溪主靜二字，謂：

良知固出於稟受之自然，然欲得流行發見，常如孩提之時，必有致之之功。非經枯槁寂寞之後，一切退聽，而天理炯然，未易及此。學者舍龍場之懲創，而談晚年之熟化，豈止躐等而已。

大體念菴意見與龍谿所隔亦祇一間，龍谿嘗謂以世界論，是千百年習染，以人身論，是半生依靠。學問須識真性，始能不落陪奉。念菴思想正從此等處逼進。念菴謂：

只在話頭上拈弄，至於自性自命傷損不知。當下動氣處，自以為發強剛毅。纏黏處，自以為文理密察。加意陪奉，卻謂恭敬。明白依阿，卻謂寬仁，如此之類，千言萬語莫能狀其情變。

此等處，便成所謂偽良知，其實亦只是習染依靠陪奉，其病根則仍在不識自己真性命。念菴因此重新提出濂溪主靜無欲的口號，作為對症下藥。主靜是工夫，無欲則是境界，其與龍谿意見相歧處，則在現前良知之可靠與否。惟其現前良知不可靠，故須有致良知一番功夫，始可復到良知本體。念菴又謂：

陽明拈出良知，上面添一致字，便是擴養之意。今卻盡以知覺發用處為良知，至又易致字為依字，則是只有發用，無生聚矣。木常發榮必速槁，人常動用必速死，天地猶有閉藏，況於人乎？是故必有未發之中，方有發而中節之和。必有廓然大公，方有物來順應之感。

可見念菴所謂工夫，只重在收斂保聚。聶雙江因繫獄經年，閑久靜極，忽見此心真體，喜曰：此未發之中也，守是不失，天下之理皆從此出矣。念菴闢石蓮洞，默坐半榻間，不出戶者三年。王龍谿恐其專守枯靜，訪之。念菴曰：往年尚多斷續，近來無有雜念，雜念漸少，即感應處便自順適。即如均賦一事，至今半年，終日紛紛，未嘗敢厭倦執著放縱張皇，惟恐一人不得其所。一切雜念不入，亦不見動靜二境，自謂此即是靜定工夫。非紐定默坐時是靜，到動應時便無著靜處也。

其實念菴此等境界，頗似明道〈定性書〉，確是接近濂溪門路。然視明道〈識仁篇〉意境，則未免又疏隔。江右之學，用以糾正浙中王門承領本體太易之病，自屬一道。若在此提掇過猛，則枯槁寂木之後，所謂天理炯然者，恐終不免帶有一些蕭然世外之概。此種天理，又恐嚴淨有餘，生趣不足。而且此等工夫，若非身在方外，則必士大夫之居有特殊環境者然後能之。如陽明之龍場驛，雙江之詔獄，此本偶遇，非可專求。抑又豈能人人效念菴各闢一石蓮洞默坐三年而不出乎？抑且刻意向裏尋求，雖於世俗習染依靠，可有許多洗滌澄清，但到底還是一個現前當下，還是在小我腔子裏，還是湊泊不上大群心與文化心，依然是把昭昭之天來作整個天體看。所以說江右與浙中所隔只一間。江右王門如雙江念菴，依然是走了偏路，未得為大中至正之道。此下如東林高忠憲，湘西王船山論學，都頗近江右，尤其是念菴論學之軌轍。論其在晚明學術界影響，江右實超過浙中。但王學實在是一個活潑生動的，江右以後，又轉靜細蕭散，不免帶有道家氣。若再加上一些嚴密的意味，便又要由王返朱。晚明學術，只在此處繞圈子，更無新出路，這是宋明理學衰歇之象徵。

此稿刊載於《思想與時代月刊》第四十三期

王龍谿略歷及語要

二十六年冬，避難衡山，讀《王龍谿先生集》，略譜其年歷，並識其講學之大要。

宏治十一年戊午　先生生。

正德十四年己卯　先生年二十二。是歲王文成討宸濠。《學案》云，弱冠舉於鄉，應在此年稍前。

嘉靖二年癸未　先生年二十六。試吏部不第，嘆曰：「學貴自得耳！」立取京兆所給路券焚之歸，卒業師門。文成為治靜室居之，踰年大悟，盡契師旨。

嘉靖五年丙戌　先生年二十九。復當會試，文成命往，曰：「吾非欲以一第榮子，顧吾之學疑信者猶半，及門樸厚者未盡通解，穎慧者不盡敦毅，能闡明者無踰子。今當覲試，仕子咸集，子其往焉。」是歲，同門錢緒山亦在選，時閣部大臣多不喜學，相語此非吾輩仕時也，不就廷試而歸。

嘉靖七年戊子　先生年三十一。天泉證道。《學案》云，文成征思田，緒山與先生居守越中書院。送至嚴灘而別。

天泉證道，龍谿始創四無之論，得陽明印可。謂四無為上根人立教，四有為中根以下人立教。上根者，即本體便是工夫，頓悟之學也。中根以下者，須用為善去惡工夫，以漸復其本體也。此處陽明分說頓漸，顯然承襲禪義。

《學案》又謂，先生之論，以正心為先天之學，誠意為後天之學。從心上立根，無善無惡之心，即是無善無惡之意，是先天統後天。從意上立根，不免有善惡兩端之決擇，而心亦不能無雜，是後天復先天。今按：性屬先天，心屬後天，孟子盡心知性，即以後天復先天也。大抵程朱承其說。陸王不喜分別心性，一切從心上立根，此承禪宗來。至龍谿而大肆其旨。慧能曰：吾心即佛性，即以先天統後天也。

又按：陽明言良知，語本孟子。龍谿尤喜道家言，故好以康節治《易》語闡其師說。

又按：後人論王學，率辨天泉證道，不知同年稍後，尚有嚴灘送別。《傳習錄》卷下，先生起征思田，德洪與汝中追送嚴灘。汝中舉佛家實相幻相之說。先生曰：有心俱是實，無心俱是幻。無心俱是實，有心俱是幻。汝中曰：有心俱是實，無心俱是幻，是本體上說工夫。無心俱是實，有心俱是幻，是工夫上說本體。先生然其言。今按：此謂有心俱是實，乃指先天之心言。無心俱是實，則指後天之心言。本體屬先天，工夫屬後天。此證陽明晚年，天泉橋及嚴灘兩番話，皆發揮禪義，亦惟龍谿得其心傳。

嘉靖八年己丑　**先生年三十二**。文成卒，龍谿緒山方赴廷試，因文成征思田歸，渡江復返，迎至嚴灘，聞訃，於是共奔至廣信，成喪，扶櫬歸越，築塲廬墓，心喪三年。

嘉靖十一年壬辰　**先生年三十五**。始赴廷對。是年授南京職方主事。

嘉靖二十八年己酉　**先生年五十二**。夏赴寧國水西會，有〈水西會約題詞〉。仲秋，偕錢緒山攜浙徽諸友赴會沖元，凡百餘人，有〈沖元會記〉。

今按：〈沖元會記〉有云：今人講學，只是比擬卜度，與本來生機了不相干。若能於日用貨色上料理，時時以天則應之，超脫淨盡，乃見定力。又曰：靈明無內外，無方所。戒懼亦無內外，無方所。識得本體，原是變動不居，雖終日變化云為，莫非本體之周流矣。此即五祖以《金剛經》應無所住而生其心一語告六祖之義。凡龍谿主張，按之禪義皆合，求之《語》、《孟》，則有未易體會者。

嘉靖三十年辛亥　**先生年五十四**。秋過蘇，有〈道山亭會語〉。

嘉靖三十二年癸丑 先生年五十六。〈水西精舍會語〉，謂先是癸丑會於郡城，在今年。

嘉靖三十三年甲寅 先生年五十七。春赴江右之遊，秋入武夷，歷鵝湖，返棹廣信，蒞聞講書院之會，有〈聞講書院會語〉。

嘉靖三十六年丁巳 先生年六十。五月自齊雲趨會星源，館普濟山房，聚處凡數十人，有〈書婺源同志會約〉。又赴新安福田之會，有〈書進修會籍〉。又赴寧國水西會，先後至者百餘人，十三日而解，有〈水西同志會籍〉。

嘉靖四十年壬戌 先生年六十四。仲冬，自洪都趨撫州，蒞擬硯臺之會，有〈撫州擬硯臺會語〉。有云：涓流積至滄溟水，拳石崇成太華岑。先師謂象山之學得力處全在積累。須知涓流即是滄海，拳石即是泰山。此是最上一機，不由積累而成者也。此處是龍谿發揮師義，然視象山蔑如矣。以此推之，龍谿於禪，實應在馬祖之後。赴松原新廬會羅念菴，有〈松原晤語〉。

念菴謂世間無有見成良知，非萬死工夫斷不能生。龍谿謂若必以見在良知與堯舜不同，曾謂昭昭之天與廣大之天有差別否。今按：《論語》，十室之邑，必有忠信如丘者焉，不如丘之好學也。念菴看重其下一語，龍谿則看重其前一語。

嘉靖四十三年甲子 先生年六十七。春暮赴宛陵會，時羅近溪為宣州守，大集六邑之士千餘人，有〈宛陵會語〉。龍谿有曰：吾之良知，自與萬物相為流通，而無所凝滯。後之儒者，不明一體之義，不能自信其心，反疑良知涉虛不足以備萬物，先取古人孝弟愛敬五常百行之迹，指為典要，揣摩依彷，執之以為應物之則，而不復知有變動周流之義，是疑目之不能辨五色，耳之不能辨五聲，豈惟失卻視聽之用，而且汩其聰明之體，其不至聾且瞶者幾希。此辨近老子，但顯與孟子不同。赴水西會，道出陽羨，時耿楚侗校文宜興，出訪，有〈東遊會語〉。

嘉靖四十四年乙丑　**先生年六十八**。春之留都，大會於新泉之為仁堂，有〈留都會記〉。耿楚侗送至新安江舟中。有〈新安福田山房六邑會籍〉，云春暮赴新安福田之會，至則六邑諸子候久矣。舊在城隅斗山精舍，改卜於此，蓋四月十八日也。凡十餘日而會歸。文云嘉靖丁丑，嘉靖無丁丑，當係乙丑之誤，文又云，竊念斗山相別以來，於會復八九年，當是自丁巳福田之會至是適九年也。夏赴弔羅念菴，復之安城永豐，展拜雙江東廓諸人墓。歸途與李見羅諸人會於洪都，有〈洪都同心會約〉。舊附近同志，每月兩會，以地址相望百餘里，會不能數，每歲為四會，季月望為始，以十日為期。舟過彭蠡，入白鹿，有〈白鹿洞續講義〉。

隆慶二年戊辰　**先生年七十一**。抵姑蘇，赴蔡春臺之請，有〈竹堂會語〉。

隆慶四年庚午　**先生年七十三**。秋仲有〈建初山房會籍申約〉，云新安舊有六邑同志之會，予與緒山錢子更年蒞會，初會斗山，後因眾不能容，改會於福田，今年秋仲，予復赴會，屬休寧邵生汝任輩為會主。相期十月九日會於建初山房。予念甲子與諸君相會，復七年於茲矣。按甲子有〈宛陵會語〉，則建初之會應在今年。

萬曆元年癸酉　先生年七十六。赴南滁之會，適學院耿楚侗期會於留都，乃以秋杪發錢塘，有〈南遊會紀〉。

按二年錢緒山卒，年七十九。

萬曆三年己亥　先生年七十八。新安舊有六邑大會，每歲春秋以一邑為主，五邑同志士友從而就之。乙亥秋，先生由華陽達新安。郡守蕭君乃灑掃斗山書院，聚同志大會於法堂，凡十日而解，有〈新安斗山書院會語〉。龍谿曰：天生蒸民，有物有則，良知是天然之則，物是倫物所感應之迹。如有父子之物，斯有慈孝之則。有視聽之物，斯有聰明之則。感應迹上循其天則之自然，而後物得其理，是之謂格物。非即以物為理也。人生而靜，天之性也。物者，因感而有。意之所用為物。意到動物，意流於欲，故須在應迹上用寡欲工夫，寡之又寡以至於無，是之謂格物。非即以物為欲也。物從意生，意正則物正，意邪則物邪。認物為理則為太過。訓物為欲則為不及。皆非格物之原旨。此可謂之是龍谿格物說，龍谿承陽明，亦主極端唯心論，認為心外無物，物因感而有。孔孟程朱則以性為天則，但不言性外無物，只言物皆有性。欲亦性之所有。欲而當即為理。故人欲即在天理中，違於天理始稱人欲。今龍谿謂欲出於意。陽明主誠意，龍谿殆承師說，主寡欲以至於無欲，乃是格物。伊川朱子則曰居敬窮理，是無欲乃可格物也。大抵陽明龍谿皆主以己意說古書，訓詁考據皆非重視。大體龍谿此處之意，乃欲說本來無一物，須無所住而生其心也。

萬曆五年丁丑　先生年八十。太平杜氏重修〈家譜序〉，萬曆丁丑，余赴宣歙之會，道出太平九龍山。又圖書先後天跋語，丁丑夏，余赴水西之會，道出桐川。又〈桐川會約〉，桐川有會舊矣，自吾同門友東廓鄒公判廣德時，肇建復初院，為聚友講學之所，予嘗三過桐川，與諸友相會，其後興廢不常。茲予赴水西斗山之期，寓徑桐川，遠近諸友，凡百餘人，大會於復初。

萬曆十一年癸未　先生年八十六。是歲六月七日，先生卒。

龍谿語要

余既略譜龍谿年歷，因稍識其論學獨特語。復稍摘其他語之大體較不背於儒義者於此。若學者必過斥陽明龍谿，謂其一無是處，亦非也。

儒者之學，以經世為用，而其實以無欲為本。無欲者，無我也。天地萬物本吾一體，莫非

我也。（〈賀中丞新源江公武功告成序〉）

今按：天地萬物本吾一體，此體乃指良知吾心言。無我指無欲言。

儒者之學務於經世，然經世之術，約有二端。有主於事者，有主於道者。主於事者，以有為利，必有所待而後能寓諸庸。主於道者，以無為用，無所待而無不足。（〈贈梅宛溪擢山東憲副序〉）

此無亦指無我無欲言。

儒者之學務於經世，……功著社稷而不尸其有，澤究生民而不宰其能，教彰士類而不居其德。周流變動，無為而成，莫非良知之妙用，所謂渾然一體者也。（〈陽明先生年譜序〉）

以上三引龍谿言，皆云儒者之學務於經世，而必以無欲為本。然孔子曰：我欲仁，斯仁至矣，豈不較無欲之說為易簡而直捷乎。其言經世，專主傳道，不言善治，亦其失。

雙江丈來書，見教立本之旨，於良知誠有所發，但格物處尚須有商量。所謂致知在格物，言致知全在格物上，猶云舍格物更無致知工夫也。如雙江所教，格物上無功夫，則格物在

於致知矣。（〈答羅念菴〉）

龍谿所謂格物，即指在日食貨色上料理，亦即陽明所謂事上磨練。此乃江右與浙中相異處。

君子之學貴於淨悟。……入悟有三：有從言而入者，有從靜坐而入者，有從人情事變鍊習而入者。得於言者謂之解悟，觸發印正，未離言詮，譬之門外之寶，非己家珍。得於靜坐者謂之證悟，收攝保聚，甚有待於境。譬之濁水初澄，濁根尚在，纔遇風波，易於淆動。得於鍊習者謂之澈悟，磨礱煅煉，左右逢源，譬之湛體冷然，本來晶瑩，愈震蕩愈凝寂，不可得而澄淆也。（〈悟說〉）

此亦事上磨練之意。然幾疑有不認讀書為事之意，亦可恠也。

孔門教人之法，見於《禮經》。其言曰：辨志樂羣，親師取友，謂之小成，強立而不反，謂之大成。未嘗有靜坐之說。靜坐之說起於二氏，學者殆相沿而不自覺耳。古人自幼便有學，使之收心養性，立定基本，及至成人，隨時隨地，從事於學，各為所成。後世學絕教衰，自幼不知所養，薰染於功利之習，全體精神，奔放在外，不知心性為何物，所謂欲反其性情而無從入，可哀也已。程門見人靜坐，每嘆以為善學，蓋使之收攝精神，向裏尋求，亦是方便法門。先師所謂因以補小學一段工夫也。……良知本體，原是無動無靜，原是變動周流，此便是學問頭腦，便是孔門教法。（〈東遊會語〉）

陽明初教，以靜坐為方便法門，龍谿卻不甚重視靜坐。梨洲謂之懸崖撒手，此亦其一例。

吾人未嘗廢靜坐，若必藉此為了手，未免等待，非究竟法。聖人之學，主於經世，原與世界不相離。古者教人只言藏修游息，未嘗專說閉關靜坐。若日日應感，時時收攝，精神和暢充周，不動於欲，便與靜坐一般。況欲根潛藏，非對境則不易發。……若以見在感應不得力，必待閉關靜坐，養成無欲之體，始為了手，不惟蹉卻見在工夫，未免喜靜厭動，與世間已無交涉，如何復經得世。獨修獨行，如方外人則可，大修行人，於塵勞煩惱中作道場，吾人若欲承接堯舜姬孔學脈，不得如此討便宜也。（〈三山麗澤錄〉）

吾人為學之所大患者，在於包裹心深，擔當力弱。

悟須實悟，修須真修。凡見解上揣摩，知識上湊泊，皆是從言而入，非實悟也。凡氣魄上承當，格套上模擬，皆是泥象而求，非真修也。（〈留都會記〉）

竊念吾之一身，不論出處潛見，當以天下為己任。……最初立志便分路徑，入此路徑，便是大人之學。外此便是小成曲學。先師萬物一體之論，此其胚胎也。吾人欲為天地立心，必其能以天地之心為心，欲為生民立命，必其能以生民之命為命。……誠得此體，方是上下與天地同流。宇宙內事，皆己分內事，方是一體之實學，所謂大丈夫事。小根器者不足以當之。（〈書同心冊卷〉）

摘錄《龍谿集》言禪言三教

四十年前在南嶽衡山，讀《王龍谿》、《羅念菴》集，各為文以識之。今年重校舊稿，再繙兩集，續錄《龍谿集》中言禪言三教諸條，綴為斯文，雖不能盡，亦足以見其旨要矣。

龍谿曰：

吾儒與禪家，毫釐不同。

維摩所說經，亦須理會。此印證法也。

固非以維摩為榜樣。

儒與禪毫釐之辨，亦可以默而識矣。（卷十七〈不二齋說〉）

此謂毫釐之辨，即猶謂無大異也。

又曰：

吾儒之學，與禪學俗學，只在過與不及之間。（卷十五〈自訟長語示兒輩〉）

此言過與不及，即其無大異處。俗即不及，禪則過，凡讀儒書而異陽明者，則皆俗學也。

又曰：

慈湖之學得於象山，超然自悟本心，乃易簡直捷根源。說者因晦菴之有同異，遂鬨然目之為禪。禪之學，外人倫，遺物理，名為神變無方，要之不可以治天下國家。象山之學，所謂儒者有用之學也。世儒溺於支離，易以易簡為異學，特未之察耳。（卷五〈慈湖精舍會語〉）

此以象山慈湖為儒，晦菴為俗，而儒與禪之辨亦見。禪學外人倫，遺物理，不可以治天下國家，此其與儒異。至其自悟本心則一也。

又曰：

人議陽明之學亦從葱嶺借路過來，非也。非惟吾儒不借禪家之路，禪家亦不借禪家之路。

昔香巖童子問溈山西來意，溈山曰：我說是我的，不干汝事。故曰：丈夫自有沖天志，不向如來行處行。聖人先得我心之同然，印證而已。若從言句承領，門外之寶，終非自己家珍。人心本來虛寂，原是入聖真路頭。虛寂之旨，羲黃姬孔相傳之學脈，儒得之以為儒，禪得之以為禪，固非有所借而慕，亦非有所托而逃也。若夫儒釋公私之辨，悟者當自得之。（卷七〈南遊會紀〉）

儒與禪同出心源，皆非向外面借路。晦菴言句承領，則不免為俗學。

又曰：

虛者氣之府，寂者生之機。今以虛寂為禪定，謂非致知之旨，則異矣。佛氏以虛寂為性，亦以覺為性，又有皇覺正覺圓覺明覺之異。佛學養覺而嗇於用，時儒用覺而失所養，此又是其大異處。（卷六〈致知議辨〉）

儒與禪同主虛寂，同養此覺。時儒即俗儒，則不免大異。

又曰：

先師一生教人喫緊處，只有在格物三字。吾人學道切要處，亦只有在格物三字。此儒釋毫

釐之辨。〈卷十〈答吳悟齋〉〉

陽明言致良知，此為儒禪所同。惟言格物，則不啻於用。毫釐之辨，在此而已。

又曰：

文公曰：人之所以為學，心與理而已。心雖主乎一身，而體之虛靈，實以管乎天下之理。理雖散在萬事，而用之微妙，實不外人之一心。是其一分一合之間，已不能無啟學者心理為二之弊。若先師於格物之旨，則是物理不外於吾心，虛靈不昧，眾理自此而具，萬事由此而出，合心與理而為一者也。文公謂天下之物，方圓輕重長短，皆有定理。必外之物格，而後內之知至。先師則謂事物之理，皆不外於一念之良知。規矩在我，而天下之方圓不可勝用。無權度，則無輕重長短之理矣。毫釐千里之謬，不於良知察之，亦將何所用其學乎？

〈卷十〈答吳悟齋〉〉

程朱主性即理，陸王主心即理，心性不分，近於佛學。龍谿承之，故以虛寂為性，覺為性，格物即格此規矩之在我者。必主物不外心，而主心與物一。故致知即格物。如此則禪自與儒為近，程朱乃與儒為遠也。

龍谿既並言儒禪，亦並言儒佛。

問良知之教與佛教同異。予謂良知性之靈，心之覺體。佛是覺義。即心為佛，致良知即是開佛知見。同異未暇論也。（卷二十〈亡室張氏安人哀辭〉）

又曰：

先師謂吾儒與佛學不同，只毫髮間，不可相混。蓋師門歸重在儒，儒佛如太虛，太虛中豈容說輕說重，自生分別。儒學明，佛學即有所證。（卷六〈答五臺陸子問〉）

又曰：

世出世法本非兩事，在人自信自悟，亦非和會使之一也。（同上）

如此則儒佛同此良知，所異在毫髮間，即世出世之辨。而本非兩事，故明儒學即可證佛學也。龍谿亦常言會通世出世法，此不詳引。

又曰：

儒學明，佛學始有所證。毫釐同異，始可得而辯。（卷七〈南遊會紀〉）

是龍谿於此乃屢言之。既明儒學可以證佛，則明佛學亦可證儒。繼龍谿言王學最鬨動者為羅近溪。龍谿曰：

近溪所見，還從禪宗來。（卷十〈答馮緯川〉）

依龍谿意，近溪乃以禪證儒者。自此以下，以禪證儒者乃日盛。然龍谿於此亦早言之。故曰：

《中庸》未發之旨，乃千古入聖玄機。虛以適變，寂以通感，中和位育，乃其功用之自然，非有假於外也。世之學者，不得其機，未免涉思為，泥典要，甚至求假於形名器數，助而發之，充其知識，以為儒者之學在是矣。語及虛寂，反鬨然指以為禪。間或高明之士，有得於禪者。復以儒者之學在於敘正人倫，未盡妙義，隱然若有伸彼抑吾之意，聖學何由而明乎？（卷九〈與陸平泉〉）

是則聖學不明，正為儒家欲分儒釋疆界。伸儒抑釋固非是，伸釋抑儒亦不是。龍谿則決然自信為一儒者，與佛徒異。故曰：

佛氏行無緣慈，雖度盡眾生，同歸寂滅，與世界冷無交涉。吾儒與物同體，和暢訢合，蓋人心不容已之生機，無可離處。故曰：吾非斯人之徒與而誰與。裁成輔相，天地之心，生民之命，所賴以立也。（卷七〈南遊會紀〉）

蕭良榦為〈龍谿集序〉有曰：

先生曰：吾儒極闢禪，然禪家亦有不可及者。昔智者大師四宏誓，曰：未悟者令悟，未解者令解，未安者令安，未涅槃者令涅槃。今吾既得先師印證矣，而忍於獨善，不以求同志哉。坐使先師苦心之緒不傳，非吾志也，亦吾儒之不及禪者也。故終先生之身，無一日不講學，不會友。

是龍谿之畢生講學，自謂乃得陽明印證，亦可謂是一種禪的精神也。

龍谿不諱言禪與佛，又常兼言二氏。故曰：

先師有言，老氏說到虛，聖人豈能於虛上加得一毫實。佛氏說到無，聖人豈能於無上加得一毫有，老氏從養生上來，佛氏從出離死生上來，卻在本體上加了些子意思，便不是他虛無的本色。吾人今日，未用屑屑在二氏身上辨別同異，先須理會吾儒本宗明白，二氏毫釐，

始可得而辨耳。（卷四〈東遊會語〉）

又曰：

吾儒之學明，二氏始有所證，須得其髓，非言思可得而測也。吾黨不能反本，自明其所學，徒欲以虛聲嚇之，祇為二氏之所咦。

又曰：

吾儒與二氏之學不同，特毫髮間，須從源頭上理會，骨髓上尋究，方得相應，非見解言說可得而辨。（卷十六〈書陳中閣卷〉）

又曰：

二氏之學，雖與吾儒有毫釐之辨，精詣密證，植根甚深，豈容輕議。（卷十六水西別言）

是龍谿之於老，亦猶其於釋，皆謂其於吾儒，僅有毫釐之相差。明於此，即可證於彼，不煩作分別之辨。此皆承其師晚年宗旨。惟陽明粗抽其緒，而龍谿乃暢加闡發耳。

故龍谿又喜言三教合一，而一綰之於其師之言良知。故曰：

三教之說，其來尚矣。老氏曰虛，聖人之學亦曰虛。佛氏曰寂，聖人之學亦曰寂。世之儒者，不揣其本，類以二氏為異端，亦未為通論也。人受天地之中以生，均有恒性，初未嘗以某為儒，某為老，某為佛，而分授之也。良知者，性之靈，以天地萬物為一體，範圍三教之樞，不徇典要，不涉思為，與百姓同其好惡，不離倫物感應，而聖功徵焉。學老佛者，苟能以復性為宗，不淪於幻妄，是即道釋之儒也。為吾儒者，自私用智，不能普物而明宗，則亦儒之異端而已。（卷十七〈三教堂記〉）

是謂儒釋老皆在復性，老釋非異端，而異端轉在儒。又曰：

先師提良知二字，乃三教中大總持。吾儒所謂良知，即佛所謂覺，老所謂玄，但立意各有所重，而作用不同。大抵吾儒主於經世，二氏主於出世。（卷十〈與李中溪〉）

又曰：

大抵吾師良知兩字，萬劫不壞之元神，範圍三教大總持。良知是性之靈體。（卷九〈與魏水

洲〉）

又曰：

先師提出良知兩字，範圍三教之宗。即性即命，即寂即感。至虛而實，至無而有。千聖至此，騁不得一些精采。活佛活老子至此，弄不得一些伎倆。同此即是同德，異此即是異端。（卷四〈東遊會語〉）

又曰：

先師良知之學，乃三教之靈樞。此是千聖相傳之秘藏。從此悟入，乃是範圍三教之宗。自聖學不明，後儒反將千聖精義讓與佛氏。纔涉空寂，便以為異學，不肯承當。不知佛氏所說，本是吾儒大路。反欲借路而入，亦可哀也。夫僊佛二氏，皆是出世之學，佛氏雖後世始入中國，唐虞之時，所謂巢許之流，即其宗派。蓋世間亦有一種清虛恬淡不耐事之人，雖堯舜亦不以相強。漢之儒者，強說道理，泥於刑名格式，執為典要，失其變動周流之性體，反被二氏點檢訾議，敢於主張做大，吾儒不悟本來自有家當，反甘心讓之，尤可哀也。先師嘗有屋舍三間之喻。唐虞之時，此三間屋舍，原是本有家當。後世僅守其中一間，將左右兩間甘心讓與二氏。洎後連其中一間，岌岌乎有不能自存之勢，反將從而歸依之，吾儒今日之事，何以異此。（卷一〈三山麗澤錄〉）

又曰：

二氏之學與吾儒異，然與吾儒並傳而不廢，蓋亦有道存焉。均是心也，佛氏從父母交媾時提出，故曰父母未生前，曰一絲不掛，而其事曰明心見性。道家從出胎時提出，故曰因地一聲，泰山失足，一靈真性既立，而胎息已忘，而其事則曰修心煉性。吾儒卻從孩提時提出，故曰孩提知愛知敬，不學不慮，曰大人不失其赤子之心，而其事曰存心養性。以未生時看心，是佛氏頓超還虛之學，以出胎時看心，是道家煉精氣神以求還虛之學。良知二字，範圍三教之宗。良知之凝聚為精，流行為氣，妙用為神，無三可住。良知即虛，無一可還。此所以為聖人之學。（卷七〈南遊會紀〉）

此處龍谿言，三教同出一心。一未生時心，一出胎時心，一孩提時心，而此心又無三可住，無一可還，故厥後黃梨洲為《明儒學案》，其〈自序〉有曰：

盈天地皆心也。變化不測，不能不萬殊。心無本體，工夫所至即其本體。故窮理者窮此心之萬殊，非窮萬物之萬殊也。是以古之君子，寧鑿五丁之間道，不假邯鄲之野馬，故其途亦不得不殊。奈何今之君子，必欲出於一途，使美厥靈根者，化為焦牙絕港。

是梨洲雖謂龍谿懸崖撒手，茫無把柄，其實梨洲此序，即承龍谿之意。雖兩人論學，一主包容，一主別殊，一致廣大，一盡精微，要之其為鑿五丁之間道則一也。

龍谿又曰：

或云：佛老之學有體無用，申韓之學有用無體，聖人之學體用兼全，此說似是而非。佛老自有佛老之體用，申韓自有申韓之體用，聖人自有聖人之體用。天下未有無用之體，無體之用，故曰體用一原。（卷七〈南遊會紀〉）

陽明亦言，儀秦亦是窺見得良知妙用處。凡一切學莫非本於心，莫不有體。以此條之義會參，知上引梨洲語，實與龍谿相會通也。

龍谿又曰：

君子之學，以盡性為宗，以無欲為要，以良知為決。（卷十四〈松原晤語壽念菴羅文〉）

又曰：

後儒之學泥於外，二氏之學泥於內。既悟之後，則內外一矣。即一為萬，即萬為一，無萬無一而一亦忘。（卷二〈滁陽會語〉）

又曰：

吾人學術不純，大都是功利兩字作祟。（卷十〈答毛瑞泉〉）

又曰：

良知是性之靈竅，本虛本寂。虛以適變，寂以通感，一毫無所假於外。此學未嘗廢見聞，但屬第二義。（卷十一〈與莫中江〉）

又曰：

千古聖學，惟在理會心性。心性者，根於天，取諸固有，而盎然出之，無所假於外。外此而學者，謂之異學。高者蔽於意見，卑者溺於利欲。夫心性者，所謂自立之根，而讀書則取其發育長養之助而已。不本於心性，而專務讀書，雖日誦六經之文，亦不免於玩物喪志。夫子與論晦翁之論，雖有異同，要之均為發明聖賢之旨，不妨參互以盡其變，非如薰蕕黑白之相反也。惟所志在於進取，未免涉獵記誦，離本逐末，而為學之志或為所奪，此則其可患耳。（卷十四〈贈吳博諸元岡序〉）

此處乃謂陽明與朱子，均為發明聖賢之旨，此為龍谿所少言。要之其主虛寂之體，主三教之會合則無殊也。

以上雜引《龍谿集》凡明白述及禪與二氏與三教之會合者，其意大率本諸陽明。主張事上磨練，而不許存功利之見。主張內本心性，而深忌作博文記誦之功。此即象山所謂心即理，乃及堯舜以前曾讀何書之說也。集中屢引濂溪明道，此亦陸王學者所共同贊許。惟龍谿於禪與二氏不憚昌言，此則象山之所無，而陽明則固已啟其端矣。

龍谿又曰：

天泉證道大意，原是先師之教本旨，隨人根器上下，有悟有修。良知是徹上下真種子。智雖頓悟，行則漸修。譬如善才在文殊會下得根本知，所謂頓也。在普賢行門參德雲五十三善知識，盡差別智，以表所悟之實際，所謂漸也。此學全在悟，悟門不開，無以徵學。然悟不可以言思期必而得。悟有頓漸，修亦有頓漸。著一漸字，固是放寬。著一頓字，亦是期必。放寬便近於忘，期必又近於助。要之皆任識神作用，有作有止，有任有滅。未離生死窠臼。若真信良知，從一念入微承當，不落揀擇商量。一念萬年，方是變識為智，方是師門真血脈。（卷十二〈答程方峰〉）

此之謂以禪證儒。苟非明得禪學，又如何通得王學。然在龍谿當時，尚亦有以儒證禪之言，而此下則直率改變路頭，以禪證儒。而王學之流行，乃群推龍谿之為功最偉也。

羅念菴年譜

民二十六年之冬，避居湖南南嶽衡山，每週六，必下山至南嶽市圖書館借閱宋明諸家集，既為《龍谿略歷》，又為《念菴年譜》，時為十二月十八日。山風甚厲，又值遷室，草草成稿。今又稍稍重綴按語，適值六十六年之一月十八日，前後相距四十年矣。

孝宗宏治十七年甲子，一歲。

十月十四日子時（〈行狀〉）生於京師。（〈亡妻曾氏墓誌銘〉）

武宗正德七年壬申，九歲。

始就塾。（〈行狀〉）

武宗正德十一年丙子，十三歲。

始慕為古文，（胡直語）慨然慕羅一峯之為人。（〈行狀〉）（《明史・儒林傳》）

武宗正德十三年戊寅，十五歲。

聞陽明講學虔臺，心即嚮往。比《傳習錄》出，奔假手鈔。玩讀忘倦。（〈行狀〉）〈別周龍岡〉：予年十四，慨然有志聖賢之業，父母愛憐，不令出。

武宗正德十六年辛巳，十八歲。

曾夫人來歸。（〈亡妻曾氏墓誌銘〉）

世宗嘉靖元年壬午，十九歲。

始就試，補邑庠弟子員。（〈行狀〉）冬，季弟邃夫生。（詩注）

世宗嘉靖四年乙酉，二十二歲。

初就洪都鄉試，（〈遊洪都記〉）得舉，輟會試歸，侍父疾。遂偕王魯直龜年，周欽之子恭，師事同邑李谷平。（〈行狀〉）

〈七泉遺稿序〉：予弱冠。與周七泉子同師谷平李先生，聞濂洛之學。七泉即子恭也。

按：谷平受學於楊玉齋。其學，自傳註遡濂洛。（〈谷平李先生行狀〉）谷平有朱學問答，謂朱子之學，聖人之學也。故念菴論學，亦必上遡之宋儒。有曰：孔孟之後千餘年而有濂洛。（〈東廓公六十序〉）又曰：孔門相傳脈絡，至周子始相續。（〈答門人劉魯學〉）又曰：後生小子，敢為高論，蔑視宋儒，竊慮貽禍斯世不小。（〈與吳疎山〉）此與當時王門，獨尊其師之良知學，即以為直接孔孟者大異。

又〈谷平李先生行述〉稱，自丙戌歲與王龜年周子恭輩始趨門牆，較〈行狀〉遲一年。

又〈祭周七泉文〉，謂七泉嘗希陶，晚慕濂。是谷平同門，皆慕濂溪也。

又〈祭谷平先生文〉：雖聚散不一，而聞謦咳受箴誨者亦十有七年矣。

世宗嘉靖五年丙戌，二十三歲。

奉父命讀家譜，自是收緝散亡，歲有所書。（〈秀川撰述序〉）
〈冬遊記〉：是年，始致力於學，謂聖域舉足可入。

世宗嘉靖七年戊子，二十五歲。

計偕至京師。（〈沈紫江戰功後序〉）赴會試。（〈行狀〉）途遇雩都何善山秦黃洛村。遂定交。時陽明門評，江有何黃，浙有錢王。（〈何公墓誌銘〉）

按：墓誌銘又稱，何君曰：吾恨不及白沙之門，先生今之白沙也。念菴論學，亦極重白沙，嘗曰：某自幼讀先生之書，（〈告白沙先生祠文〉）又曰：我朝理學，始推薛胡，其後乃歸白沙。又曰：白沙致虛之說，乃千古獨見。致知續啟，體用不遺。（〈與吳疎山〉）又曰：白沙先生所謂致虛立本之說，真若再生我者。（〈答湛甘泉公〉）又曰：白沙有云：些兒若問天根處，亥子中間得最真。又云：吾儒自有中和在，誰會求之未發前。白沙信口拈來，自與道合。（〈與錢緒山〉，已在晚年）龍谿主先天，與白沙不合。陽明生平，亦絕無一語及白沙。後人以白沙陽明並稱，乃承念菴而云也。

又〈洛村黃公墓銘〉有云：宋儒窮理，理實心虛。虛與實合，匪學弗居。王門言心即理，不好言宋儒，又不尚學。念菴乃異幟也。

又〈晴岡胡君墓銘〉有曰：時時就何黃究所傳，且曰：性即理，與在物為理，皆宋儒語也。理在物，猶可言外。謂性為外可乎？性非在外，理非在外。吾之窮索宜何從。又〈答劉汝周〉云：自陽明公破除即物窮理一段，學者多率意任情以為良知。不知心感事而為物，感之之中，須要委曲盡道，乃是格物。理固在心，亦即在事。事不外心，理不外事，無二致也。近時執心即理一句，於事上全不委曲，既非所以致知，卻與在格物一句正相反。此等處，皆徵何黃與錢王相異。亦徵江右與浙中有歧。

又按：是年冬，陽明卒。

世宗嘉靖八年己丑，二十六歲。

舉進士第一，授修撰。（《明史》傳）謁見魏莊渠。莊渠曰：達夫有志，必不以一第為榮。（〈書胡正甫扇〉）

世宗嘉靖九年庚寅，二十七歲。

正月，請告南歸。至儀真，病幾殆。（〈行狀〉）館於同年項甌東家。（〈甌東私錄序〉）留數月愈。（〈行狀〉）見聶雙江於蘇州。（〈雙江公七十序〉）念菴少雙江十有八歲。（同上）今集中與雙

江書札最多，每自稱生，稱雙江則曰公。謁李谷平於淅邸，訂其所學。〈行狀〉

世宗嘉靖十年辛卯，二十八歲。

有詔覈諸告者過期除名。〈先大夫傳〉

世宗嘉靖十一年壬辰，二十九歲。

假滿入謁，補原職，與歐陽南野徐階共事館中，每過從論學，歸輒記之，久遂成帙。〈行狀〉〈祭歐陽南野文〉，洪先束髮，快覩光儀。初入禁廷，朝夕相依。語必劄記，信如蓍龜。

是年，始識王龍谿。

世宗嘉靖十二年癸巳，三十歲。

充經筵官。〈行狀〉四月，父遵善公卒。〈先大夫傳〉五月，得訃奔歸。〈行狀〉

世宗嘉靖十三年甲午，三十一歲。

鄒東廓大會士友於青原，（〈鵝溪彭君墓表〉）念菴亦預焉。

又〈答羅東川公責講學書〉謂，周子欽聚友切磋，某亦或側坐，聞其緒論。其會，則諸友之長者主之，某亦不欲避嫌引去。非敢以開講為也。晦翁曰：自古未嘗有居喪不讀書之文，但不歌詩耳。故不能絕交以居喪者，亦有不得已焉耳。若夫開講則非也。又曰：諸儒之所宗者，濂溪也。濂溪學聖，主於無欲。而凡考古證今，親師取友，皆所以為寡欲之事。（〈答高白坪〉）是念菴平日之論學制行，固是一本於濂溪與朱子。其言無欲，亦與龍谿不同。

世宗嘉靖十四年乙未，三十二歲。

趙弼子良來從學。

世宗嘉靖十五年丙申，三十三歲。

尹轍道輿來從學。（〈文江兩生墓志銘〉）

世宗嘉靖十六年丁酉，三十四歲。

母李宜人卒。

父服既闋，二年，李宜人病痺，先生廢寢食，衣不解帶者數月。居喪痛慕，執禮彌殷。一日，讀《楞嚴經》，得返聞之旨，遂覺此身在太虛，視聽若寄世外。友人覩其顏貌，驚服。先生忽自省，曰：是將誤入禪那矣，乃悔置前功，篤志求孔孟正脈。居常與同郡鄒公守益及諸同志切劘無虛日。

按：念菴從事禪功，固因適居母喪，然亦見時代風氣，其時禪學漸滋，故念菴有不免耳。念菴此下好用靜坐工，亦與龍谿有異。

世宗嘉靖十七年戊戌，三十五歲。

遷厝遵善公李宜人，葬於廬陵之盤龍山。（〈行狀〉）

冬，訪聶雙江於翠微莊。（〈跋顏魯公帖〉）

世宗嘉靖十八年己亥，三十六歲。

召拜春坊右贊善。（《明史》傳）冬，如京師，以家隨。（〈亡妻曾氏墓誌銘〉）

〈冬遊記〉有云：十月抵鎮江，王龍谿在南京，約相晤，念菴曰：別去七年，相對，各悲悼年歲迅速。龍谿告念菴曰：汝以學問湊泊知見，縱是十分真切，脫不得湊泊。又曰：學問識得真性，方是集義，不然，皆落義集矣。因請曰：兄觀弟識性否？龍谿曰：全未。一夕夜半，請問善與人同之旨。龍谿曰：善與人同，是聖凡皆是平等。如今纔說作聖，便覺與人異。若看聖人愚夫愚婦稍有不同，即非聖人之學矣。且曰：天性原自平滿。今汝縱是十分回頭用力，俱湊泊作平滿。作平滿，便是不平滿矣。此皆機心不息，所以至此。余嘿領受。又一日，與龍谿談及儒與老佛之辨。龍谿曰：用儒書解二氏，不識二氏。用二氏解儒書，尤不是。此各有機竅。所謂毫釐千里，自混不得。已而問究竟學術歸宿處，龍谿隱而不發。再三詰之，龍谿曰：此事難以口說，須是自悟。又一日，龍谿曰：汝學不脫知見。虛知見，有何益。又一夕，問如何是真為性命。龍谿曰：拚得性命，是為性命。如今總是拚世界不下。能真為性命，何暇陪奉他人。如此方是造化把柄在我。橫斜曲直，好醜高低，無往不可。如今只是依阿世界，非是自由自在。

按：是年，距陽明卒十年矣。然念菴對龍谿尚多請益之意，其顯持異見乃在後。〈與唐荊川書〉云：近日與龍谿商量何如。夫多學而識，聖門以為第二義，然博學又孔門之訓也。此書在〈冬遊記〉前，故龍谿識念菴以湊泊，正指其不忘情於博學也。又〈答聶雙江〉有云：孔子博學，及其老也，不復夢見周公。孟子願學孔子，皆所謂友天下之士為未足，而尚論古人一驗也。由孔孟而後，濂溪〈太極圖〉得之沖穆，伊川之易，取證成都。康節歷多方，四十而後閉戶。橫渠遇二程，始撤皋比。朱陸呂張之往復議論。古之人，不敢小其身，淺其學，而皇皇於旁求又如此。夫聖賢莫如孔孟，兩傳孔孟者莫如周程數子。真實收歛四字，當書紳以報執事，執事亦勿自執所見，恃其力量，以為聖人之心止於如是，而必盡友天下之士以進於古人，又生所以報成我之恩也。

按：念菴於雙江，推崇甚至。所謂雙江公真是霹靂手段，千百年事，許多英雄瞞昧，被他一口道著，真如康莊大道，更無可疑。（〈與尹道輿〉）然猶惇惇戒以勿自執所見，勿以為聖人之心止如是。此其殷殷好學之誠也。故必以友天下士為未足，而尚論古之人。自龍谿言之，此皆所謂以學問湊泊知見，依阿世界，陪奉他人，而非造化把柄在手也。

念菴又有書〈與雙江公〉有曰：龍谿之學，久知其詳。其謂工夫，謂之以良知致良知，如道家先天制後天之意，其說實出陽明公口授，大抵本之佛氏。七月霖雨中翻《傳燈》諸書，其旨洞然。直是與吾儒兢兢業業必有事一段，絕不相蒙。分明二人屬兩家風氣。今比而同之，是亂天下也。持此應世，安得不至蕩肆乎？

按：念菴評龍谿，決絕至是，然於陽明，終謂屬兩家風氣，其主要殆因有龍場一番經歷也。又〈答王龍谿〉有云：諸公誠為己矣，何地不可託宿，必欲近城市，勞官府，力犯人言，果取何益乎？問之必曰，吾能破除毀譽，不為曲謹小廉之學，然絕不聞破除醲釅，而求動心忍性之資，何也。

按：念菴亦有書與緒山，力戒其出外勿近官府，避應酬，（《陽明年譜》附錄念菴〈與緒山第二書〉）此可見當時龍谿緒山奔波四方勤於講學之情況，熱鬧之一斑。與念菴之石蓮洞幽居，雙方相異。

又曰：子夏篤信聖人，曾子反求之己，以二子較之，篤信者宜近矣。然莊子恣肆，出於子方。而獨得其宗，乃屬質魯戰兢之人。故善學其師者師其心。陽明師有言曰：求之於此心而是也，雖其不出於孔子，吾不敢以為非也。今則疑子夏於夫子者，不止西河之人矣，然未聞有子夏者投杖而拜，是知流弊不待將來，而弊不止於恣肆，其亦可懼也。

念菴又有〈良知辨〉，乃記與龍谿相辨語，有曰：學任性而不知辨欲，失之妄。談學而不真性，失之鑿，言性而不務力學，失之蕩。吾懼言之失於蕩也。

按：念菴力誡龍谿講學之流弊，曰肆曰蕩，而念菴則自居為一質魯戰兢人。其引陽明言，求於心而是，雖不出孔子，不敢以為非。而龍谿諸人則謂求於心而非，雖出孔子，不敢以為是。於是肆而無所止，蕩而無所歸，瞿曇老聃，遂與孔子並列，而惟吾心之進退同異之。王學末流，其弊至此，念菴固已早言之。

十二月至安豐場，見王心齋。心齋作〈大成學歌〉見贈：曰：十年之前君病時，扶危相見為相知。

按：據是，念菴心齋初識面，當在嘉靖庚寅。又〈祭王心齋文〉，維歲己亥，始獲摳趨。予方臥疾，據榻見余。又曰：天若假年，日進曷已。則念菴於心齋，亦未盡首肯。然亦未見有顯相批駁語。蓋念菴之與龍谿持異，其事尚皆在後。龍谿以書來別，曰：吾人包裹障重，世情窠臼裏，不易出頭。以世界論之，是千百年習染。以人身論之，是半生依靠。若是超出世情漢子，必須從渾沌裏立定根基。枝葉愈枯，靈根愈固。從此生天生地，生人生物，方是大生，方是生生不息真種子。此中須有一種萬死一生真工夫，非聰明知解所能支持湊泊也。臨別終宵之話，兄能不忘否。念菴謂書旨痛切明白，可謂袖珠相示。又謂自丙戌來，致力此學，十四年間，茫無所成。受此鞭策，更不進步，即恐日就淪逝，終成狂謬。誠大可憫。知念菴當年，奉龍谿為策勵，尚未顯持異議也。

世宗嘉靖十九年庚子，三十七歲。

抵京，入春坊進講，與唐荊川趙浚谷居相比，三人交好浸密，各上疏。（〈行狀〉）請來歲朝正後，皇太子出御文華殿。受羣臣朝賀。時帝數疾，不視朝，見疏大怒，手詔切責，遂除三人名。（《明史》傳）謫為民。（〈行狀〉）先生與荊川各買小舟聯發。（〈行狀〉）〈祭唐荊川文〉，聯署載筆，共櫂還山。肝膽畢露，骨肉相關。

世宗嘉靖二十年辛丑，三十八歲。

冬，縣履畝。（〈曾白塘公七十序〉）

先生自歸田，削迹城市。素憫通邑多虛糧，乃貽書上官，力請丈量，為毀言撼阻。先生復為書促郡縣，竟成之。（〈行狀〉）

世宗嘉靖二十一年壬寅，三十九歲。

既歸二年，二弟（壽先居先）請析居，盡推先世田宅，於宅外別建一宅居之，題曰芸館。時郡中東廓南野雙江咸家食。又有彭石屋劉師泉時相往訪。會者至數百人。（〈行狀〉）

世宗嘉靖二十二年癸卯，四十歲。

始與黃洛村聞雙江主寂之論。（〈困辨錄序〉）

世宗二十三年甲辰，四十一歲。

〈與尹道輿〉有云：甲辰夏，因靜坐十日，恍恍見得，又為龍谿諸君一句轉了，總為自家用功不深，內虛易搖，友朋總難與力也。

世宗二十四年乙巳，四十二歲。

秋遊衡嶽。（〈行狀〉）

謁羅整菴。（〈謝羅整菴公〉）

按：念菴主博學，遠溯宋儒，乃承李谷平，其用意靜坐，則受雙江影響。龍谿緒山乃本陽明之提揭良知，一意直參聖域，雖孔孟亦時所不顧。此其異。

世宗二十五年丙午，四十三歲。

季弟居先如南雍，送至金陵。（〈行狀〉）春過湖口，（〈石鍾山記〉）附何善山舟泊南康，（詩題）自白鹿入天池。（〈游洪都記〉）過毘陵，訪荊川，夜語契心，遂達旦不寐。（〈行狀〉）六月，自毘陵歸，（〈送王西石序〉）十月，闢石蓮洞，自是多洞居。（〈行狀〉）

〈夏遊記〉：余歸田之六年，得石蓮洞於敝廬之北，自是頓息山水之興，如醉者遇芳醪，無復羨慕，誠不自知其何也。

世宗嘉靖二十六年丁未，四十四歲。

聶雙江被逮，送之境上。（〈困辨錄序〉）

世宗嘉靖二十七年戊申，四十五歲。

〈南遊記〉：王龍谿期會匡廬天池，六月，晤於豐城，錢緒山貢玄略王濟甫同舟。二十五日，會於青原，至者百六十人，龍谿緒山東廓諸人皆與。七月二十三日解會。龍谿仍約龍虎山為江浙會所。八月，至龍虎山。過沖玄觀，登愛山樓。意甚悅之。

錢緒山以《陽明年譜》丁丑以後五年屬之念菴。（〈陽明先生年譜考訂序〉）

世宗嘉靖二十八年己酉，四十六歲。

〈南遊記〉：九月，東廓諸人赴沖玄。以外父太僕曾公十月歸窆，擬畢事而行。比束裝，聞會解而止。

世宗嘉靖二十九年庚戌，四十七歲。

春二月，祝鄒東廓六十壽。

〈東廓公六十序〉：聖賢於眾庶，鈞之為是人也。至其以一身為天下，以一日為萬世，則固有大者存也。大者何，以性而觀，固有通乎天下萬世者，是故能自得之，不能私之。不明者，師其所已明，不能者，師其所已能。天下萬世，莫不惟彼之師，如是而曰鈞之為是人也，可乎？此孔孟所以大也。

按：此即針對十一年前龍谿所面告，謂若看聖人與愚夫愚婦稍有不同，即非聖人之學之反面答復也。如念菴意，陽明成色分量之辨，亦復可商，十室之邑之忠信，不能如孔子之好學，即不僅分量有別，亦將成色有差。惟如伊尹伯夷柳下惠，同得居聖人之名，斯可謂只差分量，不差成色。至如羅近溪堂上之端茶童子，亦謂其與孔子不差成色，寧誰信之。若謂滿街都是聖人，則唐代狂禪，亦復無此狂語。

又〈南遊記〉，明年春壽，東廓出《會語》一冊，此即指沖玄之會，而念菴未及與。東廓囑其有言，念菴多所商榷，主要在對龍谿，而對緒山亦有非議。大意謂

謂良知為端緒之發見可也，未可即謂時時能為吾心之主宰。知此良知，思以致之可也，不

容以言語解悟，遂謂之自得。又曰：以利欲之盤固，過之猶恐弗止，而欲從其知之所發以為心體。以血氣之浮揚，歛之猶恐弗定，而欲任其意之所行以為工夫。畏難苟安者，取便於易從。見小欲速者，堅主於自信。將無有以存心為拘迫，以改過為黏綴，以取善為比擬，以盡倫為矯飾者乎？

按：此即猶是十一年前龍谿面告所謂湊泊依阿陪奉，未能把柄在手，自由自在也。

又曰：嘗觀《大學》言物與知，自有先後。蓋有吾身之所接者，皆謂之物，天下國家是也，而身為之本，有其身，斯有天下國家，而本末形焉。吾身之所為者，皆謂之事，齊治平是也。而自脩為之始，即其所脩，推之為齊治平，而始終具焉。誠知天下國家本於吾身而自脩之不懈，而天下國家之事皆自此而推之，則知所先後而能知本，知本則知至矣。《大學》之道，不既明辨矣乎！

按：王門論《大學》格物者，有王心齋之「淮南格物義」，有王龍谿〈斗山會語〉之格物義，（詳《龍谿略歷》）並此而三。其果孰為得《大學》之本旨乎。又孰為得陽明講學之原意乎。治王學者，所當分別而觀也。

念菴又論及緒山。緒山曰：知無體，以人情事物之感應為體。念菴則曰：人情事物感應之於知，猶色之於視，聲之於聽也。固有視於無形者，而曰色即為視之體可乎？固有聽於無聲者，而曰聲即為聽之體可乎？

按：陽明《傳習錄》有云：目無體，以萬物之色為體。耳無體，以萬物之聲為體。心無體，以天地萬物感應之是非為體，此條正是緒山所錄。念菴駁緒山，不啻駁陽明矣。念菴又曰：立言有不易者，不可以無慎。如曰物莫非己，雖無訓釋，至意盎然。從而易曰己莫非物，則窒礙而不可訓矣。今夫手足之為一體，此感彼應，不言而喻。有號於人曰：吾之手以足為體，吾之足以手為體，聞者有不以為異乎？陽明既言心無體，以天地萬物感應之是非為體，而又言天地無人的良知亦不可為天地。蓋天地萬物與人原是一體，其發竅之最精處，是人心一點靈明。是陽明於此，又不啻易言之，乃以人心一點靈明為天地萬物之體也。此等理論，皆念菴所萬不肯言者。〈答李中溪〉有云：僕自己酉以後，幸亦稍覺。以為知識之與良知，感中有寂，與隨物流轉，皆似是而非。漫有所論。世之談學者聞之，謂與良知之說不類。是念菴此年後，始多立說，而與王門流傳宗旨多未合，即前引〈南遊記〉可徵。冬，聶雙江至石蓮。（〈跋顏魯公帖〉）（〈奇石銘〉）

世宗嘉靖三十年辛亥，四十八歲。

〈答趙浚谷〉，庚戌辛亥以來，賤體多病，須髮更變，無復向時容貌。

五月，何善山卒。

〈寄雙江公〉：別來冬至，弱體感寒，遂作飧泄，自是益堅閉關之誓。數年簡出，習靜天王寺。（〈行狀〉）

世宗嘉靖三十二年癸丑，五十歲。

移居陽田。秋遊玉笥，登九仙台。（〈行狀〉）

世宗嘉靖三十三年甲寅，五十一歲。

趙大洲期會天池，偕友人赴之。至九江，遂展濂溪墓。龍谿候先生會海天，遂同舟西歸。謂龍谿曰：往年見談學者，皆曰知善知惡是良知，依此行之即是致知。予嘗從此用力，竟無所入，久而悔之。夫良知，言乎不學不慮自然之明覺。吾心之善，知之。吾心之惡，知之。善惡交雜，豈有為主於中者乎？中無所主，而謂主本常明，恐未可也。知有未明，依此行之，而謂無乖戾於既發之後，能順應於事物之來，恐未可也。

又謂龍谿曰：陽明先生之學，其為聖學無疑。惜也速亡，未至究竟，是門下之責也。公等往來甚密，受鍛鍊最久，得證聞最明，今年已過矣，猶不能究竟此學，以求先生之所未至，

是公等負先生矣。（〈甲寅夏遊記〉）

按：念菴明謂陽明講學未至究竟，乃此篇不載於其門人胡直所序，即《四庫》所收之本，亦可怪也。

世宗三十四年乙卯，五十二歲。

春，將西遊白沙舊廬，留滯楚之旅舍。王龍谿至自浙，遂共避暑山中。（〈行狀〉）人迹罕到，初習靜坐，晝夜不休。（〈寄雙江公〉）如是者三月。恍然大覺，貽書蔣道林。

有曰：當極靜時，恍然覺吾此心，虛寂無物，貫通無窮，如氣之行空，無有止極。無內外可指，動靜可分。上下四方，往古來今，渾成一片，所謂無在而無不在，吾之一身，乃其發竅，固非形質所能限也。故曰：仁者渾然與物同體。諸儒闢二氏矣，猥瑣於掃除防檢之勤，而迷謬於體統該括之大，則亦何以服二氏之心也哉。

按：念菴自謂覓得此體，究為孔孟濂洛乎，抑猶之二氏乎？似仍應有辨。

又曰：《大學》言學之大，明德親民是也。至善言其體。虛寂而又能貫通，何善如之。知止則自定靜安慮，復其虛寂而能貫通者，是謂能得。格物以致知，知止矣，通天下與吾為一物。莫非物也，而身為本。有身，則天下國家兼之矣。莫非事也，而修身為始。身修則齊治平兼之矣。所謂識仁，所謂明善，所謂知性是也。致知而不於格物，則不足以開物成務，此聖學與二氏端緒同異所由辨也。白沙所謂見得體統該括後更有分殊處合當理會。義理儘無窮，工夫儘無窮，要皆於格物盡之，非必覷破時一齊便了，只須守之而已。

按：此又是念菴之格物說，與前引南遊記所云無大異。陽明門下均不喜言白沙，正為良知之學一了百了，與白沙所謂見得體統該括後更有分殊處當理會，意趣大殊。而念菴深山靜僻，每日塊坐一榻，如是者三越月，此亦孔孟濂洛所未有也。念菴必求覓此虛寂而能貫通之體，此自以陽明良知與雙江守寂會合言之，故雙江念菴皆終於要覓求此體，實受陽明影響，惟與龍谿緒山取徑不同而已。豈念菴以此山中靜坐，所得謂非現成良知，而是至善之體乎？其所得，可謂近乎白沙，卻終與孔孟濂洛有間。〈行狀〉有云：先生自丁酉後凡數悟，然不能無少疑，至是洞然徹矣。是念菴之學，固以此番之靜坐為究竟也。

七月，病幾殆。（詩注）

八月，曾夫人卒於家，九月始歸。（〈亡妻曾氏墓誌銘〉）

是年，為〈龍場陽明祀記〉。

記有云：先生去龍場四十有三年而後有祠，又三年，而予始為記。今推定在此年。

按：此記《四庫》本《念菴集》亦不收。

世宗嘉靖三十五年丙辰，五十三歲。

贛江川泛，陽田居漂沒，因假宿田家。（〈與馬鍾陽都憲書〉）學憲王敬所來問學，少宰尹洞山與邑令咸為分俸，遂構正學堂。（〈行狀〉）

有〈雙江公七十序〉，謂孔孟以其身立萬世之命。孔孟之後，濂洛明道。永豐雙江聶先生，登進士，出為華亭，取濂洛諸書自隨。比擢御史，聞陽明王先生講學東南，折節下之。其後追稱弟子，比於及門之士。及知蘇州，以憂病歸，考《易》、《庸》之旨，喟然嘆曰：所謂良知者，指不學不慮而言，則未發之中也。其感則愛與敬也。學者舍不學不慮之真，而惟執愛親敬長之感應以求良知，不幾於義襲而取乎？乃自為之說，曰：致良知者，致吾心之虛靜而寂焉以書吾之是非，非逐感應以求其是非，使人擾擾外馳而無所於歸以為學也。是說出，聞者莫不盡駭。會以誣逮，怡然就道。追而送者，始共嗟異。以為先生之學，非徒異同於言說也。予少先生十有八歲，自庚寅始見於蘇州，稱為莫逆骨肉。辨難亦嘗反覆數百千言，雖暫有合離，而卒不予棄。

按：雙江念菴，皆江右王門之魁傑，而兩人皆未親奉陽明之教。其為學皆由宋儒入。雙江尤嗜《易》，念菴〈寄雙江公〉詩，先生愛《周易》，三絕事不殊是也。又〈答王龍谿〉，謂弟不赴沖玄之會，兄恐弟或先入於雙江公之言，是知龍谿於雙江有隔閡。浙中江右，門徑向往顯各有異，亦可知。

又念菴〈答陳明水〉云：《傳習錄》有曰：無善無惡者理之靜，有善有惡者氣之動。今之言良知者，一切以知覺，欺弄終日，精神隨知流轉，無復有凝聚純一之時，豈所謂不失赤子之心者乎？恐陽明公復出，不能不矯前言而易之以他辭也。是念菴固不盡契於陽明所言矣。無善無惡理之靜，即龍谿四句教所本也。念菴又曰：自未聞良知以前諸公之學，頗多得力。自良知之說盛行，今二十餘年矣。後之得力，較之先進，似或不勇，此豈無故耶？

又〈與尹道輿〉有云：雙江公真是霹靂手段，千百年事，許多英雄瞞昧，被他一口道著。而陽明公門下，猶有云云，卻是不善取益也。

又〈答董蓉山〉有云：主靜玄極，濂溪嘗有是言矣，此非濂溪之言也。戒懼於不睹不聞，子思嘗言之矣。

按：此即雙江會通《易》、《庸》之旨也。

又〈寄王龍谿〉有云：終日談本體，不說工夫。纔拈工夫，便指為外道。恐使陽明先生復生，亦當攢眉。千古聖賢，兢兢業業，所言何事。初學下手，便說了手事。欲似兄圓融活潑，信手拈來，無非本色，又似高禪路徑，與千聖經綸，所謂坐以待旦，不敢暇逸者殊料。

弟本是鈍根下器，望此殊非易至。

又〈寄謝高泉〉，龍場之事，聞之童時。其懲創所得，近時稍窺其一二。良知固出於稟受之自然而未嘗泯滅，然欲得流行發見，常如孩提之時，必有致之之功。學者舍龍場之懲創，而第談晚年之熟化。譬之趨萬里者，不能蹈險出幽，而欲從容於九達之逵。豈止病躐等而已哉。

按：謝高泉亦是浼念菴為〈龍場陽明祀〉記者。

又〈與謝高泉〉有云：嘗憶往年，喜書象山小心翼翼，昭事上帝，上帝臨汝，毋貳爾心，戰戰兢兢，那有閒言時候一段。龍谿在旁，輒欲更書他語。心頗疑之。每觀六經言學，必先兢業戒懼。乃知必有事焉，自是孔門家法。佛氏所謂當下具足，一得永得，斷不可同。

按：龍谿不滿象山，此處亦一證。

又〈答雲泉宗室〉有云：生抱拙守陋，未能遠規前哲，窮窗散帙，大率濂閩之餘訓。

按：此書亦在歸田後。念菴多言濂洛，少言濂閩。濂洛常言，即包朱子在內，非朱子亦不有濂洛之稱也。言濂閩乃特鑄辭。念菴論學，重濂溪，重《周易》，其學脈本之朱子。故曰：朱子之本義，其言理道，或不若程之委曲詳盡。至其義意完備，恐諸家有所不及，蓋彼折衷於前人而後為之耳。（〈答靳兩城太守〉）其推朱子《易本義》如此。又曰：易贊知幾為神，而以介石先之。朱子曰：介如石，理素定也。是素定者，非所謂寂然者乎？又曰：唯幾也，故能成天下之務，而以惟深先之。朱子曰：極深者，至精也。研幾者，至變也。是精深者，非寂然者乎。念菴喜言知幾歸寂，乃一一稱舉朱子註解為準，其重視於朱子者尤可知。則其特言濂閩餘訓，固非偶爾之辭矣。

又按：陽明常言良知為心體，雙江念菴以靜坐工夫求此心體，浙中王門乃從心體一語上發出許多理論，余已詳舉於衡評天泉橋證道篇，可參讀。

世宗嘉靖三十六年丁巳，五十四歲。

秋，重至青原。（詩題）

世宗嘉靖三十七年戊午，五十五歲。

正月，荊川欲與先生共訂出山。先生曰：天下事為之非甲則乙，某欲為未能者，得兄任之，即比自效可也，奚必我出。荊川乃寢。（〈行狀〉）

世宗嘉靖三十八年己未，五十六歲。

復徙居松原，題其堂曰體仁堂。尋著〈覈丁記〉。吉水籍多虛丁，先生覈其數，自九萬減為七萬，言之當道，一邑稱便。（〈行狀〉）

入冬，以病謝客，屏居止止所中，不復窺戶，又製為半榻，越冬春，默坐榻間。（〈行狀〉）

世宗三十九年庚申，五十七歲。

著〈異端論〉三篇。（〈行狀〉）

〈答雙江公〉有云：周子曰：幾者動之微，此千聖之命脈，至此始盡露其旨。無二幾也，萬動俱微，是謂知幾。稍涉於動，便是失幾。兢兢業業，喫緊在此。此幾謂之為一亦可，謂之為萬亦可。蓋一即一切，一切即一，佛家已識此件。若訓為萬務，不見執中的意思。在眾人視之為萬物，在聖人視之為幾。微與不微所由辨也。除卻執中，更無兢業。以兢業與行所無事作二義看，似尚可論。來諭謂兢業蓋有所在，不知更何在也。

按：〈行狀〉云：是年有書答雙江公，駁其專主寂靜，蓋即指此。

世宗四十一年壬戌，五十九歲。

春饑，先生移書郡縣請賑，按窶差等，貧者必濟，一邑賴之。

二月，閩廣寇突至吉地，先生遺書兩臺，得右轄王敬所及都司提兵捍臨吉，先生密畫贊佐，一境盡全。

邑當攢造黃冊，請先生任之。終日酬應，往來紛拏，一室之中，環席雜語，傾心剖割，雖嫠婦窶兒，咸輸其情，宿弊頓除。（均〈行狀〉）

王龍谿來訪，先生延之止止所，信宿語別，作〈松原志晤〉。有曰：

余與龍谿兄別於楚中，垂今九年，書札往復，余以專提良知，不拈學問為學者憂。龍谿亦慮余專守枯靜，不達當機順應之妙。屢期面晤，究竟斯義。壬戌仲冬七日，忽自懷玉訪余松原，余不出戶者三年。於是連榻信宿，盡得傾倒。

念菴告龍谿為閭里均平賦役事，從六月至今半年，終日紛紛，不覺身倦，一切雜念不入，亦不見動靜二境，自謂此即是靜定工夫。

又問龍谿，君信得乍見孺子入井怵惕，與堯舜無差別否，信毫釐金即萬鎰金否。

按：此二問題，實治王學者所宜必答。惜王門中未有舉此直詰之陽明也。陽明學之最值商討者，在其言良知心體問題上，但若上舉兩問題不解答，則理一不見分殊，一切為學行事，終缺一具體向上之指示，良知只成一空名，故念菴謂拔本塞源之論，亦陽明有為言之也。

念菴又曰：堯舜功業不外乎孝弟。孝弟不待學而能，功業必待學而有。（〈與夏太守〉）此為性情與功業之辨。功業本於性情，卻不盡於性情。此後東林學派起，始再注重到功業行事，而後龍谿緒山，即所謂水間林下，三三兩兩，相與講求性命，切磨道義，而念頭不在世道上者，即無所騁其辭。此一轉變，實不得不謂自念菴啟之。

念菴論現成良知後，又告龍谿曰：吾輩所以必須學問，皆緣習氣作梗。蓋自有知以來，各就氣質偏重處積染成習，遂與良知混雜而出，如油入麵，未易脫離。故雖雜念已除，而此習氣消磨難盡。皐陶所言九德，皆自質之相近而言。但能不墮習氣中，便是成德。誠不可以平日良知虛見，附和習氣，順其安便，以為得手。

按：此即宋儒氣質之性與義理之性之辨，亦即變化氣質說之由來也。

又有〈書王龍谿卷〉一篇，謂龍谿君有丈夫子二人，壬戌之冬，至吉水，訪予松原，將別，曰：何以誨吾子。念菴謂壬辰歲，與君處，君孳孳然惟道之求，遂託以身。今三十年，君益自信，以為無所事為學。於孔孟之教，不啻若浼己者，而惟老莊之是據。身教上，言教下，徵人之言，又其下矣。君試思之。

按：念菴親書龍谿之卷，其言若是，亦可徵兩人交誼之敦摯矣。

世宗嘉靖四十二年癸亥，六十歲。

《陽明年譜》編竣，念菴序之，曰：善學者，竭才為上，解悟次之，聽言為下。洪先談學三年而先生卒，未嘗一日及門，然於三者之辨，今已審矣。

《陽明年譜》末附念菴〈論年譜書〉九首，〈緒山答書〉十首，其一云：兄於師譜，不稱門人，而稱後學。兄年十四，聞先生講學，慨然有志就業，父母不令出戶庭。未嘗不憤憤。兄初疑吾黨承領本體太易，並疑吾師之教。始之疑吾師，非疑吾師也，疑吾黨之語也。今信吾師，非信吾師也，自信所得，而徵師之先得也。今譜中稱門人，以表兄信心，且從童時初志也，其無辭。

念菴復書云：故江公與僕兩人，一則嘗侍坐，一則未納贄，事體自別，不得引以相例。惟兄聽其言。

按：緒山主張念菴當於陽明稱門人，距念菴卒僅半年，念菴在病中，復緒山書，固未明白應允。聶雙江為念菴最所親仰，然不欲引以相例，則其意之堅決可知。迹其生平論學，與龍谿緒山，時見齟齬，即於陽明，亦多獻替。然念菴於陽明，始終尊視。一則與龍谿緒山交往已深，一則聶雙江向所崇重，而雙江固於陽明身後稱弟子。此可徵念菴性情之厚。抑且念菴於陽明，一則深敬其龍場之一番歷練，一則致佩其治贛之一番功績，此皆有符念菴論學大旨。後人乃認念菴學脈亦承陽明，則考之念菴畢生之言，顯有未盡，故為擇要摘述於上。鄧定宇謂，陽明必為聖學無疑，然及門之士，概多矛盾。其私淑而有得者，莫如念菴，則王學不傳於及門，而僅得於私淑，亦大可商尋也。

五月，以觸寒病痰，六月愈。

九月間復病痰，右臂痛，遂廢執筆。(〈行狀〉)

世宗四十三年甲子，六十一歲。

二月十四日卒。

讀陳建《學蔀通辨》

陳建字廷肇，號清瀾，廣東東莞人。明嘉靖七年舉人，知山東信陽縣，著《皇明通紀輯要》及《皇明從信錄》，尤著者為《學蔀通辨》。張夏《雒閩源流錄》稱，嘉靖壬寅，朝議進宋儒陸九淵於孔廟，清瀾聞之，憂道統將移，學脈日紊，乃發憤著《學蔀通辨》，以破王氏所編《朱子晚年定論》。詳著朱陸始終不同之迹，閱七年，戊申書成。清瀾之〈自序〉有曰：

> 朱子晚年悔悟，與象山合，其說蓋萌於趙東山之〈對江右六君子策〉，而成於程篁墩之《道一編》。至近日，王陽明因之，又集為《朱子晚年定論》，顛倒早晚，矯誣朱子，以彌縫陸學。建為此懼，究心通辨，《前編》明朱陸早同晚異之實，《後編》明象山陽儒陰釋之實，

> 《續編》明佛學近似惑人之實。豈敢自謂摧陷廓清，斷數百年未了底大公案。而朱陸儒佛之辨，庶幾無蔀障混淆之患。

其書刻於萬曆乙巳，顧憲成為之序。顧炎武《日知錄》，又特鈔其說入《朱子晚年定論》一條中。王懋竑為《朱子年譜》，亦頗引其說。謂：

> 程氏《閑闢錄》，陳氏《學蔀通辨》，皆辨朱陸異同之說，有功於吾道。程氏說得其大概，陳氏說極為詳盡。而始同終異，中年疑信參半之說，則亦有未然者。吾友朱湘濤辨陳說極詳，見所著《正學考》中。

要之自有清瀾之書，而篁墩陽明所定朱子晚年學同象山之說遂成過去。此亦元明兩代間學術上一大公案也。清瀾《明史》無傳，明刊本《東莞縣志》，亦不詳其始末。可考見者僅如上述，而黃梨洲《明儒學案》亦不列。黃氏應見其書，亦門戶之見蔀之也。此下當略引《通辨》中語，以見其梗概。張伯行正誼堂全書刊之，讀者可自加詳閱。

《前編》之上，著朱子早年嘗出入禪學，與象山未會而同。余著《朱子新學案》詳之。

《前編》之下，著朱陸晚年冰炭之甚，而象山既歿之後，朱子所以排之者尤明。

編中辨篁墩《道一編》定朱陸辨無極之年歲有曰：

篁墩高才博學，名重一時，後學無不宗信。修徽州志者，稱篁墩文學，以能考合朱陸為稱首。按閩臺者，稱《道一編》有功於朱陸，為之翻刻以廣傳。近年各省試錄，每有策問朱陸者，皆全據《道一編》以對。近日搢紳，有著學則，著講學錄，序《中庸》管窺，無非尊陸同朱，羣然一辭。席元山之《鳴冤錄》，王陽明之《定論》，則效尤附和，尤其甚者。

又曰：

《道一編》刻本今有二。一徽州刻，程篁墩原本。一福州刻，王陽明門人所刪節別本，節去《辨無極》七書不載。

據此，知《道一編》在當時流傳之盛。

又曰：

《道一編》猶竝取二家言語，比較異同。陽明編《定論》，則單取朱子所自言，而不及象山一語。篁墩蓋明以朱陸為同，而陽明則變為陽朱而陰陸耳。

此據陽明與門人書，闡說陽明編《定論》之用心，又高於篁墩。《後編》之上，著象山師弟作弄精神，而假借儒書以遮掩。為勘破禪陸根本。有曰：

養生家有元精元氣元神之說，象山論學，亦兼包此意，但含蓄不露，近日王陽明始發其蘊。陽明答人書云：精一之精以理言，精神之精以氣言。理者，氣之條理。氣者，理之運用。原非有二事。後世儒家之說，與養生之說，各滯於一偏，是以不相為用。前日精一之論，雖為愛養精神而發。然而作聖之功，實亦不外是矣。又曰：養德養身，只是一事。果能戒慎不睹，恐懼不聞，而專志於是，則神住氣住精住，而仙家所謂長生久視之說，亦在其中矣。清瀾按：陽明此論，實發象山之蘊以誘人。然象山陽明俱未及六十而卒。養生之說亦虛妄矣。

今按：陽明會通神仙長生術與作聖之功合一言之，此亦陽明早年學養使然。清瀾謂陽明此論，乃發象山之蘊，竊謂乃陸王同歸，非王本於陸也。

清瀾又曰：

胡敬齋曰：儒者養得一箇道理，釋老只養得一箇精神。儒者養得一身之正氣，釋老養得一身之私氣。按：此言見得極分明。近世學術真似是非同異之辨決於此。清瀾此書屢引敬齋，可覘其學脈。

《後編》之中，明陸學下手工夫，在於遺物棄事，屏思黜慮，專務虛靜，以完養精神，其為禪顯然。

《後編》下，著象山師弟顛狂失心之禪病。有曰：

吳草廬謂學者曰：朱子於道問學之功居多，而陸子靜以尊德性為主。問學不本於德性，其弊必偏於言語訓釋之末。趙東山贊陸子像曰：儒者曰其學似禪，佛者曰我法無是。超然獨契本心，以俟聖人百世。師山鄭氏曰：朱陸二先生，同是堯舜。同非桀紂，同尊孔孟，同排釋老。同以天理為公，同以人欲為私。大本達道，無有不同者。愚按：此三言，皆近世尊陸赤幟。使三子早見愚此編，當痛悔其大被人謾，當痛悔其誑人誤人之罪不可勝贖。

今按：和會朱陸，其說始於元。而清瀾此書，著意更在辨陸學之近禪，不專在朱陸之早晚異同閒。

《續編》上，著佛學變為禪學，所以近理亂真。

今按：清瀾此書，《前編》重在著朱陸晚年之冰炭，《後編》在辨陸學之為禪。《續編》在辨禪學之亂真。其書愈後愈深入，愈見精語絡繹錯出。若專以辨正篁墩陽明之論視此書，亦失此書用力所在矣。

清瀾有曰：

或曰：佛氏與吾儒相近處，其詳可得聞乎？曰：釋氏行住坐臥無不在道，與吾儒道不可須臾離相似。不解心即是佛，真是騎驢覓驢，與吾儒聖賢無心外之學相似。赤肉團上有一無位真人，與吾儒天然自有之中相似。不思善，不思惡，認本來面目，與吾儒喜怒哀樂未發之中相似。青青翠竹，莫匪真如。鬱鬱黃花，無非般若，與吾儒鳶飛魚躍相似。一月普現一切水，一切水月一月攝，與吾儒月映萬川之喻相似。有物先天地，無形本寂寥，與吾儒無極而太極相似。千種言，萬般解，只要教君長不昧，與吾儒明明德相似。主人翁惺惺，與吾儒求放心相似。棄卻甜桃樹，沿山摘醋梨，與吾儒舍梧檟而養樲棘相似。一棒一條痕，一摑一掌血，與吾儒切實工夫相似。時時勤拂拭，莫遣有塵埃，與吾儒日新工夫相似。

朱子曰：彌近理而大亂真。伊川曰：本領不是，一齊差別。清瀾此條，歷舉其近理處，逼出其本領處。

其引《草木子》曰：

達摩說出能作用即是佛性，禪宗一達此旨便以為了，只知能作用者便是，更不論義理。所以疏通者歸於恣肆，固滯者歸於枯槁。

清瀾繼之曰：

象山與曾祖道言，目能視，耳能聽，鼻能知香臭，口能知味，心能思，手足能運動，如何更要甚存誠持敬。楊慈湖訓語曰：吾目視耳聽鼻嗅口嘗手執足運，無非大道之用。按：象山師弟，分明佛氏作用之旨。《傳習錄》陽明謂門人曰：所謂汝心，卻是那能視聽言動底，這箇便是性，便是天理。有這箇性才能生。這性之生理便謂之仁。這性之生理，發在目，便會視。發在耳，便會聽。發在口，便會言。發在四肢，便會動。都只是那天理發生。以其主宰一身，故謂之心。按：陽明此言，發明佛氏作用之旨尤明。

又曰：

或曰：佛氏以空為性，又以作用為性，夫作用則有物而非空矣，不自柄鑿乎？曰：此體用之說也。真空者，性之體也。作用者，性之用也。體用一原，故佛氏謂真空能攝眾有而應變。又謂此即識情，便是真空妙智，明體用一原也。釋神會〈顯宗記〉謂，湛然常寂，應用無方。用而常空，空而常用。用而不有，即是真空。空而不無，即成妙有。妙有即摩訶般若，真空即清淨涅槃，其言尤作弄得來精，與《中庸》大本達道之說相似矣。

《居業錄》曰：釋氏是認精魂為性，專一守此，以為超脫輪迴。緣他當初只是去習靜坐，屏思慮久了，精神光彩，其中了無一物，遂以為真空。這道理，只有這箇極玄極妙。天地萬物，都是這箇做出來。得此，則天地萬物雖壞，這物事不壞。幻身雖亡，此不亡。所以其妄愈甚。

《居業錄》又曰：禪家只是默坐澂心，絕滅思慮，直求空寂。空寂之久，心能靈通。殊不知空寂之中，萬理滅絕。那些靈通，只是自己精神意見，全不是道理。凡所動作，任意為之。以為此即神通妙用，不用檢察，自然廣大無邊，其猖狂自恣者以此。按：禪學絕滅義理之故明矣。

又胡敬齋曰：釋氏見道，只如漢武帝見李夫人，非真見者也。又曰：禪家在空虛中見出一箇假物事，以為識心見性，以為不生不滅，其實未嘗識心，未嘗見性也。愚謂敬齋直道禪家所見為假物非真，極是極是。自朱子沒後，無人見得如此端的直截。

今按：清瀾此編，多引朱子二程闢禪語，而清瀾己之所從入，則似由胡敬齋，觀上引可知。

又曰：

老子曰：道之為物，惟恍惟忽。忽兮恍兮，其中有象。恍兮忽兮，其中有物。窈兮冥兮，其中有精。釋老所見略同。

《續編》中著漢唐宋以來學者多淫於老佛。有曰：

自孔孟沒，漢晉學者皆宗老莊，唐宋則宗禪佛，然皆不外養神一路。《鶴林玉露》記陶淵明〈神釋形影〉詩云：大鈞無私力，萬理自森著。人為三才中，豈不以我故。我，神自謂也。人與天地並立為三才，以此心之神也。若塊然血肉，豈足以並天地哉。末云：縱浪大化中，不喜亦不懼，應盡便須盡，無復獨多慮。乃是不以死生禍福動其心，泰然委順，養神之道也。淵明可謂知道之士。愚按：陸子嘗謂陶淵明有志於吾道，正指此。

今按：清瀾先引朱子語淵明所說者老莊，則朱陸兩人之異見顯矣。

朱子又曰：李翺云滅情以復性，情如何可滅，此乃釋氏之說。清瀾申之曰：

釋氏謂六用不行，則本性自見。又云：但能莫存知見，泯絕外緣，離一切心，即汝真性。

此滅情復性禪宗要旨也。象山云：人只是去些子凡情不得。又云：心不可汩一事，須要一切剎落淨盡。即同此滅情之旨。《困知記》云：李習之雖嘗闢佛，然《復性書》之言，陷於佛氏之說而不自知。《傳燈錄》，李翺嘗問藥山禪師如何是道。師曰：雲在天，水在缾。翺作偈云：練得身形似鶴形，千株松下兩函經。我來問道無餘話，雲在青天水在缾。

又曰：

朱子未出以前，佛學盛行，雖經傳太史韓文公二程張子之辯而不息。直至朱子出，而後邪說退伏，不敢與吾儒爭衡，而後學者曉然知佛學心迹本末之皆邪，而儒佛異同之辯息，而後一切雜學，以佛旨釋儒書者，不得以愚後學之耳目，而後士大夫無復參禪於叢林，問道於釋子，甘為僧役而不恥者矣。是朱子未出以前，一禪佛世界。朱子出，而復吾儒世界也。魏鶴山謂朱子之功不在孟子下。不究辯至此，夫豈知斯言之不我欺。

今按：清瀾此書《續編》三卷，備引朱子闢佛語而詳闡之，並盛推朱子之功在此。從來研朱學而專一在此發揮，則當推清瀾此書。

清瀾又曰：

愚嘗因此而通究之。達摩以前，中國文士，皆假莊列以文飾佛學。達摩慧能而後，中國文士，則假儒書以文飾佛學矣。水心葉適氏曰：佛學至慧能自為宗，此非佛之學然也。中國之學為佛者然也。愚按：假莊列，假儒書，陽儒陰佛三者，皆是以中國之人為非佛之學，以中國文字為非佛之書，譸張為幻也。問之則曰：吾學，心學也。吾之學，非虛空而寂滅也。世衰道微，程朱世不常出，儒者知不能知，力不能救，坐視其傷佚縱恣，猖狂叫呶而不返也。愚故集程朱遺論，著為此編，以俟後之君子。

今按：清瀾此之所指，實為中國學術思想史上一絕大問題，最近一般學者，又好言宋代理學實淵源於禪宗。則清瀾此編之意義價值，實遠過於其辯朱陸之早晚異同也。

《續編》下，著近年一種學術議論，類淵源於老佛，其失尤深而尤顯。今按：清瀾此編，多辯陽明。有曰：

《傳習錄》問：佛以出離生死誘人入道，仙以長生久視誘人入道，究其至極，亦是見得聖人上一截，後世儒者，又只得聖人下一截。陽明曰：所論上一截下一截，亦是人見偏了如此。若是聖人大中至正之道，徹上徹下，只是一貫，便是甚上一截下一截。

按：陽明講學，通仙佛儒上下而兼包之，謂為聖人中正一貫之道。昔朱子辯呂舍人，謂左右采獲，而兼儒佛之大成。今陽明又廣為籠罩，而併仙佛儒三教之大成也。

又曰：

王陽明〈答人問神仙書〉云：吾儒亦自有神仙之道，顏子三十二而卒，至今未亡也。後世上陽子之流，蓋方外技術之士，未可以為道。若達摩慧能之徒，則庶幾近之矣。陽明一生講學，只是尊信達摩慧能，欲合三教為一。而顏子至今未亡，此語尤可駭。豈即佛氏所謂形有死生，真性常在者耶。

又曰：

王陽明〈答人問道〉詩云：饑來喫飯倦來眠，只此修行玄更玄。說與世人渾不信，卻從身外覓神仙。

《傳燈錄》，或問慧海禪師，修道如何用功。曰：饑來喫飯，困來即眠。考，陽明講學，一切宗祖傳燈。

又曰：

王陽明〈示諸生〉詩云：爾身各各自天真，不用求人更問人。但致良知成德業，謾從故紙費精神。乾坤是易原非畫，心性何形得有塵。莫道先生學禪語，此言端的為君陳。王陽明〈送門人〉詩云：簦笈連年愧遠求，本來無物若為酬。又〈書太極巖〉詩云：須知太極原無極，始信心非明鏡臺。又無題詩云：同來問我安心法，還解將心與汝安。心非明鏡，心性何形，本來無物等語，皆本《傳燈錄》慧能一偈。安心之說，本於《傳燈錄》達摩示二祖。故紙之說，本於《傳燈錄》古靈識僧看經。朱子嘗謂試取《大慧語錄》一觀，則象山之來歷可見。愚謂今學者試取《傳燈錄》一觀，則陽明之來歷不容掩矣。象山禪機深密，學者極難識得他破。若陽明則大段漏露，分明招認，端的為君陳矣。

又曰：

王陽明〈示門人〉詩云：無聲無臭獨知時，此是乾坤萬有基。拋卻自家無盡藏，沿門持鉢效貧兒。

陽明此詩，首句即說鑑象之悟也。第二句，心法起滅天地也。後二句，皆《傳燈錄》語。朱子嘗謂陸子靜卻成一部禪，愚謂陽明亦成一部禪矣。

又曰：

王陽明〈雜詩〉云：至道不外得，一悟失羣闇。又云：悟後六經無一字，靜餘孤月湛虛明。又云：謾道六經皆註腳，憑誰一語悟真機。又云：悟到鳶飛魚躍處，工夫原不在陳編。朱子嘗謂以悟為則，乃釋氏之法，吾儒所無有。又謂才說悟，便不是學問。陽明撰〈山陰學記〉有曰：聖人既沒，而心學晦。支離決裂，歲盛月新。間有略知其謬而反本求源者，則又鬨然指為禪學。愚謂陽明既明宗禪，又諱人訾己為禪，何耶。

又曰：

王陽明〈送門人歸〉文，或問儒與釋孰異乎？陽明子曰：子無求其異同於儒釋，求其是者而學焉可矣。曰：是與非孰辯乎，曰：子無求其是非於講說，求諸心而安焉者是矣。

按：《朱子語類》云，項平父嘗見陳君舉門人說儒釋，只論其是處，不問其同異，遂敬信其說。此是甚說話。原來無所有底人，見人胡說話，便惑將去。考陽明溺禪之弊，無一不經朱子之闢，真拾先賢所棄以自珍矣。

又按：陽明〈答人書〉云：夫學，貴得之心。求之於心而非也，雖其言之出於孔子，不敢以為是也。求之於心而是也，雖其言之出於庸人，不敢以為非也。愚惟求心一言，正陽明學術病根。自古眾言淆亂折諸聖，未聞言之是非折諸心。其陷於師心自用，猖狂自恣，甚矣。自古聖賢，皆主義理，不任心。故不曰義之與比，惟義所在，則曰以禮制心，在正其心。惟釋氏乃不說義理而只說心，自謂了心照心，應無所住以生其心。此儒釋之所以分，而陽明之所以為陽明與。

又曰：

陽明〈月夜與諸生歌〉，處處中秋此月明，不知何處亦羣英。須憐絕學經千載，莫負男兒過一生。影響尚疑朱仲晦，支離羞作鄭康成。鏗然舍瑟春風裏，點也雖狂得我情。

按：陽明視六經，猶為糟粕影響，故紙陳編，又何有於朱子。《傳習錄》云：吾心之良知，即所謂天理也。致吾心良知之天理於事事物物，則事事物物皆得其理矣。致吾心之良知者，致知也。事事物物皆得其理者，格物也。如此言，則是先致知而後格物，蓋顛倒舛戾之甚矣。陽明乃以此議朱子，寧不顏汗。

程篁墩《文集》有〈對佛問〉一篇，論辯數千言。謂佛為賢知之流，使生與孔子同時，當為孔子所與。昔韓絳呂惠卿代王安石執政，時號韓絳為傳法沙門，呂惠卿為護法善神。愚謂近日繼陸學而興者，王陽明是傳法沙門，程篁墩則護法善神也。

清瀾本朱子說辨象山陽明，要旨略如前引。然象山陽明學亦有辨。象山自鵝湖之會迄其晚年，皆堅守己意，其學少變。陽明有意儒學，本求從朱子入門。其後轉習長生仙術。及其龍場驛一悟，專提良知立教，始遠離朱子，漸近象山。至其會通仙釋，主張三教合一，乃晚年之說，始見於《傳習錄》之第三編。清瀾所引陽明詩文集中語，查其年歲出處，亦應以晚年者為多。如清瀾所辨，似陽明自始即援儒入釋，專為禪門張皇，恐未得陽明之真相。

清瀾《通辨》，於《前》、《後》、《續》三編外，又有《終編》上中下三卷。合之前三編，共得十二卷。清瀾自謂：《前》、《後》、《續》三編闢異說，《終》一編明正學。其《終編》之上卷有云：

聖賢之學，心學也。禪學陸學，亦皆自謂心學。孔子曰：其心三月不違仁。孟子曰：仁義禮智根於心。曰豈無仁義之心。曰不忍人之心。曰仁，人心也。皆是以義理言心。禪學出，而後精神知覺之說興。曰：知之一字，眾妙之門。曰覺則無所不了。曰識心見性。曰淨智妙圓。曰神通妙用。曰光明寂照。皆是以精神知覺言心。孔叢子曰：心之精神是謂聖。張子韶曰：覺之一字，眾妙之門。陸象山曰：收拾精神，萬物皆備。楊慈湖曰：鑑中萬象。

陳白沙曰：一點虛靈萬象存。王陽明曰：心之良知是謂心。皆是以精神知覺言心也。

清瀾此辨，即胡敬齋所謂儒者養得一箇道理，釋老只養得一箇精神之說也。

清瀾又曰：

孔子曰：非禮勿視，非禮勿聽，非禮勿言，非禮勿動。孟子曰：非仁無為也，非禮無行也。周子曰：仁義禮智四者，動靜言貌視聽無違之謂純。此以義理為主也。傳燈錄曰：作用是性。在目曰見，在耳曰聞，在鼻嗅香，在口談論。在手執捉，在足運奔。陸象山曰：吾目能視，耳能聽，鼻能知香臭，口能知味，心能思，手足能運動，更要甚存誠持敬。楊慈湖曰：吾目視耳聽鼻嗅口嘗手執足運，無非大道之用。王陽明曰：那能視聽言動底便是性，便是天理。此以知覺為主也。

仁義禮智，理之精也。所以主正乎知覺而使之不差者也。虛靈知覺，氣之妙也。所以引翼乎仁義，而為之運用者也。

朱子曰：人心如卒徒，道心如將帥。

或曰：誠若子言，則胸中不如有二物相對耶？曰：不然。二者相為用，雖謂之一可也。所謂道心為主，而人心每聽命也。學者其始未能一而欲求一之者也。聖人者，自然而一之者也。

周子〈太極圖說〉：人得其秀而最靈，形既生矣，神發知矣，正是指虛靈知覺言。至聖人定之以中正仁義，便是以義理為知覺之主。

吾儒惟恐義理不明，不能為知覺之主，故必欲格物窮理以致其知。禪家惟恐事理紛擾，為精神知覺之累，故不敢心泊一事，思一理。

朱子曰：儒者以理為不生不滅，釋氏以神識為不生不滅。胡敬齋曰：儒者養得一箇道理，釋老只養得一箇精神。此言剖判極直截分明。

朱子謂人心猶船，道心猶舵。禪學則以人心靈覺為舵。

人與天不同。論天地之化，氣為主，而理在其中。論聖賢之學，理為主，而氣聽其命。盈天地間皆一元之氣，蓋天地理氣不相離，二之則不是。在人，精神作用皆氣也，所以主宰其間而使之不差者理也。是理氣在人不能無二，欲混之有不可。何也？蓋天地無心而人有欲故也。

此條辨天人極有見解，所以宋儒既辨人心道心，又必辨氣質之性與義理之性，皆為此也。

清瀾又曰：

析而言之，則仁義禮智為性，虛靈知覺為心。統而言之，則二者皆心也，亦皆性也。然雖皆心，而有道心人心之別。雖皆性，而有義理之性氣質之性之殊。君子以統同辯異，須析之極其精而不亂。

又曰：

孟子言心，陸子亦言心。孟子言陷溺，陸子亦言陷溺。然孟子惟恐人陷溺於利欲，而無以存其仁義之心。陸子惟恐人陷溺於文義知見，而無以存其精神之心。胡敬齋曰：吾儒之一一於理，而不為利欲所雜。佛老之一一於虛無，而不為事物所雜，思慮引牽。《象山語錄》云：此道與溺於利欲之人言猶易，與溺於意見之人言卻難。《草木子》曰：金谿之學，謂收斂精神，自作主宰。至於利欲未為病。纔涉於思，即是害事。據此語，亦看破象山矣。

清瀾評象山，頗引《草木子》。其剖析儒釋，則似啟發於胡敬齋。此等處，蓋其學問得力所自。

其《終編》之中卷有云：

吾儒主於無欲而靜，禪學主於無事而靜。故曰：心不可泊一事，曰：無事安坐，瞑目澂心。

此陸學之主於無事而靜也。〈太極圖說〉曰：無欲故靜，《通書》曰：一者無欲也，無欲則靜虛動直。此聖賢之主於無欲而靜也。無欲而靜，則即為敬為誠。無事而靜，則入於空虛，流於寂滅。近世學者疏略，於此等處未嘗看破。

又曰：

《中庸》止說喜怒哀樂未發謂之中，平鋪示人，未嘗教人靜坐體認，以求見乎中也。靜坐體認之說，起於佛氏。六祖所謂不思善，不思惡，認本來面目。宗杲所謂無事省緣，靜坐體究。《居業錄》曰：後世學者做存心工夫不得其真，多流於禪。

或曰：然則豫章延平二先生亦流於禪而同於陸學耶？曰：所見有似於禪，初非有心於禪也。即其平日，亦未嘗恃此而廢讀書窮理之功也。非如陸學一派，以經書為糟粕註腳，以讀書窮理為逐外，為障蔽也。

又曰：

《中庸》發明中和之旨，內外兼該，動靜畢舉，未嘗有所輕重。朱子亦以涵養省察交致並言，工夫不容少缺。近世陸學一派，惑於佛氏本來面目之說，謂合於《中庸》未發之中。

於是只說未發，不說已發。只說涵養，不說省察。陷於一偏，流於空寂。孔子教人，未嘗言及於未發，皆是就已發處言之。誠以為未發工夫微妙無形而易差，已發工夫則明顯有迹而易力。未發難以捉摸，而已發有可辨別據依。與其以無形示人，而啟學者騖虛好高之弊，孰若有形易見處求之之為務實而無失也。子思中和之論，兼該並舉，心學之秘，發洩盡矣。豈可復重彼輕此，舍孔門中正平實之道，而徇禪宗偏弊浮虛之說，亂道而誤人哉。

其《終編》之下卷有云：

近歲胡敬齋羅整菴霍渭厓諸君子，皆心朱子之心而有意於明學術矣。然胡敬齋之《居業錄》，詳於辨禪，而辨陸則略，羅整菴霍渭厓目擊陽明之事，故所論著，專攻陸學，其言切，其辨詳矣。然於象山養神底蘊，與夫近日顛倒早晚之弊，亦未暇究竟。朱子嘗謂讀書如猛將用兵，直是鏖戰一陣。如老吏斷獄，直是推勘到底。愚謂此辯真是與象山篁墩陽明諸人鏖戰一陣，直是推勘到底。昔嚴滄浪〈詩辯〉，自謂參詩精子，而引釋妙喜自謂參禪精子以況。使滄浪見愚此編，得無有辯禪精子之戲耶？

又曰：

朱子一生，釋羣經以明聖道，辯異學以息邪說，二者皆有大功於世。然釋經明道之功，天下莫不知之。至於闢異息邪，則近世學者未之盡知也。區區述為此編，然後朱子闢異息邪之功著矣。蓋嘗謂釋經明道，朱子之功也顯諸仁。闢異息邪，朱子之功也藏諸用。

此兩條，清瀾綜述其著《通辨》之用意。蓋辨朱陸早晚同異，僅是著此書之最先動機。繼辨象山陽明之陽儒陰釋，又繼而辨佛學禪家之近似惑人，乃清瀾此書最大用力所在。惟清瀾此書，每一陳義，必先引朱子說為依據，或旁及於濂溪二程橫渠諸家之說，實當為討究宋代理學與禪宗異同之重要參考。從來學者發明朱子，多注重其釋經明道之一面，而清瀾此書，則專著意其闢異息邪之另一面。本文凡引用朱子語，多略去，而多掇取清瀾之自為說者，以見清瀾一家之成就。讀者繼此循誦清瀾《通辨》之全書，庶於朱子平日持論，更有所深入也。

記公安三袁論學

四十年前，曾撰《龍谿略歷》及《念菴年譜》兩篇，備著兩家論學之異，並透露此下王學演變之消息。頃重閱舊稿，因念公安三袁之學，大可為之作證佐，而梨洲《學案》未及此三人，因加綴輯，以成斯篇，聊記當時之學術風氣。義非表揚，讀者審之。

袁宗道，字伯修，萬曆十四年會試第一，有《白蘇齋集》二十二卷。其言曰：

三教聖人，門庭各異，本領是同，所謂學禪而後知儒，非虛語也。今之高明有志向者，腐朽吾魯鄒之書，而以諸宗語錄為珍奇，率終身濡首其中而不知返。閒來與諸弟及數友講論，稍稍借禪以詮儒，始欣然舍竺典，而尋求本業之妙義。（〈說書類〉）

是知當時已群然逃儒皈禪，伯修矯之，借禪詮儒，則其所以為儒者亦可知矣。

又曰：

伯安以知善知惡為良知，為中下根人權說耳。王汝中所悟無善無惡之知，則伯安本意也。汝中發伯安之奧，其猶荷澤發達磨之秘乎？〈讀大學〉

又曰：

陽明先生弢藏最上一著，許多話不露一點端倪。若非龍谿自悟，當終身閉口矣。〈四句教〉

是證伯修論學實從龍谿來。

又曰：

前輩為余言，陽明接人，每遇根性軟弱者，則令其詣甘泉受學。時龍谿妙年任俠，日日在酒肆博場中。陽明亟欲一會，不來也。陽明卻日令門弟子六博投壺，歌呼飲酒，密瞰龍谿所至酒家，與共賭。龍谿笑曰：腐儒亦能博乎？曰：吾師門下，日日如此。龍谿乃驚求見陽明，一睹眉宇，便稱弟子矣。

此等傳說，固非儒門，亦異緇林，特當謂之江湖，而前輩述之，伯修信之，豈不見當時之風氣乎？

又曰：

甚矣吾衰也，久矣吾不復夢見周公。張子韶詩曰：向也與公隔一層，尋思常在夢魂中。如今已是心相識，你自西來我自東。此妙語契聖人神髓矣。子韶與杲老遊，透悟禪宗，其發明吾孔子與言甚多。張商英曰：吾學佛然後知儒。余於子韶亦云。（〈讀大學〉）

大體伯修之借禪詮儒，率如此。

又曰：

明德，考亭釋為虛靈不昧，甚妙，即伯安先生所拈良知者是矣。德即是明，不可以明更求於明，後面釋曰皆自明也。第玩自字，便見不落情量，全體顯現，非假一毫功力。（〈讀大學〉）

此即龍谿念菴本體工夫之辨。

又曰：

孟子曰：中天下而立，定四海之民，君子樂之，所性不存焉。昔人又謂堯舜事業，如一點浮雲過太虛。由斯以談，雖唐虞定民之極功，毫不足為堯舜性天之加損。（〈讀大學〉）

又曰：

哀公問政，而孔子論學。今世士人，歧政教為二端者曷省焉。先儒謂曾點漆雕開已見大意。得此大道，而政其緒餘矣。（〈讀中庸〉）

又曰：

治平事業，俱從第一念做出，與天命之性不相聯續。蓋性者，離念者也，故曰所性不存焉。（〈讀孟子〉）

此又念菴功業與性情之所辨也。性情不待學，而功業必恃於學。明道當荊公新政之餘，故有堯舜事業及點開識大意之言，戒來學者且勿急求仕進。今伯修既借禪詮儒，則宜無功業可重。而孔孟程朱皆歸一治，亦自無功力可用矣。

又曰：

誠者自誠，而道自道。自者，全體現成，不假求索。有耳目口鼻而為人，此等皆因緣而合，緣盡而散。畢竟祗同於龜毛兔角。誠之在人，如空在諸相中。春在花木裏，搏之無形，覓之無踪。人所謂無，而不知其實有也。無誠則無物，譬如無空安能發揮諸相，非春豈能生育萬物。（〈讀中庸〉）

老子以無說道，《中庸》後起，轉用誠字，此是儒家苦心處。今伯修以空詮誠，則三教可歸一矣。春統四時，仁統四德，漢宋諸儒，皆以仁說春，以春說天，惟佛家不言天，故春亦歸於空。伯修以空詮誠已足，何又牽涉到春字，則其未脫文人習氣也。

又曰：

萬物皆備於我矣，此如釋典所謂常樂我淨之我，所謂色身外洎山河虛空大地，咸吾妙明真心中物也。人恨不能反身耳，若能還光返照，則根塵之虛妄俱消，本地之實相獨露，所謂誠也。（〈讀孟子〉）

萬物皆歸一空，事業無所加損，功力又不假毫毛，然則人之為人，既不剃髮為僧，果當從何種行徑，為何等人物乎？伯修乃最賞龍谿之論鄉愿。其言曰：

龍谿論鄉愿，極細極微，真能令學者赧然慚，又惕然懼也。其言曰：鄉愿一生幹當，分明要學聖人。忠信廉潔，是要學聖人之完行。同流合污，是要學聖人之包荒。謂之似者，無得於心，惟以求媚於世，全體精神，盡向世界陪奉。聖人在世，善者好之，不善者猶惡之。鄉愿既足以媚君子，又足以媚小人，比之聖人，局面更覺完美，無滲漏。又曰：三代而下，鮮中行，得鄉愿之一肢半節，皆足以成世。求其純乎鄉愿，且不易得，況聖人之道乎？

是謂要學聖人即是鄉愿，求善處世亦是鄉愿。鄉愿之一肢半節皆足以成世，而求純乎鄉愿者不易得。是斯道即鄉愿之道，而斯世亦鄉愿之世也。然則如何而始為聖人之道，曰：你自西來我自東，孔子晚年不復夢見周公，此是孔子之晚而悟道，否則孔子常夢周公，即孔子仍亦鄉愿也。故曰不學佛，不知儒。龍谿言，學問須求自得，天也不做他，地也不做他，聖人也不做他，如伯修，亦可謂真契龍谿之神髓也。

伯修於龍谿外又深推李卓吾。有曰：

李卓吾先生有四書義數十首，余最愛其某二股云云，看他徹的人，出語自別。

如卓吾可謂非鄉愿，乃可謂真儒。由其看的徹，亦由其學佛然後知儒也。

袁中道，字小修，乃伯修幼弟。萬曆三十一年舉於鄉，又十四年成進士。伯修不壽，小修則一承其兄之學而言之益明豁。其次兄中郎稱之，曰：弟喜讀老子莊周列禦寇諸家言，旁及西方之書，教外之語，欲與一世豪傑為友。其視妻子之相聚，如鹿豕之與群而不相屬也。（〈中郎集敘小修詩〉）是小修之為學，亦能三教同源，而不為鄉愿之歸者。有《珂雪齋前集》二十四卷與《近集》十卷，今略綴其語如次。

其述伯修之言曰：

至寶原在家內，何必向外尋求。吾試以禪詮儒，便知兩家合一之旨。（〈石浦先生傳〉）

又曰：

饒德操曰：欲為仲尼真弟子，須參答磨的兒孫。予則曰：欲為答磨的兒孫，須參仲尼真弟子。

是伯修以禪詮儒，而小修主由儒參禪，兄弟間似有小異，然其一宗陽明則同。故曰：

白沙陽明，皆為妙悟本體。陽明良知，尤為掃蹤絕迹。兒孫數傳，盡翻巢穴。得直捷易簡

之宗。儒門之大寶藏，揭諸日月矣。閑日裒為一集，使欲悟堯舜之道心者，從此路入，不必求頓悟於禪門也。（〈傳心篇序〉）

又曰：

顚吾兄打併精神，覷破向上一路，王文成是兄師也。（〈答錢受之〉）

又曰：

陽明先生之良知二字，未見有人透過者。蓋徒見宗門中麻三斤，青州布衫七斤，便作奇特想，而良知二字，多視以為尋常，不復究竟。（〈寄周憲副海門〉）

是小修亦猶伯修，其特提陽明，乃欲以糾一時之禪風也。

小修亦由陽明而提及龍谿，其言曰：

良知之學開於陽明，止以為善去惡教人，更不提著向上事。使非王汝中發之，幾不欲顯明之矣。（〈書學人冊〉）

是謂陽明良知學之向上一路在龍谿，亦承其兄伯修。然謂陽明自不欲顯明此一路，則似較伯修語有別。故曰：

陽明雖指四無為向上一脈，而亦未嘗絕四有之說，是何等穩密。近日論學者，專說本體，未免逗漏，大非陽明本旨。（〈書學人冊〉）

又曰：

自本朝大儒，啟人以良知之說，後來數傳，偏重了悟，將為善去惡之旨，撥斥太過。（〈心律〉）

又曰：

宋儒多言工夫，陽明而後，多直指本體。然必先見本體而後有保任工夫。所謂頓悟漸修四字，千古真脈絡也。（〈示學人〉）

又曰：

學問各有根器，不容相強。北秀不能強同南能，南能亦不能強北秀同。陽明天泉證道，不昂龍谿，不低緒山，所以能為人師。（〈示學人〉）

又曰：

自東越揭良知以開天下學者，若披雲見日矣。而數傳後，始有借解悟之說以恣其無町畦之行者。昔之專言修者，病在執糠粕，遺神理，不得千聖易簡直捷之宗，同於冥行。而今之專言悟者，執其圓通無礙之理，以盡棄其檢柙。即至空疏也，而目考亭為支離。至放逸也，而鄙正叔為木偶。敝亦甚矣。自非二三大儒持躬行實踐以救之，將安所極。不肖謬謂天下有志於道者，多騖於知以遺其行，東越致良知之旨且日晦。（〈壽裕吾鄒公七十序〉）

凡此，重知亦兼重行，言本體亦兼言工夫，實與其兄伯修所言有別。或兩人性氣自有異，或當時風氣每下愈況，故感觸有不同。今勿可深論。然要之小修極尊龍谿，又尊近溪。有曰：

龍谿近溪，真學脈也。後之學者，又謂二老見地極明，特不修行，欲以修行救其弊，又何曾夢見二老。假令二老不留纖毫破綻，作模作樣，只圖外面好看，不圖心中自得，則亦徇外為人之流而已。（〈寄陶石簣〉）

此則仍是其兄伯修力求向上一脈之意也。

又曰：

陽明近溪諸老悟處，如百鍊精金，未易窺測。（〈答雲浦〉）

又曰：

昔之楊大年，今之羅近溪，吾輩之師也。（〈答吳本如〉）

小修尊羅近溪，亦尊李卓吾，有〈李溫陵傳〉。又極尊王塘南。其言曰：

東越良知之學，大行於江西，而盧陵尤得其精華。

又曰：

塘南先生之儒能該禪而不事禪，有合陽明先生不肯逗漏之旨。（〈枝江大令趙鳳白初度序〉）

又曰：

陽明之學，惟塘南先生悟圓而行方，實為嫡系。〈鄖水素言序〉

言悟必及行，此小修之終所以異於伯修也。

又曰：

今之豫章，古之鄒魯。〈送吳生遊豫章序〉〈二趙生文序〉

江右王門，猶多主修，故為小修所重。然小修之言悟與修，實亦一本於禪。故其〈論莊子〉有曰：

莊生《內篇》，為貝葉前茅。覺此老牙頰，自具禪髓。

又曰：

在莊則曰齊物，在華嚴則曰事事無礙。

又曰：

節義理學，天下之最善也，而漢宋以亡。何也？大混沌鑿也。為之弊至此矣。〈雜文〉

此其匯道歸釋可知。又曰：

論性者，必以夫子之言合佛氏之言，而後其說始明。吾求其明而已，即天下萬世我罪，亦不惜也。

又曰：

食色，習也，非性也。非一生之習也，多生之習也。若屬於性，性即成惡。若一生習，誰其教之？故曰多生之習也。（〈示學人〉）

此其匯儒歸釋尤可知。言多生之習，即猶佛氏之所謂業。小修以業詮習，較之伯修以空詮誠，尤為深摯矣。故曰：

自到山中，閱藏習靜，看山聽泉，不覺為樂亦至於斯。（〈寄祈年〉）

又曰：

近日正在古佛堂中，隨眾僧粥飯念佛。（〈與長孺〉）

又曰：

惟在寶方粥飯堂中作念佛因緣。（〈寄雲浦〉）

又曰：

予幸而厭棄世羶，少年豪習，掃除將盡。伊蒲可以送日，晏坐可以忘年。以法喜為資糧，以禪悅為伎侍。然後澹然自適之趣，與無情有致之山水，兩相得而不厭。（〈西山十記〉之十）

又曰：

近日看〈師地論〉，方徵慈氏之苦心，一字一滴血。論中警策綿密，未有過之者。若非在山中，安得遇此秘密法藏。（〈寄寶方〉）

凡此皆可證小修之所修。又曰：

於時，塵境乍離，心情甚適。山水之奇已相發揮，朋友之緣亦既湊和，游覽多暇，一以文字為佛事。（〈解脫集序〉）

此乃言其兄中郎。曰山水，曰朋友，曰文字，其實則皆佛事。故又曰：

禪與詩，一理也。（〈送虛白請經序〉）

人生得此，亦洵是一大樂事，惜乎明祚已不終日，則小修之所悟所修，豈不亦隨蒼生以俱空乎？不知慈氏苦心，又將何以救之。

袁宏道，字中郎，萬曆二十年進士。三袁中名最著，入《明史文苑傳》，而以兄伯修弟小修附之。有《中郎集》四十卷，由竟陵鍾伯敬增訂。其言亦最放。自言

走弱冠，即留意禪宗。（〈與曹魯川〉）

又曰：

學道不學禪，談星不談義，愛曲不愛音，讀書不讀字。（〈寄石簣〉）

又曰：

當代可掩前古者，惟陽明一派良知學問而已。（〈答梅容生〉）

豈不以陽明近禪，故特加稱許乎？

陽明以下，則推尊龍谿近溪。其言曰：

王龍谿書多說血脈，羅近溪書多說光景。但初學者不可但認光景，當尋血脈。（〈德山塵談〉）

又曰：

始則陽明以儒而濫禪，既則谿渠諸人以禪而濫儒。禪者見諸儒汩沒世情之中以為不礙，而禪遂為撥因果之禪。儒家借一切圓融之為發前賢所未發，而儒遂為無忌憚之儒。不惟禪不成禪，而儒亦不成儒矣。（〈答陶石簣〉）

觀其言，雖亦禪儒同譏，然要之，其尊禪貶儒之意亦可見。然中郎尊禪而不逃俗，畢竟當為何種人，則有待論定也。其言曰：

世間學道有四種人，有玩世，有出世，有諧世，有適世。獨適世一種，其人甚奇，亦甚可恨。以為禪，戒行不足。以為儒，口不道堯舜周孔之學，身不行羞惡辭讓之事。於業不擅一能，於世不堪一務。最天下不緊要人。雖於世無所違忤，而賢人君子斥之惟恐不遠。弟最喜此一種人，以為自適之極，心竊慕之。除此之外，有種浮泛不切，依憑古人之式樣，取潤賢聖之餘沫，妄自尊大，欺己欺人，弟以為此乃孔門之優孟，衣冠之盜賊，後世有述焉，吾弗為之矣。（〈與徐漢明〉）

又曰：

打倒自家身子，安心與世俗人一樣，非上根宿學不能。此意自孔老後，惟陽明近溪庶幾近之。（〈德山麈談〉）

又曰：

羅近溪曰：聖人者，常人而肯安心者也。常人者，聖人而不肯安心者也。此語抉聖學之髓。（〈答陶周望〉）

又曰：

要知佛之圓，不在出家與不出家。我之圓，不在類佛與不類佛。人之圓，不在同我與不同

我。通乎此，可以立地成佛，語事事無礙法界矣。〈與曹魯川〉

曰適，曰安，曰圓，曰無礙，只恠世間多了一理字。故曰：

看來世間畢竟沒有理，只是事。一件事是一箇活閻羅。若事事無礙，便十方大地，處處無閻羅矣，又何法可修，何悟可頓耶。〈與陳志寰〉

然則依中道之意，不僅可以無修，亦復可以無悟。無悟可頓，乃直躋悟之最源頭處也。

三袁皆以文學稱，當時稱為公安派，中郎尤其魁傑。茲姑拈其論文之兩則為例。一曰：

《金瓶梅》從何得來？伏枕略觀，雲霞滿紙，勝於枚生〈七發〉多矣。〈與董思白〉

又一曰：

少年又諧謔，頗溺《滑稽傳》。後來讀《水滸》，文字益奇變。六經非至文，馬遷失組練。〈聽朱生說水滸傳〉

民元以來，新文化運動躍起，高呼禮教喫人，打倒孔家店，無忌憚之風，有過於萬曆。儻言儒，必喜龍谿近溪乃如李卓吾之徒。儻言禪，則無修無悟，惟可有驚嘆。惟當時新文學家亦遂稱道及於公安，然憚窺其全書，因亦不知其學之出於龍谿近溪，又直躋於禪而超之，否則或可為三袁更張聲氣也。

顧涇陽高景逸學述

（上）顧涇陽

明代自陽明崛興，提倡良知，天下風靡，遂絕少言及朱子。及其流弊褟著，學術界乃有由王返朱之傾向，而顧涇陽高景逸之東林講學，實為之唱。陽明弟子如王龍谿錢緒山王心齋，皆不入仕途，惟以在野講學為務。涇陽則曰：官輦轂，念頭不在君父上。官封疆，念頭不在百姓上。至於水間林下，三三兩兩，相與講求性命，切磨德義，念頭不在世道上，即有他美，君子不齒。故講會中每多裁量人物，訾議國政。其東景逸有曰：持濂洛關閩之清議，不持顧廚俊及之清議。然由此激起黨禍，與國運同終。明末諸遺老顧亭林王船山黃梨洲又轉而潛伏田野間，唱為經史實學，或多或少，胥受東林影響。然而清政權高壓在上，諸遺老經史實學，本不忘淑世善治，乃復一變為乾嘉考據訓詁逃避故紙堆中，而美其名曰樸學，此實與東林顧高講學精神如南北極之相背，如冰炭之不相容。觀於此兩百年間之學術轉變，亦誠大可慨歎矣。茲篇專就顧高兩人關於理學上由王返朱一轉捩觀點，略加引述。

涇陽《小心齋札記》有曰：

> 孔子表章六經，以推明義堯諸大聖之道，而萬世不能易也。朱子表章〈太極圖〉等書，以推明周程諸大儒之道，而萬世莫能易也。此之謂名世。

此猶謂孔子乃上古集大成之聖，而朱子乃中古集大成之聖也。高景逸為涇陽作〈行狀〉有曰：

> 自孟子以來得文公，千四百年間一大折衷，自文公以來得先生，又四百年間一大折衷。

亦即此旨。是東林顧高講學，其崇奉朱子之心情具可見。

涇陽尊朱，亦尊濂溪。《札記》又曰：

朱子之最有功於天下萬世者三，一是表章周元公〈太極圖說〉，一是作《通鑑綱目》，一是作《小學》。至《集註》當別論。

此處表章朱子三大貢獻，其作《小學》書，乃欲在從事《大學》心性誠正工夫以前先安排一番小學工夫，有下學乃可有上達也。吳康齋極重朱子《小學》，涇陽固亦極重康齋。此其一。又其一作《通鑑綱目》，此屬史學。理學家中惟朱子最重史學，涇陽講學不忘世務，故特稱及此。明末諸遺老經史實學，亦皆從朱學流出。章實齋謂亭林經學出朱子，梨洲史學出陽明，其實梨洲《學案》中以王學治史學者惟唐荊川，而荊川固不得目之為王學。實齋故意為浙東史學標榜，爭立門戶，其語不可信據。

又其一乃表章濂溪〈太極圖說〉。涇陽極尊濂溪，《札記》有曰：

卓哉其元公乎，宛然一孔子也。

又曰：

周子之〈太極圖說〉、《通書》，朱子之《小學》，竊以為可羽翼《論》、《孟》，配為四書。

高景逸為《涇陽行狀》有曰：

遠宗孔聖，不參二氏。近契元公，確尊洛閩。

又曰：

微元公，孰為之開厥始。微晦翁，孰為之持厥終。

《文集‧朱子節要序》亦曰：

論造詣，顏孟猶有歉。論血脈，朱子依然孔子也。

又曰：

世之言朱子者鮮矣。世好奇，朱子以平，平則一毫播弄不得。世好圖，朱子以方，方則一毫假借不得。吾以為平，彼以為凡為陋。吾以為方，彼以為矯為亢。宜乎世之言朱子者鮮矣。

又柬高景逸有曰：

薛玄臺為弟語及明道晦菴兩先生，弟曰：畢竟朱先生假不得。

又其《札記》有曰：

象山兄弟不肯濂溪之無極，又不肯橫渠之〈西銘〉，伊川不肯康節之《易》，獨朱子一一信而好之，且為之考訂釐正，推明其說以遺來學。至以此取譏蒙訕，不容於世，曾不為悔。試看此老是何等心胸，何等眼界，又何等手段。

凡涇陽之稱重朱子，率具如上引。茲再述其辨朱陸異同之意見。

《文集・刻學蔀通辨序》有曰：

朱陸之辨，凡幾變矣。左朱右陸，既以禪為諱，右朱左陸，又以支離為諱。宜乎競相持而不下。然而嘗讀朱子之書矣，其於所謂支離，輒認為己過，悔艾刻責，時見乎辭，曾不一少恕。嘗讀陸子之書矣，其於所謂禪，藐焉如不聞也，夷然而安之，終其身曾不一置疑焉。在朱子豈必盡非，而常自見其非。在陸子豈必盡是，而常自見其是。此有我無我之證也。朱子又曰：子靜所說，專是尊德性事，而其平日所論，卻是道問學上多。今當反身用力，去短集長，庶幾不墮一邊。蓋情語，六遜語，其接引之機微矣。而象山遽折之曰：既不知

> 尊德性，焉有所謂道問學。將朱子於此，果有所不知歟？抑亦陸子之長處短處，朱子悉知之，而朱子之喫緊處，陸子未之知歟。

此辨極深微，亦極平允。然《札記》又謂朱子獨於象山似乎交一臂而失之，以至紛紛之疑迄今未已，因為之扼腕三歎。是涇陽辨朱陸異同，用心甚平，絕不存絲毫門戶入主出奴之見。而其辨朱王異同，則心益寬而語益和。

《文集・卷四・復方本菴》有曰：

> 不肖，下里之鄙人耳。無所聞知。少嘗受陽明先生《傳習錄》而悅之，朝夕佩習不敢忘。

是涇陽自承，其學自陽明入門，不為諱，惟《札記・評騭明儒》有曰：

> 吳康齋先生一團元氣，可追太古之樸。羅整菴先生一團正氣，可挽末俗之頹。

此兩人皆朱學巨擘也。然涇陽又亦盛推陽明。《札記》又曰：

> 五宗昌而虛無寂滅之教熾，所以使天下知有吾儒之道之當來而歸者，周元公也。程朱沒而記誦辭章之習熾，所以使天下知有自心自性之當反而求者，王文成也。

斯其稱許陽明，亦可謂甚至，《札記》又曰：

朱子揭格物，不善用者流而拘矣，陽明以良知破之，所以虛其實也。陽明揭致知，不善用者流而蕩矣。見羅以脩身收之，所以實其虛也。皆大有功於世教。然而三言原並列於《大學》一篇之中。故以之相發明則可，以之相弁髦則不可。以之相補救則可，以之相排擯則不可。

此言學術思想史之先後發展，各家相異，皆有其應占之地位，可謂平實明通，絕非陷入門戶之見者所能比擬。

涇陽又常以朱子陽明相比，《札記》有曰：

陽明之所謂知，即朱子之所謂物。朱子之所以格物者，即陽明之所以致知。

又曰：

朱子平，陽明高。朱子精實，陽明開大。朱子即修即悟，陽明即悟即修。

此即朱子自謂與象山異同，各占一邊，各有短長，當求兼采折衷之意。若如此為懷，則何分門戶壁壘。然涇陽於諸家異同，亦非漫無軒輊。《札記》又曰：

陽明先生開發有餘，收束不足。當士人桎梏於訓詁辭章間，驟而聞良知之說，一時心目俱醒，恍若撥雲霧而見白日，豈不大快。然而此竅一鑿，混沌幾亡，往往憑虛見而弄精魂，任自然而藐兢業。陵夷至今，議論益玄，習尚益下。高之放誕而不經，卑之頑鈍而無恥。仁人君子又相顧徘徊，喟然太息，以為倡始者殆亦不能無遺慮焉而追惜之，此其所以遜元公也。然則朱子何如？曰：以考亭為宗，其弊也拘。以姚江為宗，其弊也蕩，拘者有所不為，蕩者無所不為。拘者人情所厭，順而決之為易。蕩者人情所便，逆而挽之為難。昔孔子論禮之弊，曰：與其奢也寧儉。論學之弊，亦應曰：與其蕩也寧拘。此其所以遜朱子。

是涇陽於陽明不如濂溪朱子處，固亦明白指出。而於陽明晚年天泉橋四句教無善無惡心之體一語，尤致深斥。《札記》有曰：

至善者性也，性原無一毫之惡，故曰至善，陽明先生此說極平正。不知晚年何故卻主無善無惡。

高景逸為涇陽作〈行狀〉，引其語曰：

無善無惡，辨四字於佛氏易，辨四字於陽明難。在佛氏自立空宗，在吾儒則陰壞實教。

涇陽弟涇凡，編為《朱子二大辨》一書，《涇陽文集》有序曰：

江西頓悟，永康事功，無善無惡四字，是其窠巢。

蓋涇陽論學，極重有關性之體認。《札記》有曰：

吾儕要識性，須從主宰處認取，方有下落。性不離於氣，亦必知其有不墮於氣者存，而後性之真面目始見。若向氣上認取他，這箇紛紛紜紜，清濁純駁，千態萬狀，將指何者為性。

《札記》又曰：

性，天道也。學，人道也。性原於天，本自有定，在昔聖賢之語性，亦自有定。後人卻見謂無定，輒以眾說混之而性晦。學繫於人，隨其所入，千蹊萬徑，本自無定，在昔聖賢之語學，亦自無定。後人卻見謂有定，輒以一說格之而學晦。

亦可謂此處性即是本體，學即是工夫。認識本體，始有工夫可下。實下工夫，始有本體可達。從前人認本體有定，只各人所下工夫可以無定。後人爭本體無定，而各人所下工夫，必欲歸於一定。涇陽此段辨析，極具見地。高景逸《涇陽行狀》引其語曰：

孔子所謂工夫，恰是本體。世之所謂本體，高者只一段光景，次者只一副意見，下者只一場議論而已。

又綜述涇陽自所體悟，曰：

語本體，只是性善二字。語工夫，只是小心二字。

《札記》亦曰：

孟子言，人之所以異於禽獸者幾希。從源頭上看，便知人絕無可自恃處。從念頭上看，便知人略無可自肆處。

此所以主性善，而又斤斤於小心工夫，絕不敢自恃自肆也。

涇陽本此意而評當時之學風，《札記》有曰：

程子〈識仁說〉曰：仁者渾然與物同體，義禮智信皆仁也，此是全提。今於仁者渾然與物同體則悉意舉揚，於義禮智信皆仁也則草草放過。識得仁體，以誠敬存之而已，不須防檢，不須窮索，此是全提。今於不須防檢，不須窮索，則悉意舉揚。於誠敬存之，則草草放過。若是者，非半提而何。只是多從便宜處走了。

《札記》又曰：

吾讀《論語》二十篇，而知孔子之教，大都主於養人性地。吾讀《孟子》七篇，而知孟子之教，大都主於發人性光。吾師方師山先生言，朱子之言，孔子教人之法也。陸子之言，孟子教人之法也。此兩語庶幾足以折紛紛之論。

觀此條，涇陽特重朱子《小學》書之觀點亦可知。蓋朱子《小學》，亦在養人性地上著意也。涇陽又於此而特別看重《中庸》之庸字。《札記》有曰：

春秋以來二千餘年，諸子百家紛紛競起，都有一種可喜可諤處，能鼓舞人搜求病根。只是無奈何許多聰明才辨不肯庸。乃知這一字真是照見天下後世學術之弊，預為點破。萬兩千觔，十分鄭重，不可草草看。

涇陽常稱朱學曰平日實曰拘，其實此等都是接近庸字處，正是涇陽所自己小心有意處也。

《札記》又有〈評韓愈闢佛〉有曰：

始讀韓昌黎〈原道〉，以為粗之乎其闢佛。年來體驗，乃知其妙。佛氏說心說性，僅自精微，幾與吾聖人不異，即欲闢他，何處下口。吾聖人以人倫為實際，所謂心性，即在君臣父子兄弟夫婦之中。佛氏以人倫為幻迹，所謂心性，乃在君臣父子兄弟夫婦之外。在君臣父子兄弟夫婦之中，是謂體用一原，顯微無間。在君臣父子兄弟夫婦之外，體用顯微打成兩截。闢佛者只應如是而止。

又曰：

昔邵堯夫與趙商州論牡丹，謂洛人以見根撥而知花者為上。見枝葉而知者次之，見蓓蕾而知者下也。如待有君臣而後知有君臣，待有父子而後知有父子，待有夫婦而後知有夫婦，曾不異枝葉蓓蕾之見，而可以語無極乎！程子曰：沖漠無朕，萬象森然。予謂萬象森然，依舊沖漠無朕。必棄而君臣，絕而父子，離而夫婦然後可，無極其一偏枯之物而已。高存之曰：體則寂無朕兆，所以易混。用則全體具呈，所以易別。今迹其所易別，核其所易混，信乎心性之說不攻自破矣。此〈原道〉之作似乎平平無奇，而上下二千年間闢佛家，竟未有尚之者也。

心性即在君臣父子夫婦中，不在君臣父子夫婦外，此辨易知。心性乃在君臣父子夫婦前，不在君臣父子夫婦後，此辨難知。此即朱子調定要為理氣分別一先後，則理應在先，氣應在後，亦即濂溪無極而太極之意也。佛家教人尋父母未生以前本來面目，不知此本來面目仍應存在於父母既生之後。理在氣先，亦在氣中。今必欲離棄父母以尋此本來面目，是謂理在氣外也。而世俗又認為必待父母既生以後乃始有此面目，是則只能在枝葉蓓蕾上見花，不能在根撥上見花也。陽明言良知，必曰見父自然知孝，見兄自然知弟，此亦只重發人性光，不免於養人性地一面忽了。性地疏於培養，性光亦將晦失。故涇陽極重濂溪之〈太極圖說〉，而又重朱子之《小學》，此是其用心深微處。

《札記》又曰：

自古未有關門閉戶獨自做成的聖賢。自古聖賢，未有離羣絕類孤立無與的學問。這道理是箇極精極細的物事，須用大家商量，方可下手。這學問是箇極重極大的勾當，須用大家幫扶，方可得手。然後知非朋友無以成其君臣父子夫婦兄弟，非講習亦無以成其朋友。

此乃涇陽景逸諸人東林講學一番精神所在。孔子曰：以文會友，以友輔仁。孟子曰：以友天下之士為未足，乃上友古之人。故自涇陽尚友一義，自可有東林講會，又自必轉入晚明諸遺老經史實學之一途。顯微無間，體用一源，當不以只求反身自得為滿足。而陸王心學之終不免其流弊，亦自可見。至清代之文字獄，乃使經史實學轉入故紙堆中，東林既無救於明代之亡，而乾嘉儒之經史考據，亦終使宋明理學關心世道人心一番大道理大學問精神墮地以盡。後人正當深求其故，不當只在門戶意見中辨是非，論得失也。

（下）高景逸

顧涇陽高景逸同主東林書院之講會，提倡由王返朱，惟涇陽頗不樹門戶，而景逸務於辨是非，兩家立言多相同。而亦微有異。

景逸曾仿《近思錄》例，編鈔朱子語為《朱子節要》，《高子遺書》有其序，曰：

不有孟子朱子，孔子之道不著。昌黎韓氏曰：孟子功不在禹下，而河汾薛氏曰：朱子功不在孟子下，可謂知言。

又《遺書・卷五・會語》有曰：

若知孟子之言，便知孔子句句精妙。若知得朱子之言，便知周程語語著實。

又《遺書・卷一・語》有曰：

朱子傳註六經，折衷羣言，是天生斯人以為萬世。即天之生聖賢，可以知天命矣。

又《遺書・卷五・會語》有曰：

周程張朱，是為天地幹蠱之人。白沙康節，是享現成家當者。若其間最苦心竭力者，又莫過朱夫子，於世上無一事不理會過。

又曰：

自古聖賢成就，俱有一箇脈絡。濂溪明道與顏子一脈。陽明子靜與孟子一脈。橫渠伊川朱子與曾子一脈。

又曰：

程子曰：孟子才高，學之未可依據，且學顏子。余則曰顏子才高難學，學者且學曾子，有依據。

凡景逸之所以推尊朱子，其意俱如上引。

《會語》又曰：

學問俱有一箇脈絡。朱陸亦然。陸子之學，直截從本心入，未免道理有疎略處。朱子卻確守定孔子家法，只以文行忠信為教，使人以漸而入。然而朱子大，能包得陸子。陸子麄，便包不得朱子。陸子將〈太極圖〉、《通書》及〈西銘〉俱不信，便得他心麄處。

此處分論朱陸極平實。又《遺書》有〈崇文會語序〉，略曰：

崇文者，崇文公朱子也。自良知之教興，世之弁髦朱學也久矣。孔子之教四，曰文行忠信。惟朱子之學得其宗，傳之萬世無弊。即有泥文窒悟者，其敦行忠信自若也。姚江妙悟良知，其功甚偉，豈可不謂孔子之學，然而非孔子之教也。今其弊略見矣。蓋至於以四無教者，而後知以四教者，聖人憂患後世之遠也。

此處分論孔子之學與孔子之教大有意思。而朱王異同亦由此見矣。

又《遺書・卷四・講義》有曰：

除卻聖人全知，以下便分兩路，一者在人倫庶物實知實踐去，一者在靈明知覺默識默成去。此兩者之分，孟子於夫子微見朕兆，陸子於朱子遂成異同。本朝文清文成，便是兩樣。宇內之學，百年前是前一路，百年來是後一路。兩者遞傳之後，各有所弊。畢竟實病易消，虛病難補。今日虛證見矣。

此條論學脈，而謂孟子於孔子已微見朕兆，前引涇陽語已有《論語》培人性地《孟子》發人性光之辨，此一層實亦承朱子，而前人尚少發揮，大可注意。

又《遺書・答方本菴》有曰：

陽明於朱子格物，若未嘗涉其藩焉，其致良知，乃明德也。然而不本於格物，遂認明德為無善無惡。故明德一也，由格物而入者，其學實。其明也，即心即性。不由格物而入者，其學虛。其明也，是心非性。心性豈有二哉，所從入者有毫釐之辨也。

此條辨即心即性與是心非性，謂一從格物入，一則否，乃一實一虛之辨。

又《遺書・評敬菴先生語要序》有曰：

謂無惡可矣，謂無善何也。善者性也，無善是無性也。吾以善為性，彼以善為外。吾以性為即人倫，即庶物，彼以人倫庶物是善而非性，是岐體用，岐本末，岐內外，岐精粗，岐心迹而二之也。

此條與涇陽辨佛用意相似。若必待見父始知孝，則未見父前，此心亦復有孝否。孝即是此心，善即是此性，體用本末內外精粗合一，故必格物，乃得致知。重視朱子《小學》，即所以糾王學之末弊也。

又《遺書・方本菴性善繹序》有曰：

陽明先生所謂善，非性善之善也。何也？彼所謂有善有惡者意之動，則是以善屬之意也。其所謂善，善念云爾。所謂無善，第曰無念云爾。吾以善為性，彼以善為念。吾以善自人生而靜以上，彼以善自吾性感動而後也，故曰非吾所謂性善之善也。吾所謂善，元也。萬物之所資始而資生也，烏得而無之。故無善之說，不只以亂性，而足以亂教。善，一而已矣。一之而一元，萬之而萬行，為物不二者也。天下無無念之心。患其不一於善耳，一於性即善也。今不念於善而念於無，無一念也。若曰患其著焉，著於善著於無，一也。著善則拘，著無則蕩。拘與蕩之患，倍蓰無算。故聖人之教，必使人格物。物格而善明，則有善而無著。今懼其著，至夷於惡而無之，人遂將視善如惡而去之，大亂之道也。故曰足以亂教。古之聖賢，曰止善，曰明善，曰擇善，曰積善，蓋懇懇焉，今以無之一字掃而空之。非不教為善也，既無之矣，又使為之，是無食而使食也。

此處有數義當略加分釋。一則景逸特別重視教，前引有曰：姚江妙悟良知，豈可不謂孔子之學，然而非孔子之教。此處又曰：無善之說，不足以亂性，而足以亂教。景逸此意，亦屢見於他處。《遺書》有〈答方本菴書〉有曰：

立教不可不慎。讀《論語》，便見聖人小心，其周物之知，曲成之仁，正在於此。故附會失真者，其真自在。快意下語者，語即流禍耳。

此猶謂無善之說不足亂性，而足亂教也。孔子既曰學不厭，又必曰教不倦。古代如莊老道家，後代如乾嘉清儒，皆有學而無教。理學中如陸王，則語即流禍，教而有弊也。《遺書》又有〈答張雞山書〉有曰：

龍每謂姚江之學興，而濂洛之脈絕。有宋大儒，誠明之性，明道先生是矣。明誠之教，晦菴先生備矣。

《遺書・卷一・語》有曰：

文公聖賢而豪傑者也。故雖以豪傑之氣概，終是聖賢本色。文成豪傑而聖賢者也。故雖以聖賢學問，終是豪傑真色。

景逸之特重朱子，亦重在其立教之無弊，而陽明終自有快意下語處，故謂其是豪傑真色也。又《遺書》有〈重刊諸儒語要序〉有曰：

聖人之憂患天下後世遠矣。故不難於自盡其心，而難於盡眾人之心。不難於開一世人之心，而難於稽萬世人之心。聖人知不學之害小，而學術之害尤大。不學之害，害其身。而學術之害，害萬世。

學求自盡其心，教則求盡眾人之心。如學朱者泥文窒悟，陽明提倡良知，是亦開一世人之心也。

然快意下語流禍，是未能稽萬世人之心也。所謂學術之害，即指其立教失當之害言。

二則景逸解釋陽明無善無惡心之體一語乃指念，非指性，此誠一語破的。所以然者，陽明蓋認善之起在吾性感動以後，不認善在人生而靜以上。朱子論理在氣中，然復言理先於氣。此一分辨，極關重要。前引顧涇陽〈評韓愈闢佛〉一篇，所論與景逸此條大義相通。梨洲《學案》於涇陽傳後附辨陽明四句教，謂所謂無善無惡，無善念惡念耳，非謂性無善無惡也。有善有惡之意，以念為意也。知善知惡，非意動於善惡，從而分別之為知。好善惡惡，天命自然，炯然不昧者，知也，即性也。陽明於此加一良字，正言性善也。為善去惡，所謂有不善未嘗不知，知之未嘗復行也。良知是本體，天之道也。格物是工夫，人之道也。上二句淺言之，下二句深言之。心意知物，只是一事。蓋景逸攻擊陽明語，極屬明顯，無可否認。梨洲乃借景逸語轉為陽明作迴護。謂陽明之意，本是說無善念無惡念。然陽明本意，若果如梨洲所解，則只下二語深言之已足，何必再增上二語之淺言之。又何以於心意則淺言之，於知與物則深言之。其為曲解，不辨自明。抑且若果陽明原意如梨洲所說，又何以於龍谿四無之說，更予認可，不加修正，此實百辨而莫可解者。蓋梨洲亦自受東林講學影響，於涇陽景逸兩人剖擊陽明語亦皆認可不復反詰，而於陽明所語猶必委曲迴護，乃獨歸罪於龍谿，是真何為其然矣。

三則景逸此條提出拘與蕩二字，亦見前引涇陽篇，兩人意見相同，正可證上引涇陽論明友講習之益。

景逸復有明斥陽明為學本末者。《遺書．三時記》有曰：

余觀文成之學，蓋有所從得。其初從鐵柱宮道士得養生之說，又聞地藏洞異人言，周濂溪程明道是儒家兩個好秀才。及妻一齋與言格物之學，求之不得其說，乃因一草一木之言，格及官舍之竹而致病。旋即棄去。則其格致之旨未嘗求之，而於先儒之言，亦未嘗得其言之意也。後歸陽明洞習靜導引，自謂有前知之異，其心已靜而明。及謫龍場，萬里孤遊，深山夷境，靜專澄默，功倍尋常。故胸中益灑灑，而一旦恍然有悟，是其舊學之益精，非於致知之有悟也。特以文成不甘自處於二氏，必欲篡位於儒宗，故據其所得，拍合致知，又粧上格物，極費工力，所以左籠右罩，顛倒重複。定眼一覷，破綻百出也。後人不得文成之金鍼，而欲強繡其鴛鴦，其亦誤矣。

景逸〈三時記〉，記其謫揭陽往返經過，此一段乃在赴揭陽途中讀《文成年譜》而作。景逸之赴揭陽，略似文成之謫龍場驛，《遺書》中〈困學記〉自序為學次第，有在赴揭陽途中汀州旅舍小樓一悟，其事極似禪家言。景逸又極重視靜坐，常以朱子語半日靜坐半日讀書教人。景逸學脈入處在此，故於陽明鐵柱宮陽明洞龍場驛幾段生活經過，瞭解親切，較之他人僅於文字言說中求陽明者大不同。而景逸與陽明兩人之學術異同，所以尤當為有心治理學者作精詳之參尋也。在陽明當時，與陽明持異見者有羅整菴。在陽明身後，與陽明持異見者有高景逸。整菴景逸兩人皆言悟。而兩人所悟，亦皆與陽明不同。辨心性亦惟整菴景逸兩人為精。然景逸言明儒，乃特提薛敬軒，少及羅整菴，此層與涇陽稍異，亦值細參。

《遺書・卷二・劄記》有曰：

朱子一派，有本體不徹者，多是缺主敬之功。陸子一派，有工夫不密者，多是缺窮理之學。

此見景逸於朱學，最重敬字工夫，涇陽之言小心，亦敬也。景逸之主靜坐，自言自幼無小學之教，缺此一段工夫，終不可無端居靜定之力，故涇陽與景逸皆重朱子《小學》，亦是此意。

又曰：

儒者之學，只天理二字最微，可以自諳，而難於名言。明道津津言之，伊川晦菴皆體到至處。

又曰：

朱子曰：天地間有一定不易之理，不容毫髮意想安排，不容毫髮意見夾雜。自然先聖後聖若合符節，此究竟處也，所謂天理者如此。

又曰：一念反躬，便是天理。故曰：不能反躬，天理滅矣。問：知覺之心與義理之心何如，朱子曰：纔知覺，義理便在此，纔昏便不見了。又曰：提醒處便是天理，更別無天理。由此觀之，人心明即是天理，不可騎驢覓驢。

以上諸條皆言天理，而曰一念反躬便是天理，此言天理重在此心之存主，而此心之存主則即是敬字工夫也。

又曰：朱子謂人之所以為學，心與理而已。學者必默識此心之靈，而端莊靜一以存之。知有萬物之理，而學問思辨以窮之。此聖學之全也。論者以為分心與理為二，不知學者病痛，皆緣分心與理為二，朱子正欲一之，反謂其二之，惑之不可解久矣。

此條明白說出朱子正欲合心與理為一，而所以合之之方，則尤要在端莊靜一之敬。

又曰：

朱子曰：致知格物只是一事。格物以理言也，致知以心言也。由此觀之，可見物之格即知之至，而心與理一矣。今人說著物，便以為外物，不知不窮其理，物是外物。物窮其理，理即是心。故魏莊渠曰：物格則無物矣，此語可味也。

此條以格物致知合一言之，謂此即心與理一。與陽明言致良知即格物，其義大異。觀於以上諸條，知景逸於朱子，居敬窮理，兩面用功，格物與致知，心與理，皆一非二。而重要在有一段工夫。陽明學之流弊，則正為忽視此一段工夫而來。故曰：

物格知至，實見得天人一，古今一，聖凡一，內外一，主一功夫自妙矣。

敬即主一功夫，主一功夫之最高境界，達於天人，古今聖凡內外之一，則無以復加矣。然此亦只是理之窮到極處也。景逸此諸條，本只引申朱子之說，非有自己創見，而針對王學流弊，則此諸條皆備見深意。乃梨洲《學案》辨景逸又曰：

先生曰：人心明即是天理，深有助乎陽明致良知之說。而謂談良知者，致知不在格物，故虛靈之用，多為情識，而非天則之自然。先生必以外窮事物之理為格物，則可言陽明之致知不在於格物。若言人心明即是天理，則陽明之致知即是格物明矣。先生之格物，本無可疑，特欲自別於陽明，反覺多所扞格耳。

此又是梨洲強生曲解。景逸只謂人心明即是天理，非謂此心無時無處而不明。若謂見父自然知孝是良知，然此中亦有曲折。如大杖走，小杖受，乃是格物。大杖之所以必走，小杖之所以可受，其間有物理。固是同出於孝心，而儘當分走與受之別。故謂物格即是致知則可，謂致知即是格物，則其語終煩分釋。謂窮格物理可以圓滿達成吾心之良知則可，謂在吾良知中即具一切物理，此亦難於成立。《遺書》卷三有〈陽明說辨〉四篇，極辨朱王兩家言致知格物異處，今梨洲既言景逸論格物無可疑，而必謂其不當自別於陽明，蓋梨洲本已逐步走上由王返朱之路，而不能自覺，故乃多生迴護，時見扞格耳。

景逸於闡釋《大學》格物致知義，一本程朱，然於程朱之改易《大學》古本而又為之作補傳，則終不信守。《遺書・古本大學題詞》有曰：

明道先生易《大學》古本，伊川先生再易之，晦菴先生三易之，未定也。以三先生之信古而卒不能信於斯簡，以天下後世之信三先生，而卒不能信其所易，則心之同然者不可強也。愚蓋往來胸中，結疑不化有年矣。一日讀《崔後渠先生集》，有曰：《大學》當挈古本引淇澳以下置之誠意章前，格物致知之義明矣。乃始沛然如江河之決，不覺手舞足蹈而不能已。吾何以決之，決之於此謂知本，此謂知至之二語也。夫以三先生不能定，敢謂定於今日乎。然而天下萬世之心目，固有漸推而愈明，論久而後定。自三先生表章《大學》之後，越三百年，而崔先生之說益近自然，故敢申明之，以俟後之君子，觀夫同然之心果何如也。

又曰：

《大學》一篇本六段文字。首段三綱八目之下即釋格致，而格物即在格知本末，本末即是明德新民，知本即是知至，知至即是知止，原與三綱通為一義，故通為一段。其次即歷釋誠意以下，初無傳經之別。

曰：朱子自言某一生只看得《大學》透，見得前賢所未到。子之願學朱子篤矣，於《大學》反異其指，何也。曰：朱子格物，規模極大，條理極密，無所不有。知本之義已在其中。若實做朱子格物工夫，自與知本無二。實做知本工夫，自與朱子格物無二。非今日之古本與朱子無異指，乃朱子格物原與古本無二指也。

《遺書》於〈古本大學題詞〉外，尚有〈大學首章約義〉一篇，〈廣義〉十二條，〈附錄先儒復大學古本及論格致未嘗闕傳〉等多條，此處只約引數語以見梗概。景逸極尊朱子，而論《大學》版本則不憚有異同，明儒辨《大學》古本者多矣，故特附詳景逸之意於此。以待後人之續定。至景逸之謂知本者，竊推其意，外則本之天理，內則本之人心。而人心天理實一非二。由於天地大自然而生出人心良知，此所謂天降天命。故孟子曰：盡心可以知性，盡性可以知天。此處乃是知至知止。陽明單提良知，未見盡心盡性工夫，景逸則謂之為不格物之致知。陽明嗣又謂良知生天生地，是天地轉在良知後，猶謂子女生出父母，何其倒置之甚。及晚年又曰無善無惡心之體，茍言理，則必及善惡，今乃一掃而空之，無恠龍谿倡四無之論，而陽明不得不首肯。此終墮入了釋老境界。故王學流衍，終必歸於三教合一，亦是一種至為自然之趨勢也。景逸則舉天人一，古今一，聖凡一，內外一，以為格物知止之主一功夫之最後最高境界，夫豈謂知本知至知止之僅止於各人當下現前之良知而已乎。景逸極稱薛敬軒詩，七十六年無一事，此心始覺性天通。性天通，即是天人古今聖凡內外之合一也。梨洲《學案》亦曰：河東之學，悃愊無華，恪守宋人矩矱，故數傳之後，其議論設施，不問而可知其出於河東。若陽明門下親炙弟子，已往往背其師說，亦以其言之過高也。此即景逸所稱本朝文清文成便是兩樣，梨洲亦不得不采其說。惟東林顧高講學，因其牽涉政事，黨論與國運同滅，故後起晚明遺老如顧亭林，雖崑山無錫同在百里之內，人地相稔，其為《日知錄》亦極反陽明，而頗不多稱引顧高。東林遺響，其在清初，雖不驟沉，亦不久延，是豈講學之與論政，必當判分兩途，而終不能合一而並盛乎？此亦治學術史者一深值注意之問題。而景逸之止水自沉，則尤足倍增後人之追悼於無已也。

讀《劉蕺山集》

余少年讀黃梨洲《明儒學案》，愛其網羅詳備，條理明晰，認為有明一代之學術史，無過此矣。中年以後，頗亦涉獵各家原集，乃時憾黃氏取捨之未當，並於每一家之學術淵源，及其獨特精神所在，指點未臻確切。乃復時參以門戶之見，意氣之爭。劉蕺山乃梨洲親所受業，亦不免此病。爰綴斯篇為例。

《蕺山集・卷三十三・中皇極之要疏》有云：

古之帝皇，道統與治統合而為一。及其衰也，孔孟分道統之任，有宋諸儒繼之。洪維我太祖，表章朱熹之學，以上溯孔孟，直接堯舜以來相傳之統，人心之正，幾於三代。

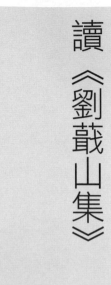

又卷九〈方遜志先生正學錄序〉，謂：

先生蚤師宋潛溪氏，接考亭之正傳。予少知學問，輒向慕先生，私心謂國朝理學之傳，必以先生為稱首。

是蕺山於明儒首尊方正學，實亦即以尊朱子也。並兼舉治統道統，則受東林影響。王學末流，龍谿泰州，變成一種社會運動，置上層政治於不問，則決無當於儒學之正統也。

卷六〈答陳生一〉有云：

千秋絕學，朱夫子其至矣。後人鮮有能發明之者。

又卷六〈答胡生二〉有云：

薛文清學程朱，朱子言孟子道性善一段，真是為學者指出真血脈與人看。

又卷七〈答王金如〉有云：

僕生也晚，于吾鄉得陶先生，學有淵源，一時聞者興起，新建微傳，庶幾有託。

此蕺山尊朱子，而同時亦尊陽明。惟謂新建微傳，則與人之尊陽明者有別。故同書又曰：

後之學聖人者，由陽明子而朱子，及於明道濂溪，溯之孔孟，如是而已矣。

卷七〈告胡嵩高諸生〉亦曰：

古之為儒者，孔孟一傳而為程朱，再傳而為陽明子。

又曰：

孔孟言之而不足，則程朱言之。程朱言之而不足，則陽明子言之。道陽明之道，言陽明之言，因而參考異同於朱子之言，以發明朱子之蘊，善繼朱子之心，求不得罪於孔孟焉止耳。

是蕺山論學，乃謂由程朱而陽明，故主以陽明上參程朱，而達於孔孟，與王門後學，必以陸王程朱分宗，謂惟陽明乃始直得聖傳，而反使陽明良知之學陷入於禪學窠臼者大不同。故蕺山實亦主由王返朱者，故又極推東林，卷一〈修正學疏〉有云：

> 東林云者，先臣顧憲成倡道於其鄉以淑四方之學者也。憲成學朱子者也。

又卷二〈極陳救世要義疏〉有曰：

> 太祖高皇帝遠接二帝三王之治統，獨表章紫陽氏。其學焉而最著者，則有薛胡陳王四君子。馴至萬曆之季有高攀龍。即宋儒楊時遺址，講紫陽之學，而世遂以東林名。

是蕺山論有明一代儒統，不廢薛胡，其論有明一代道統治統之合一，則尤拳拳於東林之顧高，此乃其論治論學之最大著眼處，而以學朱子講紫陽為終極，固並不有絲毫朱王門戶流俗之見存其心中也。

其論王學末流之陷於禪，則舉龍谿近溪，卷七〈答王金如〉有曰：

> 讀龍谿近溪之書，時時不滿其師說，而益啟瞿曇之秘，舉而歸之師，漸擠陽明而禪矣，不亦冤哉。

其〈答胡嵩高諸生〉有云：

今之言佛氏學者，既莫不言陽明子，吾亦與之言陽明子而已矣。

又曰：

今之言佛氏之學者，拈之以孔孟而不得，拈之以程朱而又不得，即請以陽明子拈之。此僕所以姑與之言陽明子也。

君子反經，僕亦與二三子共學陽明子以臻於聖人之域而已矣。

此見蕺山之講王學，乃別具一番苦心，治佛學者多言王，乃即以王學拈之，並不如王門後學只認王學為聖學之唯一途徑也。卷八〈答史子復三〉有曰：

僕不敏，不足以窺王門宗旨，抑聊以存所疑，竊附於整菴東橋二君子之後。

則蕺山於王學，自謂多所疑，而竊自附於羅整菴之與顧東橋。凡其自立說，皆當於此窺之，自不當目蕺山為王門之嫡系傳宗也。

卷九有〈重刻傳習錄序〉有曰：

孔孟既沒，心學不傳，雖經程朱諸大儒講明救正。而其後東於訓詁，轉入支離，往往析心

> 與理而二之。先生特本程朱之說而求之，以直接孔孟之傳曰致良知。先生所病於宋人者，以其求理於心之外也。故先生一則曰天理，再則曰存天理而遏人欲。先生蓋曰，吾學以存天理而遏人欲云爾。故又曰良知即天理。先生之言，固孔孟之言，程朱之言也。而一時株守舊聞者，驟詆之曰禪。後人因其禪也而禪之，轉借先生立幟，分門別戶，反成燕越。

是當時禪學，乃承王學而起。不入虎穴，不得虎子。蕺山之講陽明，乃求由此返之程朱，返之孔孟，而即以闢禪，而又直稱孔孟程朱曰心學，尤為特出之見。王門後人，必欲標揭其師之學曰心學，以樹異於程朱，乃以獨立於儒學傳統之外，而反以通於禪，蕺山意見，大率如是。

卷九又有〈明儒四先生語錄序〉，四先生指薛胡陳王，其言曰：

> 道之不明，智者過之，愚者不及。學一先生之言而求所謂道，高之蕩於元虛，卑之滯於形器，皆過不及之見也。

是蕺山於陽明，乃以接薛胡之後，則梨洲之《明儒學案》，真所謂株株惟一先生之言是守矣。

卷六〈答秦履思一〉又云：

> 學者專取良知以為捷徑，於古人用功處，一切廢置，仍欲別開徑竇，以認取良知之面目，

祇覺愈求而愈遠，終自墮於恍惚之穽。

則凡治王學，以自別於其他儒統之外而奉之為獨尊者，其弊必至此。而其病乃自認良知為捷徑始。故卷十有〈張含宇先生遺稿序〉有曰：

張氏有浮峯先生，文成高弟子也。文成倡良知之學，天下遂不復言朱氏學，獨浮峯先生惓惓於戒懼謹獨之說。至含宇先生，則全以紫陽之家法，格王門之異同。雖猶是浮峯遺旨而語加峻，切劘益加嚴，其自許為文成功臣亦逾甚。

是蕺山於當時學人之能反朱以矯王者，固心所嚮往，情見乎辭，即誦斯篇而可知。又卷十三有〈張浮峯墓誌銘〉，其銘曰：

浮峯高高不可極，合下良知獨為則。淵源紫陽相羽翼，終古靈光且不蝕。

是蕺山並非無取於陽明良知之說，惟必淵源紫陽相為羽翼，乃可無弊也。又卷十有〈重修紹興府儒學記〉有曰：

為伊洛發蒙，為姚江救敝。

又卷九有〈陶庸齋慥慥集序〉，謂：

章楓山先生曰，程朱後，學術又大壞。吾越有陶庸齋先生，學宗紫陽，服膺楓山，因不滿於良知之說，吾是以知學術之終歸於一也。紫陽之後有文成可也，文成之後有先生可也。請以質之楓山。

是蕺山未嘗反陽明言良知，然不喜言良知者之反朱子，故於陽明後又有取庸齋，蕺山之學，則正聞庸齋而起也。

卷十一〈讀書說示汋兒〉有曰：

生於孔孟程朱之後者，舍孔孟程朱之書不讀，又何以自達於道。

又曰：

予嘗從陽明子之學，至拔本塞源論，乃以博古今事變為亂天下之本性，充其說，必束書不觀而後可。

拔本塞源論，見陽明〈答顧東橋書〉，可謂陽明晚年之見，而蕺山非之。故蕺山又謂竊附於整菴東橋二君子之後也。東橋原書有曰：《論語》曰：生而知之者，義理耳。若夫禮樂名物，古今事變，亦必待學。而陽明以拔本塞源之論答之。蕺山則曰：充其說，必束書不觀而後可。而蕺山此論，乃以告其子者，尤可見蕺山論學之要旨矣。

又曰：

偶閱一書，為江陵欲奪情，盡指言者為宋人爛頭巾語，此事惟王新建足以知之。夫江陵欲奪情，與新建無涉，何至以新建之賢而動為亂臣賊子所藉口，則亦良知之說有以啟之。故君子立教不可不慎。予因有感而著〈讀書說〉。

此其言，蕺山乃苦無以告於世，而特以告其子，亦可見當時之學風，與蕺山之苦心矣。

卷十一又別有〈讀書說〉，其言曰：

陽明先生不喜人讀書，令學者直證本心，正為不善讀書者，舍吾心而求聖賢之心，一似沿門持鉢，無益貧兒，非謂讀書果可廢也。先生謂博學只是學此理，審問只是問此理，慎思只是思此理，明辨只是辨此理，篤行只是行此理。而曰心即理也。若是乎此心此理之難明而必假途於學問思辨。則又將何以學之問之思之辨之而且行之乎？曰：古人詔我矣。讀書一事，非其導師乎？即世有不善讀書者，舍吾心而求聖賢之心，一似沿門持缽。苟持缽而有得也，亦何惜不為貧兒。惟為舉業而讀書，不免病道。然吾更惡夫業舉子而不讀書者。

此亦可謂慨乎言之矣。蕺山論學之主張由王返朱，其最簡易明白者，在主張教人讀書。故此篇之首，即舉朱子教人讀書謂當取以為法。惟其引朱子以半日靜坐半日讀書為教人法，則實誤承之高忠憲，而蕺山論學之多承忠憲，亦據此可知。

又卷九〈張慎甫四書解序〉有曰：

夫子以天縱之聖，為萬世師，而其自道也，一則曰好古，再則曰好古。後儒之言曰：古人往矣，六經註我耳，吾將反而求之吾心。夫吾之心未始非聖人之心也，而未嘗學問之心，容有不合於聖人之心者。求心之過，未有不流為猖狂而賊道者也。

六經皆我註腳，乃象山語，陽明不喜人讀書，即承象山來。象山欲問人，堯舜以前曾讀何書來，然堯舜以下之聖人，則未有不讀書。象山必曰，使我不識一字，亦將堂堂地做箇人。循此以往，則流為猖狂，有不免矣。

又卷六〈與陸以建年友書〉有曰：

言致知不言格物，不免離相以求心，以空指道，以掃除一切為學，以不立文字，當下即是性宗，何怪異學之紛紛。

言致知不言格物，即斥王學。以上皆專據《蕺山集》，而蕺山論學宗旨，亦昭然可覩矣。梨洲親受業於蕺山之門，《南雷集》有〈子劉子行狀〉，篇末敘蕺山論學，謂：

先生始從敬入門，中年專用慎獨工夫。慎則敬，敬則誠。

是梨洲亦謂蕺山之學，乃從程朱入，並終其生未變也。〈行狀〉又曰：

先生發先儒所未發者，大端有四：一、靜存之外無動察。二、意為心之所存，非所發。三、已發未發以表裏對待言，不以前後際言。四、太極為萬物之總名。

此其言靜存動察，言已發未發，言太極，皆直承濂溪二程朱子來。其謂意為心之所存，則又承靜存動察已發未發諸辨來。然如梨洲所舉蕺山論學，終不免偏在陸王心學之一邊。與余此篇所引，兼治統道統，上自方正學，下及東林高顧之旨，終自有辨。

〈行狀〉又引蕺山語，謂：

新建之流弊，亦新建之擇焉而不精，語焉而不詳，有以啟之。

是梨洲亦言蕺山有意矯王學之流弊也。

〈行狀〉又曰：

先生於新建之學，凡三變。始而疑，中而信，終而辨難不遺餘力。而新建之旨復顯。

是梨洲亦言，蕺山之學，其先固不自陽明入，終亦於陽明多辨難。而乃謂新建之旨復顯。是不啻謂矯王學，即以顯王學。梨洲之言非誤解即曲說，可知矣。

〈行狀〉又記蕺山著書：

聚孔孟言仁者類之曰合璧，周張程朱五子言仁者益之曰連珠。

則蕺山之學，豈不明白主自周張程朱而上達之於孔孟乎。

〈行狀〉又曰：

擇五子書之醕者解之為聖學宗要。

此五子書指濂溪明道橫渠朱子陽明。又有《陽明傳信錄》，是蕺山於陽明，固未全斥，主要則在能由陽明而上反之朱子明道而已。

〈行狀〉又曰：

先生常語羲，陽明之後，不失其傳者，鄒東廓羅念菴耳。

梨洲晚年為《明儒學案》，時主江右王門，即承此旨而來。然其持論，殊不免仍陷於程朱陸王宗派門戶之爭論中而未能自拔，因奉陽明為有明一代理學之中心，而尊蕺山，則若為王學之殿軍焉，其言曰：

識者謂五星聚奎，濂洛關閩出焉。五星聚室，陽明子之說昌。五星聚張，子劉子之道通。豈非天哉，豈非天哉。

其言固未斥濂洛關閩於儒統之外，其推尊蕺山不為不至。然實於蕺山論學之糾矯王學以欲上反之於濂洛關閩之精神，則湮沒而未彰。其同門惲日初，並以高劉兩人為正學，而梨洲力辨之，必謂高忠憲未脫禪門路徑，蕺山則醕乎其醕。然蕺山固極推景逸，此兩人同為當時學風有自王返朱之傾向中之特出人物，故治晚明學術史，於此兩人當特加注意。梨洲知惡講堂錮習，而轉治經史實學，亦從此學風轉變而來，惜乎梨洲不自知。必於高劉兩人分高下，似不如惲日初之轉得師門宗旨。故其晚年所為《學案》，亦僅可為治明代儒學者一必要之參考書而止一其於明代儒學之始終流變，乃及各家學術之大趨嚮，及其於儒學大統中輕重得失離合是非之所在，則頗少窺入，而仍以宣揚王學為其書之最大宗旨。則恐決不可謂其有合於師門蕺山之精神也。

宋明理學之總評騭

近人多稱宋明理學為新儒學，其實宋明儒與先秦儒新舊之間，自有一番區別。先秦儒乃當時新興之平民學，其針對者，乃當時之貴族階級即世襲的國君與卿大夫之流。而宋明儒則承接南北朝隋唐社會佛學餘波，其針對者在方外。近人疑先秦儒仍多不脫貴族色彩，宋明儒仍多不脫佛家色彩，其實是生世不同，那時社會自有那種色彩。何況是在思想上，何能擺脫淨盡乎。因此先秦儒大率自負欲為當時政治社會上一改造者，而宋明儒意中則多帶宗教氣氛。他們大體上有些處像似承接竺道生乃至慧能，專要當一傳道師，卻不屑為授業與解惑師。書院山齋似佛門法堂，非庠序教室。來學者亦多中年以上聲名已就之人，並非家庭青年子弟。他們雖亦講究到治國平天下，但他們的主要精神，則以修身齊家為主。雖非出世主義，終亦不免以擺脫此身種種罪過及牽擾為目標。總像帶有幾分消極氣氛，輕事業，輕成就。對政治生活，並不宣告絕緣，卻多抱著一種難進易退的態度。只有北宋初期，對政治味甚濃郁，較近先秦儒，惟夾帶有唐代文人氣息。中期以下，唐代文人氣息洗滌淨盡，換上嚴肅的面孔。若說先秦儒偏向上層政治，則宋明儒是偏向下層教育，並帶些宗教師的氣氛。這是歷史時代不同，社會情況不同。宋明儒乃沿接隋唐佛學盛行以來期求挽回所應有之偏向。

惟宋明儒究與隋唐宗教師相異，一則宗教師偏在出世，而宋明儒則求重回到先秦，來講治國平天下。二則宗教師偏重信，偏重外在之教，宋明儒則由信轉悟，由教轉理。不重外在之教，而要轉回頭到心悟其理，唐代禪宗則為此兩者間之過渡。禪宗主張本分為人，已扭轉了許多佛家的出世傾向，又主張自性自悟，自心自佛，早已從信外在之教轉向到明內在之理。宋明儒則由此更進一步，乃由佛轉回儒，此乃宋明儒真血脈。故謂其直接孔孟，固未全是，謂其仍是禪學，則亦非真相。

宋明儒講理，還有兩個歧嚮。一是濂溪明道以至象山陽明，比較偏從內心體會。一是康節橫渠伊川晦翁，比較偏從外物條理去探究。亦可謂乃由濂溪明道，而衍分出程朱與陸王之兩歧。若通論宋明學全部精神，卻像前者是正統，後者只是旁趨。但到宗教意味逐漸脫盡，學術界真是全部轉回到人文現實，則程朱轉居正統，而陸王反若旁門，晚明以及清儒多抱此意見。故通論宋明儒成績，仍是心性玩索處多，而事物考究處少。

宋明儒玩索心性工夫，不得不說其大體還從佛家禪宗來。他們亦主張把一切塵世習染從內心深處洗滌淨盡，所欲洗滌者，他們稱之為人欲。只禪宗以洗滌淨盡為究竟，而宋明儒則在人欲洗淨後，還要有一個天理炯然。此所謂天理，則從先秦儒來，與佛法不同。但在先秦儒，卻沒有像宋明儒一般內心洗滌的工夫。因此宋明儒最後境界，固不與禪宗合，亦往往與先秦儒不盡合。姑舉一故事說之。相傳張思叔家微，年長，未知讀書，為人傭作。一日，見縣官出入，傳呼道路。思叔頗羨之，問人何以得如此。或曰：此讀書所致。思叔始發憤從人學，後頗能文，入縣學府學，被薦。嗣以科舉之學不足為，因至僧寺，見道楷禪師。悅其道，有祝髮從之之意。時周行己恭叔官洛中，告思叔曰：且待他日程先生歸，子可從之學，無為空祝髮也。伊川歸自涪陵，思叔往從學。遂為程門弟子。此一事，可說明宋明儒在中國思想史上的地位。張思叔羨縣官發憤為學，此乃唐代文人意境。一旦悟科舉學不足為，因至僧寺欲祝髮，此乃由唐代文人轉入唐代高僧的普通道路。其實唐代縱為高官，縱不祝髮，信崇佛門講法者何限，只張思叔及見伊川，更不欲祝髮為僧，此則宋明儒貢獻，正在其能把人才從佛寺禪堂中挽出。因他們畢竟也是先下了內心洗滌工夫，比高僧們更高明了。但先秦儒則開始便積極，沒有受過此種宗教洗禮。

茲試再舉一事，明末東林高攀龍景逸〈自序為學次第〉，有一節云：

癸巳以言事謫官，……甲午，赴揭陽，自省胸中理欲交戰，殊不甯帖。……遂大發憤，曰：此行不徹此事，此生真負此心矣。……於舟中原設蓆席，嚴立規程，以半日靜坐，半日讀書。靜坐中不帖處，只將程朱所示法門參求。於凡誠敬主靜觀喜怒哀樂未發，默坐澄心，體認天理等，一一行之。立坐食息，念念不舍。夜不解衣，倦極而睡，睡覺復坐。於前諸法，反覆更互，心氣清澄時，便有塞乎天地氣象，第不能常。在路二月，幸無人事，而山水清美，主僕相依，寂寂靜靜。晚間命酒數行，停舟青山，徘徊碧澗，時坐磐石，溪聲鳥韻，茂樹修篁，種種悅心。而心不著境。過汀州，陸行至一旅舍，舍有小樓，前對山，後臨澗，登樓甚樂。偶見明道先生曰，百官萬務，兵革百萬之眾，飲水曲肱，樂在其中，萬變俱在人，其實無一事。猛省曰，原來如此，實無一事也。一念纏綿，斬然遂絕。忽如一百斤擔子，頓爾落地。又如電光一閃，透體通明。遂與大化融合無際，更無天人內外之隔。至此見六合皆心，腔子是其區宇，方寸亦其本位。神而明之，總無方所可言也。平日深鄙學者張皇說悟，此時只看作平常，自知從此方好下工夫耳。

此一等話，雖為高忠憲一人之自述，但可代表宋明學實際精神之大體面相。此事在宋明理學結束時期，正可指出宋明理學家始末一貫之終極趨向。此種工夫，即為上述內心洗滌工夫之具體一例。

固非謂凡屬內心洗滌工夫皆如此做，要之可見其一斑。若論此等內心洗滌工夫之淵源，則實自禪宗來，先秦儒固絕無此意境。禪宗教人重在不染不著，但人心卻偏要依靠，黏著。在此用工夫，須把己心逐漸收斂，逐漸凝聚，使其只依靠黏著在一點上，不走作，不散漫。久而久之，只要此一點依靠黏著，忽爾灑脫，則此心便落入空蕩蕩底境界，便可面對無著真相矣。禪宗心理狀態之經過都如此，更明顯的，可舉宋代禪宗之參話頭為例。他們一心一意只參一句話，如「佛在庭前柏樹子」，「麻三斤」之類，對此一句話，更不思量，更不揣度。只繫心在此一句話上，一旦此心脫落了這句話，便是大徹大悟，便覺此心通體透亮。此何故，正因一意參話頭，此心凝斂，無時無刻不在此一話頭上。久之此一話頭忽然失掉，則如千鈞之重繫於一髮，一髮遽斷，此千鈞重石自然墜地。那時此心空蕩蕩地更無一物，不染不著，是即禪宗理想要到達之境界。而參話頭則不用智慧，但用工夫，積久便可到達。只要你一次實證親驗到此境界，則便是大徹大悟。以後自然能不斷仍尋到此境界作人生究竟歸宿。淨土念佛與禪合流，其理亦在此。念佛只是出聲的參話頭，參話頭則是不出聲的念佛。要之是把心收在一處，真能收在一處，則其他處全灑脫了。將來此一處再灑脫，則成無處不灑脫矣。宋明儒洗心工夫還是此路脈。高忠憲所謂一念纏綿，斬然遂絕，忽如百斤擔子，頓爾落地，又如電光一閃，透體通明，遂與大化融合無際，實亦此工夫與此一境界之最明白最具體的描述也。故宋明儒常教人靜坐，常說心要在腔子裏，又說此心與萬物一體，又說此心不容一物，種種說話，其實皆是教人體認此境界。惟宋明儒謂認得此境界後方好下工夫，從此與禪宗不同。禪宗認此境界已屬到家，更不要繼此再別有工夫也。

今再深一層分析之，則佛家禪宗只認內心洗滌為人生究竟工夫，一切洗滌淨盡，常使此心不染不著，空蕩蕩地，便是人生最高境界，亦即人生最後歸宿。而宋明儒則認人欲洗滌後尚須有天理存在，人生不即以內心洗滌工夫為究竟。惟有的則在洗滌內心後再去認天理，有的則認只人欲淨盡後天理便自見，此二者，其用功的先後輕重又不同。如明道識仁，陽明致良知，都主張從正面下工夫去認識天理，但亦不反對從旁面洗滌人欲以為助。因此他們不反對靜坐，正因靜坐乃心理洗滌之必要步驟也。但他們並未只主張靜坐，並非要你專做洗心工夫。但兩家門人則多不免走人後一路。此因和佛家理論接近，易受其影響。然只重洗滌，則其真實境界，易流於輕鬆灑脫，卻未必即是篤實輝光。此乃宋明儒易犯之通病。

現在再說宋明儒之兩途，一重內心洗滌，一則以內心洗滌為助緣。但此二者，同有一最高理想人格為所嚮往。惟此種理想人格則完全以個人內心境界為衡量。此處不妨借用近代西方之心理分析術以為說明。據近代西方精神分析學者之意見，人生日常活動，多數受下意識或稱潛意識之支配，此種下意識或潛意識，乃由人生幼年以來，有種種心理活動未獲暢遂發洩，自由呈露，轉向內部壓抑，積久所成。此種下意識或潛意識，平日支配人生種種活動，細微難見。若遇某種事，此種下意識壓抑過甚，或劇烈震動，則不免要衝決橫潰，引起人格分裂等種種變態的精神病。此一說可分兩方面探求。一是消極的人格分裂，另一是積極的人格完整。所謂人格完整，並非指日常人生言。緣日常人生雖外面見其為統一之人格，然一究其內裏，則殊不盡然。在彼心底深處，依然有種種潛意識存在，或蠢蠢思動，乘機竊發。或改頭換面，偷關漏稅。其上層意識雖若光明健全，其下意識則仍是漆黑一團，不可爬梳。若專從其下意識言，一樣病痛百出，無顏對人。只由社會習俗法律制裁種種另外的條件，維持其日常之姿態。此種人生，依然是一種內心對立的人生，只可說其幸免於瘋狂或破裂，卻不能說其全部人格之完整。此種對立狀態，宋明儒則以天理人欲稱之。宋明儒之心理洗滌，只在把近代西方精神分析學者之分析工作更深一層，用在日常人生方面，不只用在精神病者之一面。他們用靜坐來自我治療，待其人一入靜境，則其日常內心種種隱藏黑暗污穢不可對人的下意識，自然逐層曝露，逐層顯現。照近代西方精神分析學者之實驗，凡屬久久積壓的潛意識，一經曝露顯現，自可解消融釋，此即程明道所謂渣滓渾化也。人心內部一切渣滓全融化，則此人心中更無所謂下意識或潛意識之存在。此心直直落落，只是一個心，宋明儒則稱此為道心，又稱此為天理。所謂天理渾然，正是說他人格之完整。若其人心中尚留有若干渣滓未盡融化，此則依然有些潛意識，躲藏在心底深處。雖不致乘機竊發，或蒙面活動，更不致有精神分裂，人格崩潰之病。但到底如太空有纖雲點綴，較之青天白日霽月光風終是有間。周濂溪教二程尋孔顏樂處，所樂何事。其實樂處即在此，更無其他事。其他事正從此樂處展出。

故用近代西方心理學術語解說宋明儒內心工夫，則他們乃是運用一種析心術，由自我療治而到達其積極的理想中人格完整之境界者。此所謂人格完整，乃指一切潛意識全部融化，內心渾成一片，意識上更無顯潛上下之分別。一心渾融，更不存隱顯分閾，以宋明儒術語言，則所謂渣滓渾化也。最先在濂溪，則謂之無欲之靜，最後到陽明，則謂之良知，伊川所謂顯微無間，體用一源的理想心理境界，正該如此，此處則宋明儒仍與唐代禪宗不同。禪宗的理想心境，一樣要沒有渣滓，一樣要渾化。但禪宗卻不主張別有一個積極人格，此在佛家謂之無我。大乘空宗不必說，即在有宗，他們亦謂第七識誤認第八識為我相，到底非真有一我。而宋明儒所謂無我，則只是一種不自私，並非無人格。故在禪宗則一切意識，如風流雲化，過而不留，此所謂無念無著。在宋明儒則一切意識全部存在，形成一完整的人格，不使有絲毫其他的隱藏與夾雜。此乃所謂正念。孟子言「所存者神，所過者化」，佛家所要是過化，宋明儒則在過化之上又要存神。

宋明儒之所謂天理，若如上述，其實只是一種心理境界。明道象山所謂心即理，應從此處去看。但說到此處，則不得不承認孟子之性善論。因必承認性善，始可許人心以絕對的自由，始可教人向各自內心深處去求自己的準則與規律。否則把各人的準則與規律安放在外面，苟非依賴社會習俗法律制裁，便須依賴宗教聖言。既主依賴外在的俗與法與教，則人心自不能有絕對自由。

既不許人心有絕對自由，又何貴亦何能有絕對完整之人格。縱使其內心人格絕對完整，依然要依賴外在的俗與法與教，則依然是一對立。如是理論，不問其主張性惡與否，而實已迹近性惡論。既主性惡，又主人格完整，則苟非取消自我，便無異要澈底惡化。大體上，西方學者絕少主張性善論，耶教更是明白主張原始罪惡，因此他們的精神分析術只在消極方面用，不能轉向積極。而佛家則頗有取消自我之傾向，彼之所謂佛性，本非先秦儒之所謂性。佛家對人生既抱一種消極態度，故主張取消自我。不承認在剎那間變滅之心態外，還有一個人格之存在。故彼輩之理想心態，極於無染無著而止。宋明儒中絕少主張性惡論，但亦仍不免受佛家影響。乃將釋氏之所謂佛性移來說天理，則天理亦終不免要安放在外面。而認人性作氣質，如是則變成橫渠伊川晦翁。他們毋寧是更看重向外去認識天理，但他們又主張內外合一，物與心，自然與人生，融合為一，即是先秦以來所傳之天人合一。因此程朱一派之內心工夫，所謂居敬，即是一種內心洗滌工夫。這方面他們一樣受有禪學影響，但另一方面，他們又有一種格物窮理工夫，這像是轉向外，其實是一種積極工夫，把修身齊家治國平天下都包在內。陸王一派比較更多專意在內心洗滌工夫上，看像是積極，而不免反帶有消極傾向，因其把人生圈子，似乎比程朱一派縮緊了。但他們都主張要有一個積極完整的理想人格，完全以內心境界為衡量。則兩派並無不同。

上述已把宋明儒在中國思想史上之主要地位指出。他們已開始從佛學悲觀消極的氛圍中脫出，開始回復到先秦儒，重新面對人生現實。他們運用先秦儒之性善觀念，要由人類自身內在光明來自尋大道。只有偏近於向外尋理與只限於向內尋求之一區別。但總之雙方似均不免有克伐制約勝過了發揚生長，靜退勝過了動進之流弊。

再從另一面講，宋明儒雖亦如先秦儒般要積極面對人生現實，但他們因受佛家影響，總愛把人生現實之價值，安放在整個宇宙裏去衡量。如此則常覺人生之渺小與浮弱，他們總想在現實人生外來尋找宇宙萬物一個共通的本體。換言之，他們雖要面對人生現實，而他們所要尋找的人生現實之本體，則多屬超乎人生現實之外。如此則人生現實依然渺小浮弱，因此他們的意境，多少總帶有幾分悲觀消極，絕不如先秦儒般只就人生平面活動之活潑與壯往。

再淺顯言之，依照《大學》八條目，宋明儒似乎是對誠意正心工夫多用了，以修身齊家為極，而對上面治國平天下工夫，終嫌少用了。漢唐儒乃及北宋初期，可謂對治國平天下工夫多用些，而對誠意正心工夫，較不如濂溪明道以下之更注重，更深入。漢賦唐詩，都帶有文學氣味。宋明儒除朱子陽明外，幾乎對文學氣味都力避，康節白沙則是例外。而此兩人，又對治平事業太過淡漠了。如此言之，先秦儒以下，終是向外工夫勝過了向內，而到宋明理學諸儒則終是向內工夫勝過了向外。這可謂是此兩時代儒學一區別。

朱子學流衍韓國考

自余為《朱子新學案》成，即續草《研朱餘瀋》，略述朱學流衍。起於黃東發王深寧宋元之際，下迄清代之錢竹汀，所得不踰二十人。稿垂成，適今秋赴漢城，得獲韓國李朝先賢研討朱學諸集，歸後雒誦整理，撰〈朱子學流衍韓國考〉，以附《餘瀋》之後。

韓國先賢治朱學，首出大師當推李滉退溪。肩隨者為李珥栗谷。踵後者為宋時烈尤菴、韓元震南塘。舉此四人，可概其餘。茲分篇略述如次。惟所述限於研朱一端。余於韓史未有尋究，如諸賢出處，以及當時諸賢所極重視之議禮諸端，有關韓國史跡者，皆不敢及。

（一）李退溪學述

李滉字退溪，生於明孝宗弘治十四年辛酉，卒於明穆宗隆慶四年庚午，年七十。今漢城成均館大學所印行之《退溪全書》，有《文集》四十九卷，又《別集》、《外集》各一卷，《續集》八卷。《自省錄》一卷，《四書釋義》，《啟蒙傳疑》外，又有《宋季元明理學通錄本集》十一卷，《外集》一卷。

退溪著述極豐，復有《朱子書節要》一種，其序見於《文集》卷四十二。有曰：

晦菴朱子，挺亞聖之資，承河洛之統。就其全書而論之，地負海涵，雖無所不有，而求之難得其要。至於書札，則各隨其人才稟之高下，學問之淺深。審證而用藥石，應物而施爐錘。或抑或揚，或導或救。或激而進之，或斥而警之。心術隱微之間，無所容其纖惡。義理窮索之際，獨先照於毫差。規模廣大，心法嚴密。其所勉勉循循而不已者，無間於人與己。故其告人也，能使人感發而興起焉，不獨於當時及門之士為然。雖百世之遠，苟得聞教者，無異於提耳而面命也。竊不自揆，就求其尤關於學問而切於受用者，表而書之，凡得十四卷。視其本書，所減者殆三之二。夫人之為學，必有所發端興起之處，乃可因是而進。書札之言，其一時師友之間，講明旨訣，責勉工程，非同於泛論。何莫非發人意而作人心也。昔聖人之教，程朱稱述，乃以《論語》為最切於學問，其意亦猶是。今人之於此，但務誦說，而不以求道為心，為利所誘奪也。此書有《論語》之旨，而無誘奪之害，將使學者感發興起，而從事於真知實踐者，舍此書何以哉。

退溪纂輯此書，在明嘉靖三十七年戊午，退溪年五十八。讀其序文，可知退溪為學，重要主於心術隱微與夫躬修實踐之際，而不喜為泛論，其意亦端可見矣。

其翌年，嘉靖己未，退溪年五十九，始編《宋季元明理學通錄》，序見《續集》卷八。略曰：

愚竊以為孔孟門人之於斯道，其淺深高下，有得有失，或只因師門教誨之言，抑揚進退之間而得之。考亭倡道，門弟子甚盛。今於諸子，亦當以是為法。大抵為是錄者，非但欲知其人，欲因以明夫道學之要。

可見退溪輯此書之用意實與輯《朱子書節要》者相似。要皆不尚泛論，而求於當時師弟子間之一問一答，有關其人之切身事迹之所以為教導與下工夫處研尋。其先著眼於宋季朱門諸子，後遂推廣及於明諸儒。惟〈明儒〉一編，並未完書。退溪既為《理學通錄》，於朱子以下諸儒，時有評騭，散見雜出。彙而集之，亦可見退溪論學之大要。取以與此後中國黃梨洲所為《明儒學案》中評騭諸家語相比，亦可見兩人取捨從違之所在矣。

欲述退溪評朱子以後諸儒，當首先推及於退溪之評李延平。《文集》卷四十三，有〈延平答問跋〉，略曰：

晦菴夫子未見先生之前，猶出入老釋之間。及後見先生，為學始就平實，而卒得夫千載道統之傳。是則晦菴之折衷羣書，大明斯道於天下者，皆自先生發之。而其授受心法之妙，備載此書。今驟讀其言，平淡質慤，若無甚異，而其旨意精深浩博，不可涯津。而其用功親切之處，常不離於日用酬酢，動靜語默之際。此先生靜坐求中之說，不淪於禪學，而大本達道，靡不該貫者也。

此跋作於嘉靖三十三年甲寅，退溪年五十四。跋中於李延平推崇備至。而屢言平實平淡，又謂用功親切處不離於日用酬酢，動靜語默之際，而歸其要於授受心法之妙。與此後《朱子書節要》、《理學通錄》兩書之纂輯，皆用意一致。其不尚泛論之意，亦於此可見。

退溪於朱子以後理學諸書，尤重真西山之《心經》，與程篁墩之〈附註〉。篁墩〈心經註〉未為中國明代理學諸儒所重視。今在中國流傳者，亦是朝鮮刻本，蓋始自退溪所提倡也。《文集》卷四十一有〈心經後論〉。謂：

> 滉少年游學漢中，始見此書於逆旅而求得之。感發興起，此書之力。故平生尊信此書，亦不在四子《近思錄》之後。

此文成於嘉靖四十五年丙寅。退溪年六十六歲。其他處退溪稱述《心經》，不一而足。《文集・卷二十六・答鄭子中》有曰：

> 見喻近將《近思錄》朱子書讀之，其悅味甚舊，甚善甚善。更宜以一部《心經》為早晚誦習夾輔用功之地，則所謂障川之柱，指南之車，燭幽之鑑，皆可於吾身親見其實矣。

此書在嘉靖乙丑，在《後論》前一年。又《文集・卷二十八・答金惇敘》有云：

> 《心經》君既寓目，若有意，不須問人，其求之於此經，默默加工向前，久久淹熟，則其必有懽喜不容已處。

此書在嘉靖己酉，退溪年四十九，尚在作《後論》前十七年。

又《退溪先生言行通錄》卷二有云：

先生自言，吾得《心經》，而後始知心學之淵源，心法之精微。故吾平生信此書如神明，敬此書如嚴父。

此條亦見《退溪先生言行錄》卷一。

又曰：

問《小學》、《近思錄》、《心經》中，何書最切於學者。先生曰：初學下手用功之地，莫切於《心經》。

又曰：

嘗侍宿樹谷，先生雞鳴而起，誦《心經》，因講《論語》，其自強不息有如此。

又曰：

先生教人，先之以《小學》，次及《大學》，次及《心經》，次及《語》、《孟》，次及朱書，而後及諸經。

又《文集・卷二十三・答趙士敬別紙》有云：

《心學圖》未敢必以為西山作，然其規模位置甚精審的當，不可輕看，恨不得作者姓名耳。

又曰：

更按：圖乃新安程林隱復心所作，見林隱《四書章圖》中卷。

又《文集・卷二十一・答李剛而別紙》有云：

林隱《心圖》，若篁墩所取入，宜略自表說其附入之意，而無一語及之，亦恐後人之為之，然無所考知矣。

是退溪於真西山《心經》一書，真可謂崇重尊信之至矣。然同時友生，於此書頗致疑辨，而退溪又一一答之，不稍減其崇信之心。《文集・卷二十・答黃仲舉問目》。黃氏謂《心經》所引諸書漫無統紀，與《庸》、《學》等書不同。退溪則謂：

《大學》、《中庸》等書，固有綱條脈絡之齊整分明，此自作一書，其體當然。若《論語》雖有類記處，而率多雜揉。《孟子》則尤多散漫，隨手拈掇，何嘗必以《庸》、《學》為法。

黃氏又謂：篁墩程氏捃摭先賢切身之奧旨，因類附見，誠治心之藥石。然見處不明，擇焉不精。如真西山華而不實，范蘭溪蔓而不切，黃慈溪所見比二子尤下，而三子之說皆列為之大註。程朱格言，反置之註釋。退溪則謂：

真西山議論，雖時有文章氣質，然其人品甚高，見理明而造詣深，朱門以後一人而已。范蘭溪是朱門所許，蓋非獨一心箴。慈溪黃氏《心經》二條，發明程朱遺意，其言意藹然，忠厚懇惻，救世之藥石也。篁墩以三子之言置之大註，程朱之言或在小註，非擇之不精，只以言有賓主，意有深淺而然。

黃氏又謂篁墩竊附之言，亦無所發明。退溪則謂：

篁墩非欲於此自為論道，但略見其所以去取諸說以為此註之意，故輕輕地說過，正得其附說之體。

此書在嘉靖四十二年癸亥，退溪年六十三，尚在作〈心經後論〉前三年。又《文集・卷二十三・答趙士敬諸書》，有關辨論《心經》者益詳。其言略曰：

滉鄙鈍無聞，幸於此經此註中略似有窺尋路脈處。年來隨分用工，多在這裏。只默念聲誦其經文，已覺一生知得不能盡，行得不可窮。矧乎附註實濂洛關閩之淵海，每入其中，不自勝其望洋向若之嘆也。願公且勿以抉摘文字上瑕痕為務，須虛心遜志，一向尊尚其書，如許魯齋之於小學然，則其中一言一句，師法奉持之且不暇，更安有工夫點檢其他耶。

真西山《心經》一書，其在中國理學中所應占之地位與價值究如何，此乃另一事。而退溪之學，得力此書，其所自認，蓋無可疑。蓋退溪以內本一心，真知實踐為學，不喜作泛論，更不喜為考據，其學風則然，而其從入處則在此書也。

又其〈與趙士敬〉有曰：

篁墩先生，吾昔日尊仰，不啻如山斗，如神明。自見《考示》，不勝悼心失圖，且疑且怪，無以自釋也。然《道一編》及《學蔀通辨編年考訂》等書，得見未易，亦可恨耳。然《心經》一部書所萃，皆孔孟濂洛閩湖羣哲之緒言，又未可緣此而略萌慢易之心也。

以上〈答趙士敬諸書〉在乙丑，翌年丙寅，退溪乃有〈心經後論〉，略曰：

草廬之為陸學，當時已有其議。後世公論，亦多云云。未知篁墩之為人與為學，畢竟何如。頃者，橫城趙士敬，因讀《皇明通紀》，錄示其中篁墩公事實數三條，然後略知篁墩之為人與為學乃如此，於是慨然而嘆，惄焉而傷者，累月而猶不釋也。

此下辨篁墩賣題事，又辨汪循謂篁墩於勢利二字未能擺脫得去，最後辨陳建論篁墩之《道一編》。退溪曰：

蓋嘗思之，朱陸二氏之不同，非故有意於不同也。此儒而彼釋，如是安得而相同耶。孔子曰：博學於文，約之以禮。子思曰：尊德性而道問學。孟子曰：博學而詳說之，將以反說約也。二者之相須，如車兩輪，如鳥兩翼，未有廢一而可行可飛者。朱子一生，從事於斯二者，才覺言一邊偏重，即猛省而痛改之。故其見於書尺往復之間者，互有抑揚，此乃自用吾法，而自相資相救，以趨於大中至正之道耳。豈初年全迷於文義之末，及見象山，然後始悟收歸本原乎哉。余未見《道一編》，未知其為說如何，然執書名，其必謂道一而無二，陸氏頓悟而有一，朱子早二而晚一，則是陸無資於朱，而朱反有資於陸矣。由是觀之，賂賣之獄，雖曰誣陷，而勢利之誚，恐或有以自召之也。或曰如子之言，《心經》其不足尊信乎？曰：是則不然。吾觀是書，其經則自《詩》、《書》、《易》以及於程朱說，皆聖賢大訓也。其註則由濂洛關閩，兼取於後來諸賢之說，無非至論也。何可以篁墩之失，而並大訓至論不為之尊信乎？曰：其他固然矣，至於末章之註，既以朱子說分初晚之異，以草廬之說終焉，此正與《道一編》同一規模議論也。曰：徒務博文而少緩於約禮，其弊必至於口耳之習。故朱子於當時，其憂之戒之之切，誠有如此註所引十二條之說。尊德性以救文義之弊，非篁墩之說也，乃朱子之意固然也。篁墩於此，但不當區區於初晚之分耳。若其遵朱子之意，贊西山之經，註此於篇終，欲以救末學之誤，實亦至當而不可易也。況只引朱說而補以諸儒發明朱說之條，未嘗一言及於陸氏之學，以為朱子晚悔而與此合，如《道一編》之所謂乎。故滉竊以謂今之學者，當知博約兩至，朱子之成功。二功相益，吾儒之本法。以此讀此經此註，而不以篁墩《道一編》之繆參亂於其間，則所以為聖為賢之功，端在於此矣。其尊之信之，當如何哉？許魯齋嘗曰：吾於小學敬之如神明，尊之如父母。愚於《心經》亦云。

且退溪於程篁墩之為人與其為學，經同時友生之指摘，雖未能有所解辨，然其尊信篁墩所註之《心經》，則仍毫不減退也。

退溪自謂於《心經》知心學之淵源，與心法之精微。然於朱陸之辨則持之甚堅。蓋退溪之所謂心學，非即陸王之心學也。《文集》卷四十一有〈傳習錄論辨〉，謂：

陽明徒患外物之為心累，不知民彝物則真至之理，即吾心本具之理，講學窮理，正所以明本心之體，達本心之用，顧乃欲事事物物一切掃除，皆攬入本心衮說了，此與釋氏之見何異。

又曰：

陽明信以為人之見善而好之，果能如見好色自能好之之誠乎？人之見不善而惡之，果能如聞惡臭自能惡之之實乎？孔子曰：我未見好德如好色者。又曰：我未見惡不仁者？人心之發於形氣者，則不學而自知，不勉而自能。好惡所在，表裏如一。好好色，惡惡臭，雖曰行寓於知，猶之可也。至於義理則不然。不學則不知，不勉則不能。其行於外者未必誠於內。《大學》借彼表裏如一之好惡以勸學者之毋自欺則可，陽明乃欲引彼形氣之所為，以明此義理知行之說，則大不可。聖賢之學，本諸心而貫事物。陽明之見，專事本心而不涉事物。知疾痛而處得其道，方可謂疾痛之知行。知饑寒而處得其道，方可謂饑寒之知行。若但疾痛而謂之行，則所行者血氣耳，非義理也。若但饑寒而謂之行，則所行者人心耳，非道心也。夫以知痛癢識饑飽為性，此本出於告子生之謂性之說，陽明所見，正慣於此。

《言行錄》有云：

先生嘗謂中原學者，皆帶葱嶺氣味，為跋白沙詩教，辨陽明《傳習錄》以闢之。

《文集》卷四十一有此篇，在作〈心經後論〉之後。其文有云：

陳白沙王陽明之學，皆出於象山，而以本心為宗，蓋皆禪學也。然白沙猶未純為禪，不盡廢書訓，但其悟入處，終是禪家伎倆，羅整菴已言之。

退溪於整菴亦有評。《文集・卷十七・答友人論學書》有曰：

羅氏《困知記》謂道心性也，人心情也，至靜之體不可見，故曰微。至變之用不可測，故曰危。此其為說頗近似，非湛氏甘泉之比。然其為害則尤甚。限道心於未發之前，則是道心無與於敘秩命討，而性為有體無用矣。判人心於已發之後，則是人心不資於本原性命，而情為有惡無善矣。其視朱子說，為何如哉。

此辨整菴道心人心之別，甚為深摯。又《文集・卷十六・答奇明彥》有曰：

近世羅整菴倡為理氣非異物之說，至以朱子說為非是，滉尋常未達其指。

又《文集・卷十七・重寄奇明彥別紙》有云：

整菴於道非不窺一斑，只是大源處錯認了，其餘小小議論，雖多有合理解，皆不足貴。

《言行錄》有云：

整菴之學，自謂闢異端，而陽排陰助，左遮右攔，實程朱之罪人。

退溪不僅於羅整菴有若是嚴峻之批評，即如朱子及門大弟子黃勉齋，亦復不免。《退溪文續集・卷三・答朴澤之別紙》有云：

勉齋黃氏，於朱門所得尤邃，後學固不敢妄議。然人之生也，得是氣以為形，具是理以為

> 性，勉齋之說，不可易也。而其所以能虛靈知覺而為心者，即此理氣之合而能然爾。非理氣之外，別有所謂虛靈知覺者存乎其間也。今於體性之下，曰：又必有虛靈知覺者存乎其間以為心，則是疑若使人舍理氣而索虛靈知覺也。是其語意之間，不無差失，與朱子訓明德訓心等語，迥然不同矣。

此辨勉齋亦極精卓。據上引諸條，知退溪為學，一本朱子，而能極謹思慎辨之功，故其進退諸家，辭意敦篤，固非泛泛為尋瑕摘疵者。而所長尤在其論心。《文集・卷十九・答黃仲舉》有云：

> 腔子外是甚底，亦只是這箇物事。這箇物事是甚底，即滿腔子底物事。自這一箇腔子，通天地萬物，只此一理。理一，氣亦非二。腔子外更別有甚，只是這箇。無方體可言，無內外可分。故仁者以天地萬物為一體。惻隱之心，足以普四海，彌六合也。然這也不是懸空底物事。人有腔子，乃為其樞紐總腦處。故這箇物事充塞在這裏，為天下之大本。由其無方體，無內外，故充塞即這裏底心，即是體萬物普四海底心，非外腔子而別有箇體萬物普四海底心也。朱子語黃毅然曰，天命之性，不只是這處有，處處皆有，只是尋討先從自家尋起云云，若人不於自家身上求，卻去腔子外尋覓，是舍樞紐大本之所在，而向別處馳走求索，與吾性分有何交涉也。

此處發揮此心，無方體，無內外。腔子內是此心，腔子外還只是此心。但更不能離卻腔子覓此心。故理一分殊，正該從自家身上求之。為說極恢宏，亦極親切。大意乃由上引一條來。此心之虛靈知覺，只在理氣中，只是此理氣之合。非可外於理氣而別尋此心，其所陳義，固是一承程朱本旨，然亦不失為退溪之自出見地也。

又《文集・卷十八・答奇明彥論改心統性情圖》有曰：

人之生也，同得天地之氣以為體，同得天地之理以為性。理氣之合則為心。故一人之心，即天地之心。一己之心，即千萬人之心。初無內外彼此之有異。故自昔聖賢之論心學，不必皆引而附之於己，作己心說。率多通指人心，而論其名理之如何，體用之如何，操舍之如何。所見既徹，為說既明，以是自為，則吾心之理已如此。以是教人，則人心之理亦如此。如羣飲於河，各充其量而無不得矣。豈規規然有分於人己之間，必據己為說，而惟恐一涉於他人之心乎？

此條又承上一條而反復言之，乃言之尤明白。在各人腔子內，固若各是一心。當知超出各人腔子外，有一共同和合之心。此之謂天地心，此之謂大人之心。此固儒家之恒言，然亦不失為退溪之自出見地也。

又《文集・卷二十八・答金惇敘》有云：

> 人徒見夫心為物漬之害，遂謂事物為心害，故厭事而求忘，惡動而耽靜。不唯老佛之徒由是而陷溺其心，雖為吾儒之學者，所見少有毫髮之差，鮮不淪入於此。以上蔡之賢猶不免。明道引孟子養氣之說，轉作存心之法以教之，此敬義夾持，直上達天德最緊切用功處。苟能從事於此而真積力久，一朝而有得焉，則心之於事物，未來而不迎，方來而畢照，既應而不留。本體湛然，如明鏡止水，雖接萬事，而心中未有一物，尚安有為心害哉。

此最為退溪論心要旨。理氣合而為心，決不能外事物而自為一心。故心既不外於腔子，又不貴其引而附之己。而退溪於程朱學，又最守一敬字，奉為心法。其於朱子前，獨尊李延平，其於朱子後，明儒中首重曹月川。〈理學通錄附錄〉有云：

> 曹月川學行猶在吳康齋與弼之右。座下足著兩磚皆穿，專靜之功居多。其言曰：佛氏以空為性非天命之性，人受之中。老氏以虛為道非率性之道，人由之路。其言甚精。

又重薛敬軒。《文集・卷二十一・答李剛而》有曰：

薛公《讀書錄》，非《困知》、《傳習》之比，其言皆親切有味，最多喚醒人處。

雖退溪之自道其為學，乃一本之《心經》。然喜觀者果能由延平月川敬軒三人以進窺退溪之學脈，亦可謂雖不中不遠也。

退溪《文續集・卷一・寄奇明彥》有曰：

心為萬事之本，性是眾善之原，故先儒於學，必以收放心養德性為最初下手處。乃所以成就本原之地，以為凝道廣業之基。而其下功之要，何俟於他求哉。亦曰主一無適也，曰戒慎恐懼也。主一之為通乎動靜，戒懼之境專在未發，二者不可闕一，而制於外以差其中，尤為緊切。故三省三貴四勿之類，皆就應接處言之。是亦涵養本原之意也。苟不如是，而一以心地功夫為主，則鮮不墮於釋氏之見矣。

心既不外乎事物，故貴能於三省三貴四勿等處涵養本源。心地工夫，實亦即在事物上也。

又《陶山及門諸賢錄》卷一李湛仲久條有退溪與之討論《朱子節要》一書有云：

義理固有精深處，其獨無粗淺處乎？事為固有緊酬酢，其獨無閒酬酢乎？其關於吾身與吾心者，固切而當先矣。若在人與在物者，其以為不切而可遺之乎？吾儒之學與異端不同正在此處。孔門諸子識得此意，故《論語》所記，有精深處，有粗淺處。有緊酬酢處，有閒酬酢處。有切於吾身心者，有在人在物而似不切於身心者。然何莫非道之一端。是書所取，如來諭所當先者，固已不勝其多矣。其或彼此往復之際，亦有道寒暄，敘情素，玩山游水，傷時閔俗等酬酢，似不切之語，間取而兼存之，使玩而味之者，如親見先生於燕閒優逸之際，親聆音旨於謦咳談笑之餘，則其得有道者氣象於風範神采之間者，未必不更深於專務精深不屑不緊者之德孤而無得也。非獨此耳。師友之義，如此其至重。惟其義重故情深，情深故有許多相周旋欵敘之言，若以為非論義理，不切身心，而盡去之，則何以見古人師友之道若是其重且大乎。

此條言義理上之粗淺處，乃及事為上閒酬酢，亦皆切身心而助涵養。

上引兩條，可見退溪之於心學心法，謹密踐行於日常人生之間者，其體段與其意境之所在。故其一尊朱學，而尤上推延平，下契月川敬軒，非偶然也。

《文集・卷四十一・心無體用辨》有云：

滉為學淺陋，惟知謹守先儒定本之說，白直加工，而猶未通解。此外幽深玄遠之論，實未暇及。

又《文集·卷十九·答黃仲舉論白鹿洞規集解》有云：

古之聖賢教人為學，豈不欲人人知道，而立談之頃，盡舉以傳付耶？然而不能者，非靳道之傳，而畫人於卑近也。勢有所不可也。三千之徒，日游聖門，而所講者惟孝弟忠信詩書執禮。其論仁也，亦止於為仁之事而已。及其久也，隨材成就，各有所得，而一貫之妙，惟曾子子貢可以與聞焉。故至於是而後乃告之。先王教人之法，今可見者，《小學》、《大學》也。《小學》之教，固所以盡人事之纖微曲折。至於《大學》，雖有以極其規模之大，然以言乎其知，則就事物而言窮格。以言乎其行，則由誠意正心修身者，而後推之於家國，而達之於天下。其教之有序而學之務實也如此。其論治也，猶不過存心出治之本而已。未及乎制度文章之際，如夫子之告顏淵。何也。損益四代為百王大法，惟顏淵可以得聞之爾。至於《大學》，乃為天下立通法，聖人豈可誣天下之英才，而概於為學之初躐等而告之哉？大抵儒者之學，若升高必自下，若陟遐必自邇。自下自邇，固若迂緩，然舍此又何自而為高且遐哉。著力漸進之餘，所謂高且遐者，不離於卑且邇者而得之，所以異於釋老之學也。今未一舉足。而遽責以窮高之升，未嘗發軔，而亟期以極遐之陟，天下安有此理哉？又不能致詳，徒恃其一言半句而欲有得焉，則是使人妄意懸想，大言誑嚇，而卒陷於欺天罔聖之罪矣。其為害豈小小文義之差而已哉。

觀於上引之兩條，退溪之所以學，與其所以教，所謂教之有序而學之務實，已明白如揭，不煩多有所指證矣。

又《文集・卷十九・重答黃仲舉》有云：

至善與一貫，雖非二理。然至善乃指事事物物各有恰好底道理，一貫是從大原大本至千差萬別處一齊貫串。聖人之心渾然一理，而泛應曲當各不同。所指之處不同，立言之旨亦異，不可以理同而袞同為一說也。況至善加以止字，則正是曾子於其用處隨事精察而力行之事耳，豈可以衆理之會於一而與一貫同其旨乎？挈矩之用雖至廣，只是就因心度物得其均齊方正處言，固非制度文章之謂。當時顏淵所問，乃問治天下之法，非論學也。若《大學》方教人以修己治人之學，舍存心出治之本而遽及於此，則不幾於倒置而不切於受用乎？

此條辨至善與一貫非一義，《大學》一書，未及乎制度文章，與顏淵問為邦章不同。大抵退溪之自為學與其所以教人，必先知注重前一項，以漸企及於第二項，此退溪於此必加以分析之要旨所在也。

退溪又曰：

大抵通天下萬物，只此一理，故義理語言，若儱侗合說，則無不可同。牽引指說，則無不近似。終無柰當初聖賢立言本意不如此，不足以發明經訓，適足以晦真理，亂實見。此學者之通患也。古人所以終身講學，惟日不足者，豈不以義理微密處，易差難明如此，及至下手著腳，又忒不易，而又不容休罷故耶？

此仍見退溪論學，重在對聖賢經訓，先儒遺言，慎密體會，篤實踐行，至於廣為牽引，儱侗立說，騖空談，騁高論，最所切戒。其平日與朋輩釋理氣，辨心性，凡所闡發，率多類此。惟晚年與奇明彥討論七情四端異同，往復數四，引起此下對此問題之不斷諍議，本篇不擬詳述，當於此下栗谷篇中連帶附及。要之此等辨論，似非退溪為學精神所繫。偶有未照，亦未足以病退溪也。

韓國先儒深研朱子，退溪後有李珥栗谷，又後有宋時烈尤菴。尤菴之言曰：李滉之於珥，其愛重獎許，考其文集可見。又曰，李滉論學多從珥說，如《聖學十圖》、《中庸》小註可見。（見《宋子大全．卷一百六十二．浦渚趙公神道碑銘序》）退溪卒，栗谷為請謚，曰：李滉沉潛性理，雖古名賢，亦無過是。（見《宋子大全拾遺．卷八．栗谷墓誌銘》）又為請從祀，（見宋尤菴〈浦渚趙公神道碑〉）則栗谷之於退溪，固是精神一貫，學脈相續，雖在幾許名字義解上有所諍議，固不減栗谷對退溪之崇重心情也。

（二）李栗谷學述

李珥字叔獻，號栗谷，生明世宗嘉靖十五年丙申十二月，時退溪年三十六。栗谷年十九染禪學，越年知其非。二十三歲謁退溪，時為退溪之五十八歲。栗谷作詩有溪分洙泗派，峯秀武夷山之句。宋尤菴〈紫雲書院廟庭碑銘序〉，有栗谷嘗南遊訪退溪李先生，辨論義理，退溪多從其說語。退溪之卒，栗谷年三十五。栗谷不壽，卒在萬曆十二年甲申之正月，年四十九，實則僅四十七年又不足兩月也。

栗谷有《集》十一卷，又有《聖學輯要》，《擊蒙要訣》，《箕子實記》諸書，余見之於臺北中央圖書館所藏，係明萬曆辛亥刻本。最近韓國成均館大學新刊《栗谷全書》，共分二十三卷，《聖學輯要》得五卷。余此篇所引，則仍據萬曆本。

退溪生前，栗谷屢與通函，質疑問難，詳《栗谷集》卷五。退溪答書，詳《退溪集》卷十四。今舉其兩則如次。

栗谷上退溪先生問目有云：

以性情言之，則謂之中和。以德行言之，則謂之中庸。游氏之說當矣。然而致中和云者，以性情包德行而為言也。中庸之中實兼中和之義云者，以德行兼性情而為言也。非若饒氏之說，以致中和踐中庸分內外工夫，如是之支離也。夫大本達道者，性情也。立大本行大道者，德行也。子思子明言致中和則天地位焉萬物育焉，豈其無養外工夫，而便致位育之極工耶？

退溪答書曰：

饒氏中和中庸分內外之說，再承鐫誨，猶恐公之訶叱人或太過也。饒氏只云內外交相養之道，若隔截內外，各作一邊工夫，何有於交相養義耶？來諭既曰以此包彼，又曰以彼兼此，亦豈非內外交相養意思乎。以愚言之，來說與饒說無甚相遠，而於饒獨加苛斥，無乃饒不心服也耶？

竊參雙方往復，亦可窺退溪栗谷兩人性情與其為學所重之相歧處。大抵栗谷好明辨，退溪主篤行。栗谷不主張分性情德行為內外，故僅用彼此字，避用內外字。退溪則謂栗谷說與饒說內外交相養無大相遠。其在他書中告栗谷有曰：

雖見於身心性情而或不能真切體驗，實味膏腴。

又曰：

此理非知難而行難，非行難而能真積力久為尤難。此衰拙所深懼，亦不能不為高明懼。

此乃前輩先生對後進學人一種敦切告誡之心情與語氣。然而雙方性格之不無相異，因此而其為學之路脈與精神亦有不同，亦由此可見矣。

栗谷問目第二則有云：

林隱程氏〈心學圖〉，可疑處甚多。大人心乃聖人之心，是不動心從心之類也。何以置之道心之前？本心則雖愚者亦有此心。若大人心則乃盡其工夫，極其功效，能全本心者也，豈可不用功而自有？

又曰：

聖賢之言，有精有粗。孟子求放心之說，泛為學者言，是粗底。孔子克己復禮之說，專為顏子而言，是精底。今於其精底，必抑而卑之使為粗。於其粗底，必引而高之使為精。雖說得行，豈是平正底道理。

退溪答書曰：

〈心學圖〉所論諸說，尤未敢聞命。程氏心圖上下左右六箇心，只謂聖賢說心，各有所指有如此者。未嘗及於工夫功效先後之說。豈謂必由於此一層而至於彼一層，又以彼一層為梯級而又上至第幾層耶？其從上排下，亦以其作圖之勢有不得不然者，非謂其有工程先後也。其求放心之說在第四，此中學者亦有詆訾之者。非但今時之論如此，前賢之論亦有如此者。然孟子曰：學問之道無他云云，明道又曰：聖賢千言萬語，只是欲人將已放之心約之使反覆入身來。今若將此句只作泛泛粗粗為學者始初路頭，則是孟子明道皆為孟浪誑人底說矣。然則程氏敘次之意，亦不當遽加貶駁也。滉竊以謂前賢著述之類，如或有義理大段乖謬誤後人底，不得不論辨而歸於正。若今所論，彼本不謬，而我見未到，固不宜強作議論，且當從其現成底，毋為動著，仍須把來點檢得此件事於自家這裏有無能否如何而日加策勵，是為要切。必欲為洗垢索瘢，而為之移易去取，恐非急務。叔獻前後議論，每把先儒說，先尋其不是處，務加貶斥，使不得容喙而後已。至於尋究得箇是處，要從這明白平實正當底道理樸實頭做將去意思，殊未有見得。或恐久遠，深有礙於正知見，實踐履，故妄言及此。

此處栗谷指出程林隱〈心學圖〉先後層次，實是有可疑處。孟子求放心工夫，亦引起前人不少論辨。即朱子於《孟子》此章及明道云云，亦復煞費分釋。退溪心切衛道，而栗谷則志在求道明道。雙方仍是各站一邊。考此番問答當在庚午明穆宗隆慶四年，即退溪七十卒歲，而栗谷年三十五，既已卓然有見。退溪不為作是非分辨，而徒戒其勿貶斥前人，雖言辭懇切，恐亦終不足以服栗谷之心也。

退溪卒，栗谷為祭文有曰：

著龜既失，父母既沒，赤子嗷嗷，孰援其溺。

又曰：

小子失學，貿貿迷方。悍馬橫馳，荊棘路荒。回車改轍，公實啟發。有初鮮克，哀我滅裂。自擬負笈，庶幾卒業。天下憖遺，哲人遽萎。公之易簀，余在西陲。

是栗谷於退溪，固嚮往甚至矣。栗谷〈答成浩原書〉有曰：

退溪多依樣之味，故其言拘而謹。花潭多自得之味，故其言樂而放。謹故少失，放故多失。寧為退溪之依樣，不必效花潭之自得。

栗谷又自注依樣下曰：一依朱子之說。其實如上引，退溪回護饒雙峯，回護程林隱，凡屬朱子後學，退溪皆所回護，故栗谷稱其有依樣之味也。然栗谷又曰：寧為退溪之依樣，不必效花潭之自得。自得乃孟子教人之旨，然不能善學，則所失更多，則栗谷之於退溪，固不能謂其無甚深之體會矣。惟兩人持論終多不同。尤其是退溪晚年與奇明彥辨四端七情之說，栗谷頗不以退溪說為然。其〈答成浩原〉有曰：

退溪與奇明彥論四七之說，無慮萬餘言。明彥之論，分明直捷，勢如破竹。退溪則辨說雖詳，而義理不明，反覆咀嚼，卒無的實之滋味。明彥學識，豈敢冀於退溪。只是偶於此處見得到耳。

論學有就大體言，有就一節言。栗谷之是明彥而非退溪，乃專就四七之辨一節而言也。辨四端七情，又牽連而及於理氣之辨，栗谷〈答成浩原〉有曰：

四端是七情之善一邊，七情是四端之總會。朱子理發於氣之說，亦不過曰四端專言理，七情兼言氣云爾。非曰四端則理先發，七情則氣先發也。退溪因此而立論，曰：四端理發而氣隨之，七情氣發而理乘之。非特七情為然，四端亦是氣發而理乘之也。竊詳退溪之意，以四端為由中而發，七情為感外而發，以此為先入之見，而以朱子發於理發於氣之說主張而伸長之，做出許多葛藤。《易》曰：寂然不動，感而遂通。雖聖人之心，未嘗有無感而自動者也。必有感而動，而所感皆外物也。天下豈有無感自發之情乎？特所感有正有邪，其動有過有不及，斯有善惡之分耳。羅整菴以高明超卓之見，亦微有理氣一物之病。退溪之精詳謹密，近代所無，而理發氣隨之說，亦微有理先氣後之病。老先生未捐館舍時，珥聞此言，心知其非，第以年少學淺，未敢問難歸一，每念及此，未嘗不痛恨也。

此函所論，心必感於物而動，理必乘於氣而發，此無可疑者。而退溪分別四端七情，乃謂四端由中而發，七情感外而發。乃又以由中而發者曰理發，感外而發者曰氣發，則大背於朱子之所論於理氣矣。故栗谷又一書有云：

退溪之病，專在於互發二字。

蓋栗谷分辨理氣，一本朱子，實甚的當，故於退溪之說，不得不加以分辨也。其〈答成浩原書第三〉又曰：

理通氣局四字，自謂見得。

理學家於前儒所創諸名詞，首當勿誤其本旨，然後始能自創新義，如栗谷之言理通氣局是也。栗谷又曰：

理無形而氣有形，故理通而氣局。理無為而氣有為，故氣發而理乘。

理既無為，故不能離於氣而自發，必待氣而乘之也。又曰：

理上不可加一字，不可加一毫修為之力。理本善也，何可修為乎？聖賢之千言萬語，只使人檢束其氣，使復其氣之本然而已。氣之本然者，浩然之氣也。浩然之氣，充塞天地，則本善之理無少掩蔽，此孟子養氣之論，所以有功於聖門也。

既凡心之所發皆在氣，故一切工夫亦全在氣上用。又曰：

氣之偏則理亦偏，而所偏非理也。

凡上所引，皆發揮朱子理氣不離亦不雜之意。辨釋精審，亦栗谷為學之特長處。退溪尚篤行，於理氣名詞之辨微有失，不為病。栗谷長明辨，而於心性涵養工夫極知尊退溪。亦可謂善自得師矣。若誤釋一名詞，其他名詞，亦相牽連輾轉生誤。故栗谷由於理氣之辨，又連帶而及於氣質之性與本然之性之辨。其〈答成浩原書〉又曰：

> 朱子不云乎，氣質之性，只是此性墮在氣質之中，故隨氣質而自為一性。程子曰，性即氣，氣即性，生之謂也。以此觀之，氣質之性本然之性決非二性。特就氣質上單指其理曰本然之性，合理氣而命之曰氣質之性耳。

此辨亦極明晰。又因本然之性與氣質之性之辨，牽連而及於善惡之辨。栗谷又〈答成浩原長書〉有曰：

> 性本善，而氣質之拘或流而為惡，以惡為非性之本然則可，謂之不本於性不可也。

惡亦本於性，然不可謂性本惡。故言氣質之性，又必連帶言及本然之性也。又曰：

> 水之就下，理也。激之則在手者，此亦理也。水若一於就下，雖激而不上，則為無理。

理可如此，亦可如彼。惟性亦然。此亦如水之亦可激而在上，然不可謂水之本然如是。此皆理氣不相離亦不相雜中一義。明於此，斯明於彼矣。故栗谷又言之，曰：

理一分殊四字，最宜體究。徒知理之一，而不知分之殊，則釋氏之以作用為性而猖狂自恣是也。徒知分之殊，而不知理之一，則荀揚以性為惡，或以為善惡混者是也。

栗谷理通氣局之說，應即從理一分殊之說來。一故通，分斯局。善養浩然之氣，則由局得通，由殊得一矣。

栗谷有《聖學輯要》一書，著於萬曆三年，兩越歲而成，共五卷。其中有曰：

四端，猶性之言本然之性也。七情，猶性之合理氣而言也。氣質之性，實是本性之在氣質者，非二性。故七情實包四端，非二情也。須是有二性，方能有二情。

此條又綰合性情而言之。非有二性，故亦未有二情。四端即包在七情之內，非七情之外別有四端，猶之浩然之氣即天地之氣，非天地之氣以外，別有一種浩然之氣也。退溪失在過為兩邊作分別，求其不雜，而忘其不離，故來栗谷之辨。

栗谷〈與浩原書〉又曰：

理通氣局，人之性非物之性者，氣之局也。人之理即物之理者，理之通也。氣之一本者，理之通故也。理之萬殊者，氣之局故也。本體之中，流行具焉。流行之中，本體存焉。

此處又辨到本體與流行。凡栗谷之辨理氣與性情者，其大意率俱是。《聖學輯要》有曰：

無形無為，而為有形有為之主者，理也。有形有為，而為無形無為之器者，氣也。

又曰：

性，理也。心，氣也。情，心之動也。先賢於心性有合而言之者，孟子曰仁人心是也。有分而言之者，朱子曰性者心之理是也。析之得其義，合之得其旨，然後知理氣矣。

又曰：

人之容貌，不可變醜為妍，膂力不可變弱為強，身體不可變短為長，惟有心靈，可以變愚為智，變不肖為賢。此則心之虛靈，不拘於稟受故也。

此處特別提到心字。栗谷言理通氣局，而心屬氣，然因其虛靈，故能不拘不局而通於理。然則通天人之際者，其關鍵正在心。就本原大處論，栗谷與退溪之論學精神，固可謂本無二致也。

其《聖學輯要》又曰：

性發為情，非無心也。心發為意，非無性也。只是心能盡性，性不能檢心。意能運情，情不能運意。故主情而言則屬乎性，主意而言則屬乎心。其實則性是心之未發，情意則心之已發者也。

栗谷認情意皆為心之已發。又曰：心能盡性，意能運情。則其主張致力用工之端，不能捨已發而專言未發，亦端可知矣。此亦與退溪論學要旨無大違異。則退溪理發氣發之說，其為不可不辨亦益顯矣。

其〈答安應休書〉則曰：

情非和也，情之德乃和也。情之德，乃理之在情者也。若以情為和，則將放情縱欲，無所不至矣。朱子曰：愛是情，愛之理是仁。以情為理，則是以愛為理也。朱子常以人情天理並言，若以情為理，則是朱子以兩理並言也。

以上栗谷分別解釋心性情意四項，大體皆承朱子來。皆言簡意深，大可玩味。而栗谷所辨之尤主要者，則在人心道心之辨。其〈答成浩原書〉有曰：

> 心一也，而謂之道，謂之人者，性命形氣之別也。情一也，而或曰四，或曰七者，專言理兼言氣之不同也。是故，人心道心不能相兼，而相為終始焉。四端不能兼七情，而七情則兼四端。今人之心，直出於性命之正，而不能順而遂之，間之以私意，則是以道心始而終以人心也。或出於形氣，而不咈乎正理，則固不違於道心矣。或咈乎正理而知非制伏，不從其欲，則是始以人心而終以道心也。蓋人心道心，兼情意而言也，不但指情也。七情則統言人心之動有此七者。四端就七情中擇其善一邊而言也。

此處言人心道心，四端七情之與善與惡，皆非可以各別對立，視為絕然相異之二者。四端包在七情中，專就理一邊言，則為純乎善者。七情兼氣而言，則有善有惡，可善可惡；道心人心亦然。此與退溪所言復不同。其〈答成浩原書第三〉有云：

> 退溪以內出為道心，以外感為人心。珥則以為人心道心皆內出，而其動也皆由於外感。

其所分辨，亦甚明析矣。蓋退溪以人心道心分內外，猶其以四端七情分理出與氣出也。皆失之分別過甚。栗谷則認為內外，不能作各別對立看，猶如四端七情以及人心道心乃至於善之與惡，皆不能作各別對立看。退溪之病，自把理與氣作各別對立看來。欲見其不雜而忘乎其不離，有失朱子言理氣之本意矣。故栗谷〈答成浩原長書〉又曰：

羅整菴識見高明，近代傑然之儒也。有見於大本，而反疑朱子有二歧之見。此則雖不識朱子，而卻於大本上有見矣。但以人心道心為體用，失其名義，亦可惜也。然整菴之失，在於名目上。退溪之失，在於性理上，退溪之失較重矣。

蓋整菴以理氣為一物，得乎其不離，故栗谷謂其於本原上有見。惟理氣猶當明其不雜，而整菴無之，故誤以人心道心為一心之體用，故栗谷謂其於名義上有失也。退溪則若以理氣為二物，則本原之性氣質之性亦成為二物，而人心道心亦成為二心。斯其所失，實較整菴為大也。

栗谷〈答朴思菴書〉有曰：

陰陽，無始也，無終也，無外也。未嘗有不動不靜之時。一動一靜，一陰一陽，而理無不在。故聖賢極本窮源之論，不過以太極為陰陽之本，而其實本無陰陽未生太極獨立之時也。

太極不在陰陽之外，亦不在陰陽之先，此明理氣之不相離也。惟此乃為大本原處，若認陰陽與太極為二物，繼此乃莫不有誤矣。

以上略述栗谷辨理氣，連帶而及其辨心性情意與善惡，以及辨人心道心，此皆約略可當於本體論方面。以下當略述栗谷之為學工夫論。其〈答成浩原書〉有曰：

> 自天而觀事物，則人心亦一事物。自人而觀事物，則吾心自吾心，事物自事物，不成只言事物而吾心亦在其中矣。

此即天人內外之辨也。栗谷之學，擅於明辨。其為辨，尤擅於各從其所言之異以為辨。栗谷言，人心之動皆由外感，凡外感皆屬事物，然非謂只言事物而吾心即在其中，故栗谷之言為學工夫，雖不能離事物，而主要尤在於一心。其〈答成浩原書〉又曰：

> 位天地，育萬物，許大神妙不測，是聖人之能事，其實不過學問之極功耳。豈可捨學問之功而別求一種聖人道理耶？足下以格致誠正斷然為學者事，以其盡頭歸之於顏子，而求聖人於格致誠正之外，此正釋教拂迹超凡聖之機權，非吾儒之的論也。低看聖人固不可，求聖人於高遠怳惚之境，尤不可也。

此辨極重要。聖人亦從學問工夫來，捨卻學問工夫，即無以求聖人。聖人一若純理純善，然其學問工夫，則仍不脫氣一邊事。捨卻氣，即無以見理。栗谷之論，宋儒所謂體用一源，顯微無間，栗谷可謂深得其旨。若必別求聖人境界於格致誠正工夫之外，則是略用求體，略顯求微，不自免於高遠恍惚之境矣。

栗谷〈與奇明彥書〉又曰：

夫至善者，只是事物當然之則也。其則非他，只是十分恰好處耳。統而言之，則知行俱到，一疵不存，萬理明盡之後，方可謂之止至善。分而言之，則於知亦有箇至善，於行亦有箇至善。知到十分恰好處，更無移易，則謂之知之止於至善。行到十分恰好處，更無遷動，則謂之行之止於至善。何害哉。先生只取統言之止至善，而不取分言之止至善，何耶？

統言之與分言之，亦所言之各異也。有統言知與行之止至善，有分言知與行之止至善。一知一行，亦有止善可止。有統言事事物物之止至善，亦有分言事事物物之止至善，苟無一知一行一事一物止至善，何來知行事物統言之止至善。僅取其一，不取其二，又教人如何下手作工夫乎？

栗谷〈與成浩原書〉有曰：

不先《大學》從事於格物致知，而徑學《中庸》，欲上達天理，吾未保其善學聖道也。

格物致知，正是從事事物物一知一行處下學，天理則是其上達處。若儘從我之知與行與外面之事與物而統言之，則惟聖人能達於至善而止，其他人皆所不能。若於我之知與行與外面之事與物而分言之，則人之於一知一行一事一物之能達至善而止之者，固非全不可能。此亦理一分殊之義，知此乃可由下學而上達也。

栗谷乃又繼此而提出其善與中，大本與達道之辨。栗谷〈答成浩原〉又曰：

至善是專指正理，不兼人事而言。惟止於至善，乃人事德行。

又曰：

中庸之道，至微至妙，初學者驟聞之，力量不能承當，或有流而為无近名无近刑之學者矣。是以聖人之教，必先立至善以為標的，使學者曉然以事理當然之極為至善，然後進之於中庸，使知至善乃所以不偏不倚無過不及之道，則不陷於執中，不流於過不及，而真能止乎至善耳。

又曰：

先儒曰：中體難識，善端易擴。是故《中庸》論下學工夫，必曰擇善，而不曰擇中。必曰

> 明善，而不曰明中，豈不以中體難識乎？

又曰：

> 大本者，中之在心者也。達道者，中之在事物者也。先儒多說中無定體，若只以在心者謂之中，則未發之中，實體一定，烏可謂之無定體也。自古聖賢之言中者，多言其用。或曰執中，或曰時中，皆指達道。而未發則子思始著於《中庸》，故先儒以為擴先聖所未發。

此處之辨，主要在指出中體難識，善端易擴之一義。中為大本，善則是達道。中屬未發，善屬已發。學者用心於外面之物，而後中之體乃可漸臻認識。故為學工夫，當以大學之格物致知為先，而中庸之道，初學驟難把捉。朱子早發此意在前，惟栗谷自加闡釋，乃殊不見其多引先儒之陳言。雖若一出己見，然非於先儒所言深有體會，則誠未足以躋此境也。

栗谷〈與成浩原書〉又曰：

> 未發之中，只是吾心之統體一太極也，不可便喚做理之一本處，易有太極之太極也。以易有太極之太極觀之，則吾心之一太極，亦是各具中之統體也。易有太極之太極，乃統體中之統體也。易有太極之太極，水之本源也。至善與至中之所從出。吾心之一太極，水之在井

者也。至善之體，即中之體。事物之太極，水之分乎器者也。至善之用，即中之用。

此辨益深微，然即統言之與分言之之異耳。善與中，有自天地言之者，有自吾心言之者，有自事物言之者。分言之，可以相差萬殊，然亦可以共通一本。學者驟難知其統體之一本，惟在吾心與事物間逐一下工夫，此即孟子所謂盡心知性，盡性知天之意。栗谷此條亦是不引陳言，自發己意，然洵乎其為有見之言也。

栗谷《聖學輯要》中有一條云：

世間眾技，孰有生知者哉？試以習樂一事言之，人家童男稚女，初業琴瑟，必運指發聲，令人欲掩耳不聽。用功不已，漸至成音。及其至矣，或有清和圓轉，妙不可言者。彼童男稚女，豈性於樂者乎？惟其實用其功，積習純熟而已。凡百技藝，莫不皆然。學問之能變化氣質者，何異於此。

孔子曰：學而時習之。七十子後學編《論語》，奉為二十篇之首章。孔子又曰：性相近，習相遠。為學而至於變化氣質，斯亦可謂贊天地之化育矣。然亦端在一習字。治理學者，往往縱其思辨，而忘乎學習，忽不自知其達於高遠恍惚之境，而令人無所適從。栗谷此條所言，又何其平實而易喻耶?果實用其功，學而時習，如栗谷此條之所指陳，則與退溪之言躬修實踐，實亦無大相異也。

《聖學輯要》又曰：

君子於彝倫之行，與俗大同，而其中有異。愛親同，而喻父母於道，不以從令為孝。敬君同，而引君當道，不合則去。宜妻同，而相敬如賓，不溺於情慾。順兄同，而怡怡相勉，磨以學行。交游同，而久而敬之，相觀而善。

孔子曰：我非斯人之徒與而誰與。儒家言彝倫，即人道。人道盡於彝倫之中，世俗亦不出彝倫之外，君子豈能異俗以為高。自栗谷言之，則君子之制行為學，亦僅於與俗大同中有其小異而已。至善之與中，亦皆於與俗大同中之有小異耳。栗谷此條，言近旨遠，學者知此，則自一歸於平實矣。

《聖學輯要》又曰：

量之小者其病有三。一曰偏曲，二曰自矜，三曰好勝。三者都是一個私。治私之術，惟學而已。

人之處世，不能盡倫，不能盡道，其病首在己之有私而量小，故為學首在去私，亦惟學乃得去私。

孔子曰：克己復禮為仁，栗谷所言，亦此旨也。

《聖學輯要》又曰：

心之本體，湛然虛明，感物而動，七情應焉，是心之用也。惟其氣拘而欲蔽，本體不能立，故其用或失其正，其病在於昏與亂。昏之病有二，一曰智昏，謂不能窮理，昧乎是非也。二曰氣昏，謂怠惰放倒，每有睡思也。亂之病有二，一曰惡念，謂誘於外物，計較私欲也。二曰浮念，謂掉舉散亂，相續不斷也。君子以是為憂，故窮理以明善，篤志以帥氣，涵養以存誠，省察以去偽，以治其昏亂。學者之用力，最難得效者，在於浮念。惡念雖實，治之亦易。浮念則無事之時倏起倏滅，有不得自由者。學者須自恒主於敬，頃刻不忘。遇事主一，各止於當止。無事靜坐時，若有念頭之發，則必即省覺所念何事。若是惡念，則即勇猛斷絕，不留毫末苗脈。若是善念，而事當思維者，則窮究其理，使此理豫明。若不管利害之念，或雖善念而非其時者，此是浮念。浮念之發，若有意厭惡，則尤見擾亂。只有輕輕放退，提掇此心，勿與之俱往，則才發復息矣。如是用功日久，日夕乾乾，不求速成，不生懈意。如未得力，或有悶鬱無聊之時，亦須抖擻精神，洗濯心地，使無一念，以來清和氣象。久久純熟，至於凝定，則常覺此心卓然有立，不為事物所牽累。由我所使，無不如志。而本體之明，無所掩蔽。睿智所照，權度不差矣。最不可遽冀朝夕之效，不效則輒生退墮之念也。

綜觀栗谷言論，凡屬有關理氣心性義理本原方面者，多能根據儒先舊典陳言，深研明辨，力求精闢，以歸一是。至於論及工夫方面，轉多自抒胸臆，以所心得平實出之。上條所引，可為一例。《聖學輯要》又一條云：

或問：意果是緣情計較矣，但人未與物接而無所感時，亦有念慮之發，豈必緣情乎？曰：此亦紬繹舊日所發之情也。當其時，雖未接物，實是思念舊日所感之物，則豈非所謂緣情者乎？

意必緣情，此亦栗谷親所經驗之談，自述其平日工夫中所省覺也。變化氣質，其功在習，積習純熟，始見其效，治念之功亦如此。實即猶宋儒之言主敬工夫也。栗谷於四十歲成《聖學輯要》，四十二歲又著《擊蒙要訣》。其注重日常親切用功實地之意，亦可見矣。

栗谷〈與奇明彥書〉有曰：

能得固有淺深。就其淺者言之，則不惑亦可謂之能得。就其深處言之，則非不思而得，不勉而中，則不可謂之能得之極功。

栗谷言義理，皆力窺深微，而其言工夫，則一臻平實。此條可以想見栗谷心中由平實達深微之一番想像，與其所嚮往之終極境界之所在。本篇最先所引栗谷與退溪書，辨孟子求放心與孔子告顏淵克己復禮工夫之精粗，意亦猶此。惜乎栗谷年壽不永，果使更能獲得一二十年久久純熟之功，誠不知其最後所到達之果如何也。

栗谷身後，宋尤菴有〈紫雲書院廟碑銘〉，（見《宋子大全》卷一百七十一）於栗谷推崇備至，有曰：

諸老先生嘗論之，曰：不由師傳，默契道體似濂溪。一變至道，潛思實踐似橫渠。發明極致，通透洒落似明道。博約齊頭，集而大成，又似乎晦翁夫子。後之君子，衷考於遺編，則知斯言之不誣也。

又尤菴〈栗谷先生墓誌銘〉（見《宋書拾遺》卷八）亦曰：

明道之資，考亭之學。

誦此兩文，可知韓國後賢之尊奉栗谷，洵可謂無以復加矣。

（三）宋尤菴學述

宋時烈，字英甫，號尤菴，生於明萬曆三十五年丁未。十二歲，父睡翁常責勵以聖賢事業，曰：朱子後孔子，栗谷後朱子，學孔子當自栗谷始。遂教以栗谷之《擊蒙要訣》。睡翁卒，受業於金沙溪，為栗谷再傳。厥後教授後進，必曰：讀書當以栗谷先生所定次第為主。卒於明毅宗崇禎六十二年己巳，年八十三。崇禎十七年甲申明亡，此已在明亡後四十五年，為清康熙之二十八年。《尤菴語錄》（見《宋子大全附錄》卷十八）論復讎有曰：彼虜奪取中國之地，左衽中國之民，非讎而何！後人承其志，故為《年譜》，仍以崇禎紀元。

尤菴未嘗有別號，年八十，嘗與友爭是非，友戲之曰：子言多，不可謂言寡尤，吾當以尤名子室，遂號尤菴。（見《年譜》）及病篤，強書訓誡辭付子孫，曰：朱子於陰陽義利白黑剖判之勇且嚴，如一劍兩段，不敢少有依違因仍之意，此正《大學》誠意章事也。其壁立萬仞而功被萬世，反有過於思孟者。然非讀書窮理之至，何以與此。此《大學》之教所以必先於格致也。又曰：朱子之學，以窮理存養踐履擴充為主，而以敬為通貫始終之功。至於臨簀，而授門人真訣，則曰：

天地之所以生萬物，聖人之所以應萬事，直而已。明日又請，曰：道理只如此，但須刻苦堅固。孔子曰：人之生也直，罔之生也幸而免。孟子所以養浩然之氣者，亦惟此一字而已。是孔孟朱三聖同一揆也。然不能讀書明理，則以不直為直者亦有之矣。吾師門之教，如此而已。（又見《大全・卷一百三十六・贈李景和說》，又〈海上送權尹二孫北歸說〉。蓋此義尤菴屢道之也。）

其平日嘗曰：朱子之後，義理大備，靡有餘蘊，後學只當尊信朱子，極意講明，為聖為賢，不外於是。必欲著書垂後者，妄也，贅也。故其用功，皆闡發程朱之旨，有《朱子大全劄疑》，有《二程書分類》，有《語類小分》，有《或問精義通考》，又有《文集》百餘卷。（以上皆據《年譜》）

或問：我國儒者孰為正宗。曰：澤堂之論，以為栗谷兼靜（菴）退（溪）資質學問，而又有經濟之才，此言似當矣。（《附錄・卷十四・李喜朝語錄》）又曰：吾東先儒，所見透徹，莫如栗谷之直陳分明。（《附錄・卷十七・崔慎錄》）又曰：沙溪以栗谷為敏快豁達，亞於生知。若在孔門，必與顏曾同科。（同上）又曰：吾東理學，至栗谷而大明。（《附錄・卷十五・金榦錄》）又曰：栗谷於精微肯綮處必明白說破。又曰：余所見栗谷於博文之功最多。（《大全・卷二百一十二・語錄》）又為文告沙溪墓有曰：

集羣聖而大成者孔子，集羣賢而大成者朱子，栗谷先生之學專出於此，嘗曰：幸生朱子之

後，學問庶幾不差。（引見《年譜》八十三歲）

尤菴又編校《栗谷年譜》，（見《大全·卷一百三十七·栗谷牛溪二先生年譜序》）代撰〈栗谷墓誌〉，（見《宋書拾遺·卷八·栗谷李先生墓誌銘》）又為〈紫雲書院廟庭碑銘〉，（《大全》卷一百七十一）於栗谷推崇備至。及年八十，猶與友人殷殷討論栗谷《外》、《別》兩集之正訛得失。（見《年譜》）

此後韓元震云：（見《大全附錄·卷十九·記述雜錄》）

栗谷尤菴，天分之高，文章之盛，世未有能追者。

又曰：

栗谷先生不由師承，洞見道體，資近生知，學到至處。尤菴先生學宗考亭，義秉春秋，閑先聖，拒詖淫，為天地立心，為生民立道，事業之盛，又莫與併。

是尤菴極推栗谷，而後賢又極推尤菴，以與栗谷相媲也。

又尹鳳九云：（亦見〈記述雜錄〉）

問：或者謂尤翁文集，論事多，論理少。曰：蓋無退溪之高峯，栗谷之牛溪，故無問答之端矣。曾侍坐下，外人之書來，如有論學者，輒喜形於色，曰：幸有此書，即時答送矣。

又李喜朝云：（見《大全附錄・卷十四・語錄》）

先生曰：昔牛溪與龜峯相會，而日：論理少而論事多。今日吾輩之會，亦覺如此，良可悔也。

蓋當尤菴時，韓國理學已就衰，至有如尹鑴之徒者起，尤菴所謂此亦可見世道之變也。（亦見《語錄金幹錄》）尤菴於三十六歲時，即已嚴辭斥尹鑴。其生平直至於臨簀之前，每以直字訓人，意即在此。韓元震稱其義秉春秋，闢先聖，拒詖淫，主要即指此。此亦是論事偏重於論理也。

茲就《宋子全書》摭述其有關討論義理思想之大要，尤以其討論為學途徑者為先，以見尤菴論學之大概。

《大全・卷一百三十一・雜著》有云：

人之所見，切不可差。所見差，雖所行善，終與惡同歸矣。是故窮理是《大學》第一大事，而栗谷論人，每以識見為先。

此條在戊辰，乃尤菴卒前一年，可謂是尤菴之晚年定見。為學主以窮理為先，即承栗谷學脈也。又《大全・卷九十二・答鄭仲淳》，《宋書拾遺・卷四・答李汝九》有云：

朱先生之意，以為論學問次第，則致知先而涵養後，然敬是貫始終該本末底道理。大抵先生教人，隨其病而藥之，故所言有不同。而篁墩分先後，以專於涵養之說為定論，則誤矣。蓋涵養致知，自是齊頭並進者。

此書兩見，不知孰是。其年應在己未，尤菴年七十三。程篁墩〈心經註〉，自李退溪鄭重提倡，韓國李朝定為經筵講本，尤菴亦曾屢主講席。（詳見《年譜》）退溪有《心經釋疑》，其後尤菴亦預於校正之役。（見《全書・卷一百三十八・心經釋疑序》）又《年譜》：戊戌，尤菴五十二歲，進講《心經》，即謂真西山出處不正，不得與於先儒道統之傳。又同年進講《心經》：

上顧先生曰：其書莫或有違於程朱說否，卿須一一訂正。先生曰：堂上方辨堂下人曲直，未到其人地位，何能辨其是非。但自朱子後義理大明，後此而著述者，似不免為剩說。如或少違於朱子之說，則不免為雜說。

其答辭可謂婉而直矣。篁墩《道一編》，挽朱入陸，退溪力辨〈心經註〉與《道一編》不同。然如尤菴此條所辨，實正是篁墩思想歧趨所在也。

〈紫雲書院廟庭碑銘序〉記述栗谷之學有曰：

格致存養踐履三者，為終身路徑。其用功最深於《小學》及四書《近思錄》，日夜覃思，不明不措。必至於各極其趣。故其探賾辨論之精，可質前聖而無疑。然不以莊敬涵養為本，則意緒悤悤，無以察其糾紛微奧之致。故常虛明靜一，不為事物所奪。又謂省察之功，常在知行之間，而不可少緩。故雖事物叢沓之時，閒居幽獨之地，其所以辨別天理人欲者，愈嚴愈密。及其養之深，積之厚，則行之於身，措之於事，皆沛然有裕，無所凝滯，而品節不差，以至於道全而德備。

此雖尤菴記述栗谷為學，然特提出格致存養踐履三者會通用力齊頭並進之要旨，此即尤菴之自所奉行，為其從事於學之矩矱，而實可與孔門之言博約、《中庸》之言尊德性道問學互相闡發。而尤菴又特拈後代宋儒理學所標格致存養踐履三語，更使人易於參入。而並無浮論力辨，只平白道出，不失為治理學者開示門徑一極有價值之意見。（《大全．卷九十．答李汝九別紙》，有栗谷為學圖，分持敬講學省察三者，尤菴往復討論，自乙卯至丁巳丙辰，可參讀。）

《大全．卷五十一．與金延之書》有曰：

《大學》云：自天子以至於庶人，壹是皆以修身為本。則前有格致誠正工夫，後有齊治平事業，此二字所包括如此其大。而朱先生既編《小學》，而曰修身大法備矣。然則其於學者至切而甚大者，寧有加於此書哉。宜乎老先生一生踐履，都在此書，而又以訓於後人也。今執事又以朱先生書牘中所訓媿之，誠可謂知言矣。先生門人稱先生曰：洙泗以還，博文約禮兩極其至者，惟先生一人云。書牘所訓，無非博文約禮之事，而大規模嚴心法皆在其中。學者誠能先從事於《小學》以立其本，而兼讀此書，條暢而涵濡之，則其於聖學門庭次序，殆庶幾矣。

此書在丁巳，尤菴年七十一，已入晚年。其文亦若平淡白直，非有深思大論。然以格致誠正工夫與齊治平事業綰合為一，又以朱子《小學》為《大學》立本，主修身踐履，而謂大規模嚴心法皆在其中，其意亦可與〈紫雲書院栗谷碑序〉所舉相通也。

又《大全・卷九十・答李汝九》有曰：

謂持敬之功，通乎致知力行則可，今直以致知力行為持敬之事則不可。

又同卷〈答李汝九辨存養與涵養〉有云：

> 涵養如讀書時沉潛義理，心無他適者是也。無事時此心澄然瑩然，無有紛擾者亦是也。至存養，則專指戒慎恐懼。

以上所引，略可見尤菴論為學之大概。

> 或問：退溪之說，與栗谷迥然不同，取捨最難，公意則誰從。余曰，不問退溪與栗谷，同於朱子者從之，不同朱子者不從。（見《大全・卷二百一十二・遺事》）

栗谷嘗言，幸生朱子後，學問庶幾不差。尤菴常引其說。（亦見上引〈遺事〉。又見《大全・卷一百五十一・告沙溪先生墓文》。其他不俱引。）其師沙溪亦曰：既有朱子，雖周程張之說，不同於朱子者，必不從彼而捨朱。（見《附錄・卷十八・語錄》）是尤菴此條，即承栗谷沙溪，厥後韓元震南塘亦承此意，可見韓國先儒對朱子之一意尊崇，自退溪栗谷以下無二致也。

退溪栗谷異說，主要在論理與氣。《大全・卷二百一十二・沙溪先生語錄》有云：

> 《語類》曰：七情氣之發，四端理之發，退溪一生所主在此，故有理發氣隨之說。栗谷以為四端固亦隨氣而發，然不為氣所揜而直遂者，故謂之理之發。七情固亦理乘之，然或不免為氣所揜，故謂之氣之發，似當活看也。然七情中亦有主理而言者，舜之喜，文王之怒，

非理而何。四端中亦有主氣而言者，朱子所謂四端之不中節者是也。理發氣發之語，雖亦出於朱子，然當活看，此辨乃沙溪承栗谷，而尤菴又承自沙溪也。《大全・卷一百〇一・答鄭景由》有曰：

人物未生時，理與氣本自混融而無間。故氣聚成形之時，理自具於此形之中矣。《中庸》註曰，氣以成形，理亦賦焉。豈非十分分明耶。《語類》所謂氣聚成形，理與氣合，即《中庸》註之意。退溪先生理發氣隨之說，栗谷先生每以此為正見之一累。

關於此辨，尤菴決從栗谷，可謂已臻定論。若必分別理發氣發，則《語類》中不可通者累累矣。其次為人心道心之辨。《大全・卷九十・答李汝九》有曰：

人心道心說，栗翁一遵朱子意，更無可疑。朱子意，以人心道心皆為已發。此心為食色而發，則是為人心，而又商量其所發，使合於道理者，則是為道心。為食色而發者此心也，商量其所發者亦此心也，何可謂兩樣心。大概心是活物，其發無窮，而本體則一。熟讀《中庸》序文，自可無疑。

此辨極為扼要易明。又一書曰：

退溪所謂人心是人欲之本甚精。所謂人欲之大者，莫如食色。紾兄之臂而奪之食者是人欲，原其本，豈非由於飢欲食之人心乎。踰東家牆而摟其處子，是人欲，原其本，豈不由於精盛思室之人心乎。人心雖曰生於形氣，實亦本於性命。欲食思室之心，實本於愛之之理。若無愛之之理，則見食見色，而亦邈然無所動矣。故從本而言，性為人心之本，人心又為人欲之本，故曰善惡皆天理。又曰，流而未遠，已有所濁。由末而言，人欲生於人心，人心又生於性。故曰：蛆生於醯，而害醯者莫如蛆。又曰：有濁之少者，濁之多者，卻是原初水也。此統之有宗，會之有元，一本萬殊，萬殊一本，一致百慮，同歸殊道之理也。然學者若不知天理之流而為人欲，而指人欲以為真理，則是真認賊為子者也。

此辨尤為深入而明快。又別紙云：

曰善惡皆天理，又曰惡亦不可不謂之理，又曰理有善惡。今若以惡為理之本然，則大不可。然亦不可以非理之本然而謂之不本於理也。蓋所謂惡者，其初雖本於理，末流之弊，失其本然，而遂至於惡爾。愛親愛君者，道心也。欲食欲色者，人心也。是皆本然之理也。至於因欲食欲色之心而流至於紾兄臂踰東家牆者，是惡也。原其初，亦豈非自理而出乎？天下無一理外之物，試思此一句而有得，則灑然矣。

又《大全・卷一百三十・雜著》有云：

謂因過不及而流於惡，可也。直以過不及為惡，則未安。孔子曰：師也過，商也不及，豈便以商師為惡哉。

此又自人心道心而及於善惡之辨，其言皆直捷明淨，深入而淺出之。

其次又辨物格格物，《大全・卷九十一・答李汝九別紙》有云：

退溪常以為物格者，人格之而至於其極也。末年大悟其非，以為物格者，只是物理到其極處也。此正得本文之意。而又以為理非死物，故能自此至彼，則又失之遠矣。物理如冊子，人之窮理，如人看冊子。看此冊子自始至末，雖在人看盡，而自冊言之，則曰冊盡，豈曰此冊是活物也。

此亦可謂淺譬而喻矣。又一別紙云：

物格說，當以栗谷為正。

又卷九十〈答李汝九別紙〉云：

來書所謂物格者，非物自格，而被人格之者，是矣。物之理雖本具吾心，然非生知之聖，而無格之之功，則物何自而詣其極乎？退溪答奇高峯最後一書論物格者甚詳，此退溪自謂覺其前非之說也，然愚則猶有所疑。物理本具吾心，仍待格之而後明。栗谷先生曰：如冊在牀，衣在架，然夜中不得見。及其燭至，然後知冊之在牀，衣之在架也。此說精確易見，幸以此詳玩。

凡此皆所謂精確易見，能深入，又能淺出也。又《大全・卷一百〇四・答李君輔》有曰：

退溪謂隨遇發見無不到者，此理至神之用也。愚僭以為此說未安。既曰理，則無論體用，皆是無情意造作，豈有如人心之有知覺，而流轉運用，自此到彼也。朱子所謂各有以詣其極而無餘者，謂人窮此物之理而至於極處，如人行路，行之至而路窮云爾。此路豈是從人舉足之地而隨人行步，以至於止足之處乎。退溪一生論格物之說，只是知至之意，而晚年所謂無不到者又如此其未安，經義之難明，乃至於此乎。

退溪標朱子曰心學，然極不喜陸王，惟心與理之辨。尤菴此等處，闡之尤晰，洵可補退溪所未逮矣。

又《大全・卷一百二十二・答或人書》有云：

記少時在溪門，先師親誦栗谷物格之說，心神脫然見於顏色。先師曰：此非栗谷之說，乃朱子之說也。

又曰：

如退溪之沉潛縝密，乃於此所見如此，誠有所不敢知者，惜乎不得供灑掃之役於其門而請其說也。

此皆見尤菴之直承栗谷也。

其次又辨四端七情，《大全・卷一百三十・雜著》有曰：

退溪所主，只是朱子所謂四端理之發，七情氣之發。栗谷解之曰，四端純善而不雜於氣，故謂之理之發。七情或雜於不善，故謂之氣之發。然七情中如舜之喜，文王之怒，豈非純善乎？大抵七情皆出於性，其出於性也，皆氣發而理乘之，孟子於七情中摭出純善者謂之四端。安知朱子之說，或出於記者之誤也。

退溪一尊朱子，然其說容有誤。栗谷亦一尊朱子，尤菴承之，轉謂朱子之說或出記者之誤。是其所得於朱子者益深矣。

又曰：

四端七情，皆氣發而理乘，退溪理發而氣隨之一句大誤。理無情意運用造作，氣能運用作為，而理亦賦焉。觀於《中庸》首章章句可見矣。以太極說觀之，則尤曉然。太極乘陰陽而流行，未聞陰陽乘太極而行也。

又曰：

愚於此，別有疑而不敢言。退溪高峯栗谷牛溪，皆以四端為純善。朱子以為四端亦有不善，未知四先生皆未見此說否。四端亦氣發而理乘，發之時，其氣清明，則理亦純善。其氣紛雜，則理亦為之所揜。

又《大全・卷一百三十三・退溪四書質疑疑義》有曰：

四端七情皆出於性，而皆有中節不中節。其中節者，皆是道心之公。其不中節者，皆人心之危也。

是尤菴亦並言栗谷有誤。凡尤菴之所辨於理氣人心道心善惡諸端者，皆極直白明快，亦可見其深入之趣矣。其他有關上述四項之辨說，《宋子大全》中尚多散見，茲不備引。

又《大全・卷一百一十三・答朴景初》有曰：

先生已於嚴時亨杜仁仲書明言，大傳繼善，是指未生之前，孟子性善，是指已生之後。又言有指其墮在氣質中者而言，有指其本原至善者而言。蓋以天道言之，則自繼善而流行以至人物成性，為一說也。自人道言之，則自未發之性而發為情者，又一說也。天人雖異，而其理則一，非天道之外別有人道也。

此處辨天人性情，因又辨及〈易繫〉與《孟子》，要皆由退溪栗谷之辨引生而來。此條即栗谷辨本然之性氣質之性同是一性之意，厥後韓南塘又承之。

又《大全附錄・卷十七・語錄》有云：

先生曰：無斁亦保，退溪誤解以為雖傍無厭斁之人，亦保其所守。栗谷以為凡人身心厭怠之時，必起惰慢之念而不能保守者，衆人也。覺其然而警其心，能保守不失者，學者為然。聖人無厭怠之心，警覺之時，蓋異於常人之著工，而自然保持之也。此說極分明。慎問，退溪之說非自創，來自先儒，恐不可不從。先生曰：雖先儒說，非朱子之註，則豈無誤者乎？

又一條云：

問：許魯齋衡，可謂篤學之士，退溪不斥其仕於胡而反有深許之辭，抑何意也。先生曰：退溪之論，似此處多矣。栗谷則以魯齋為失身而斥之，此恐為堂堂正論。

凡遇退溪栗谷兩人異同，尤菴率袒栗谷，俱如此。

又《附錄・卷十六・語錄》有云：

《大全・與劉子澄書》，言戲謔為心術之害，而曰昔橫渠先生嘗言之矣。退溪《記疑》曰，橫渠嘗言之指東銘。先生曰：東銘不是但言戲謔，此分明指《近思錄》第四篇所載橫渠說，所謂戲謔不惟害事，志亦為氣所流，不戲謔亦是持志之一端也。《記疑》說似是偶失照勘。

《記疑》中如此處多。以我退翁之精詳謹密，未知何乃如此。

尤菴屢稱退溪沉潛縝密，又稱之曰精詳謹密，於此而猶於退溪多所辨正，是亦見尤菴之沉潛縝密精詳謹密為何如矣。

又《大全・卷一百三十四・雜著論語子張篇子夏門人小子章饒氏說辨》有曰：

退溪之失，只在於以本為天理，以末為灑掃應對。子夏程朱之意，則以本為誠意正心，以末為灑掃應對。而所以然之理，則無間於彼此也。退溪之失，肇自饒雙峯，惜哉。

退溪乃韓國朱學開山，栗谷尤菴承其風而起。退溪有失，栗谷尤菴多加糾正，此非於前賢好為詆訶，實亦飲水思源，備見栗谷尤菴尊崇退溪之意，而韓國諸賢研朱之風，益進益密，亦於此可徵。

尤菴於朱子書備極用功。有《朱子大全箚疑》，《年譜》載七十二歲戊午八月成書。云：

先生嘗曰：退溪《節要》、《記疑》，頗有未甚安者，故不免因其所疑，作為問目，質諸故舊。自乙卯以後，專心《大全》，隨手箚錄，晨夕孜孜，未嘗少輟。至是始克成編。

乙卯，尤菴年六十九。正月有遠竄之命，蓋四年而成書也。《箚疑》成書條下又云：

又以二程全書編次錯亂，各以類名，而名之以程書分類。

《大全》卷一百三十九，有〈朱子大全箚疑序〉文，其略曰：

退溪李先生，手鈔《朱子大全》簡牘為二十篇，名曰《朱子書節要》，又有《記疑》一冊，以釋其肯綮難解處，以訓蒙士，其功大矣。其後文肅鄭公，又為《酌海》八卷行於世。惟《記疑》之書止於《節要》，而《酌海》則闕焉。余與孫疇錫嘗欲續《記疑通釋酌海》，而因以及其餘。編帙粗成，而余益衰老，不能復致力矣。

此文成於己巳，即尤菴八十三歲卒年。《年譜》云：

《箚疑》之成已久，先生猶恐有所未盡，不住其訂正，至是始草序文。

又有《論孟或問精義通考》，其序亦見《大全》卷一百三十九。略曰：

我朝得《或問》書刊行久矣，然茍無精義，則未知《或問》所以論辨去取者為何，余為是求精義殆四十餘年而終不能得。歲在丁卯，左侍郎李公選使，得於燕市書肆而歸，亟取而附諸《或問》逐條之下，使讀者便於通考，斯蓋《中庸》之書《或問》輯略之凡例也。

丁卯，尤菴年八十一。事亦見《年譜》。

又有《記譜通編》，序文見於《宋書拾遺》卷八。略曰：

朱夫子所著文字，備於《大全集》。日用談言，詳於《語類》。其出處始末，事行細大，以至易簀後丘墓祠院，褒崇讚述諸作，有果齋李氏《年譜》，玾峯戴氏《實記》，詳且密矣，然而互有詳略。愚謹取二書，參互考訂，刪其重複，正其訛舛，間有闕漏者，輒為追補，而用謹按二字，以別於戴氏按例。

此文云在崇禎庚子，則應為尤菴五十四歲之年。惟《年譜》五十一年戊午，尤菴年七十三，十二月下有云：

先生嘗病《年譜》、《實紀》互有煩複，合成一冊，而名以《文公先生紀譜通編》，又錄其所疑於行外，今刊行者是也。此見於先生抵知舊書，而未詳其編修在何時，姑附於此。

此似未見上引《拾遺》之序文。或是當時刊行之《紀譜通編》，亦並不有序文在前，姑誌所疑俟考。

又按是條前，有《朱子語類》小分成一項，云：

先生每嫌《語類》記事錯雜，且多煩複。自入島中，與孫疇錫日夕對勘，整其錯雜，刪其煩複，隨類移分，雖危禍迫頭，而亦不以為意，惟專心用功於此事。

是尤菴七十三歲移配巨濟，又有《朱子語類》小分之書，乃《宋子大全》中似亦未見其序文，並此誌疑。

上述諸書，今皆不收於《宋子大全》中，並亦有未見其序文者，不知今韓國復有遺存否。姑誌於此，以待再訪。

其他復有《朱子言論同異考》，今收入《宋子大全‧卷一百三十‧雜著》。篇首有云：

《大全》與《語類》異同者固多，而二書中各自有異同。《大全》有初晚之分，《語類》則記者非一手。余讀二書，隨見拈出，以為互相參考之地。而老病侵尋，有始無終，可歎也已。尚有同志之士，續而卒業，於學者窮格之事，或不無所補云。

是文成於崇禎屠維大荒落，乃己巳歲，即尤菴八十三歲之卒年，此乃其時隨札記未成之稿，故僅得數十條，未有條理。厥後韓元震《南塘集》亦有《朱子言論同異考》，蓋承尤菴意，而褎然成冊，為治朱學者一部當讀之參考書，此即尤菴所望，同志之士續而卒業也。惟南塘此書未提及尤菴，不知何故。

又《宋子大全・卷一百三十一・雜著》有〈看書雜錄〉，篇首云：

朱先生嘗言，讀史有不曉處，劄出待去問人。又曰：編次文字，須作草簿抄記項頭，如此則免得用心去記。亦養心之法。自見先生兩款說話，即置此冊子，隨讀劄抄，看來看去，疑者自曉，生者自熟，不費心力而常存在胸中。覺見養心云者，真不余欺也。

此文在戊辰，尤菴年八十二，翌年即卒。尤菴晚年之好學不倦，洵可仰敬。觀其所看書，則仍以朱子為主。有曰：

朱子說頗有初晚之異，亦有《語類》、《大全》之不同，不可執一，是此非彼，徐觀義理之所安可也。

此為翌年作《同異考》先聲。又曰：

程子《易傳》，胡氏《春秋傳》，自當別為大議論文字。若謂之必得經旨，則未也。竊謂《周易》當以本義為主。《春秋》朱子以為聖人義精仁熟之權衡，有不敢知，遂有孔子家奴冢中起之說。然則後世數百家紛紛註說，皆郢書燕說之歸矣。

又曰：

《中庸》無一心字，故於序文言心特詳。《大學》言性，只於用人理財處略說過，而非言性之本體，故於序文言性特詳。朱子為人之意，可謂切矣。

以上諸條，尤菴於諸書並不發大議論，然要之皆是大意見。可以有無窮議論由此而闡申者。

又曰：

過去有無限天地，將來有無限天地，皆是道中之一物。所謂道者，無邊際，無終始。聖人既囿此道於方寸之中，故六合之外，思之即至。先天地，後天地，坐而致之。特聖人不言耳。

又曰：

道體無窮，而心涵此道，故心體亦無窮。故曰：道為太極，心為太極。

又曰：

今此天地，佛家所謂見在，兼過去未來而謂之三世。以現在天地觀之，則過去亦必如是，將來亦當如是。然則天地間萬物，統體一太極也。三箇世天地，亦統體一太極也。

以上諸條，論道論心論世，直抒胸臆，雖著墨無多，而精微廣大，有卓然特出之概，此亦可覘尤菴晚年學養所到矣。

《大全附錄語錄》各卷亦有論讀書極精卓語，茲連帶錄之如次。

《附錄・卷十七・語錄》有云：

問：諸經之難曉，宜莫如易，古今天地萬物之理具焉，區區精神，必不能遍知之。《中庸》則不如《易》之廣大悉備，而人皆以為難曉，何也。先生曰：《易》有象數，據而推之，庶幾知其義。《中庸》既無象數可以摸捉，只言其無窮之義理，朱子所謂《中庸》多言上達處是也。自家若不能仁熟義精，足目俱到《中庸》地位，則決不能懸空揣度而知其義也。故《中庸》之難曉甚於《易》。問：《庸》與《學》如何？曰：《大學》有三綱八目，據乎此而推之，非如《中庸》之無依據難曉也。

又《附錄・卷十四・語錄》有曰：

先生曰：人謂《周易》難讀，然不如《中庸》之難，吾意《中庸》猶不如《孟子》浩然章之為尤難也。余於此章，自少讀之最多，而茫然無所得，及到老來，方得其梗概。

又《附錄・卷十六・語錄》有云：

有書生方讀《孟子》第二卷，先生謂光一曰：浩然章熟讀耶？對曰：只是泛然看過。先生曰：吾一生讀之，益未曉，何若是其難也。

《大全・卷一百三十・雜著》有浩然章質疑數十條，並詳言自十四歲十七歲始讀，至甲寅六十八歲寫此質疑之經過。

又《附錄・卷十七・語錄》有云：

問：人言先生讀《孟子》千遍，未知是否？先生微笑曰：余讀《孟子》千遍，而初二數篇，一生所誦，不知其幾千遍也。

又《附錄・卷十六・語錄》有云：

先生曰：學者不可一日無《語類》。雖賣衣買之可也。

又《附錄・卷十四・語錄》又云：

問：為學之方，可得聞乎？先生曰：朱子之言以為，學問之道，莫先於格致。格致之要，又在於讀書。讀書之要，又在於存心矣。

凡此皆可覘尤菴平日讀書之精與勤，與其所宗主，及其用心之所在。

又《附錄・卷十八・語錄》有云：

先生嘗示人以《資治通鑑》，曰：中原之人，無娶同姓者。惟王莽之妻姓王，劉聰之妻姓劉。今人必欲效篡賊及胡羯之所為，何哉。

此雖一小節，然其讀書之博，與其隨事之引發，誠有如溥博淵泉之時出也。

（四）韓南塘學述

余獲讀韓國諸賢研治朱子學之最先一書，厥為韓南塘之《朱子言論同異考》。此書及《李栗谷集》，臺灣皆有藏本。今年遊漢城，獲韓國友人贈以李退溪宋尤菴兩人全書，皆韓國新印本。又於奎章閣圖書館得讀《韓南塘文集》，此書韓國無新印本，余僅影印其《朱子言論同異考》六卷，《文集》卷二十六又二十八至三十共四卷。惜未影印其《年譜》，遂不能詳其生卒及其師承淵源，惟擇其論學要旨著於篇，以為余著〈朱子學流衍韓國考〉之殿。

《南塘集・卷三十・偶書》有云：

程朱以後，得聖人之道者，莫如栗谷尤菴二先生。

此文在癸丑，應為清康熙十二年。南塘學脈，即承栗谷尤菴兩人。其平生持論，主要亦在辨理氣心性兩大綱，一奉朱子為圭臬，即遵栗谷尤菴二人遺規也。

卷二十九〈對農巖集中理氣問〉有曰：

程朱三先生之說，本無異同。整菴之論，以理氣為一物，退溪以理氣為二物，栗谷以為一，又以為二，得失當有能辨之者。

此文應在癸巳，為清順治之十年。又曰：

理者，生物之本。氣者，生物之具。在氣上看，則氣如此，理亦如此，而理氣同。在理上看，則氣雖不齊，理則一體，而理氣異。從流行言，則氣無端始，理在氣中，而理氣無先後。從源頭言，則氣未有生，理已先具，而理氣又有先後矣。然須於同中見異，無先後處見有先後，若各求其地頭則誤矣。

又曰：

以理之乘氣流行而謂之道，以氣之盛貯此理而謂之器。

此自理氣而辨及道器，則為栗谷尤菴所未及。

卷二十七有〈羅整菴困知記辨〉，亦在癸巳。其文有曰：

理本一矣，而所以有分殊者，由其所乘之氣不齊而然也。今欲去氣質而言分殊，則猶離形而索影，息聲而求響也。不識分殊之由於氣質，則是將以理為自殊，而不識理之一矣。單指理曰天命之性，兼指氣曰氣質之性。兩名雖立，何害乎一。

整菴言理一分殊，推之天下無所不盡，論性不須立天命氣質兩名，故南塘駁之如此。單指兼指，其說即承栗谷尤菴。又曰：

明道言器亦道，道亦器，只是明理氣無間之妙，非真以為一物也。理氣果是一物，則何以有理也氣也名目之對立乎？但理氣渾融無先後，無離合，故亦謂之一物，實則二物而不相離者。此老有見於不離之妙，而遂認以為一物，良可惜哉。

此辨即承栗谷，謂整菴之失只在名目上。然必謂理氣為二物，則下語猶可商。又曰：

記中性同道異二句，說得道理不周匝。而判性道為二，又謬之甚矣。蓋性只就天命賦予處言，道只就事物紛羅處言，則性固同而道固異矣。天命賦予，非氣質亦無以承載此理而成造化，故人物之生，隨其氣質而稟性不同。道之在事物，君仁臣敬，父慈子孝，鳶飛魚躍，牛耕馬馳，隨其所在，雖有其分之殊，而其為事物當然之則者，無不同矣。超形器而言，性同而道亦同。即氣質而言，性異而道亦異。故謂性同而道異亦得，謂性異而道同亦得。謂性道同則皆同異則皆異亦得。今以性為必同，道為必異，以性道為二體，則是不察乎率性之為道也。本末異致，內外判渙，其失又不但止於認理氣為一物矣。

凡辨理氣性道，必先知其所從言之異，乃能識其所欲指之同。南塘此等處，皆從栗谷來，細讀兩家書，自知其學脈。

逮甲辰，清康熙三年，南塘始為《朱子言論同異考》，共六卷。謂：

朱子言論，多有前後異同，有語雖不同而意實相通者。有本無異同而學者看作異同者。

又曰：

《大全》盡載平生所著文字，故前後說俱載。《語類》皆是晚年所記，大抵皆是定論。除記錄分明有誤者外，皆當尊信。

《朱子言論同異考》，尤菴先有此書，南塘承之，所辨益詳益精，為治朱學者一必讀之參考書，中國無有也。惟謂《語類》所記皆是定論，此亦有誤。此書距上引兩篇已十三年，其辨理氣語更簡要。有曰：

先生或言理氣本無先後，此以流行而言也。或言理先氣後，此以本原而言也。或言氣先理後，此以稟賦而言也。其所指者不同，而所謂本原，所謂稟賦，又都只在流行中，則其說又未嘗不會通為一也。

又曰：

理氣以流行言，則本無先後。以本原言，則理先而氣後。以稟賦言，則氣先而理後。萬物之性專言理，則皆同。各指形氣所稟而言，則不同。以理與氣雜而言之，則人人物物皆不同。有以一言斷之者，曰離合看。蓋理氣離看則為二物。為二物則理先而氣後，氣異而理同矣。合看則為一物，為一物則理氣無先後，無異同矣。看字又當著眼看，謂人離合看，非謂理氣有離合時也。

此條較之以理氣為二物者精矣。

又《同異考》性字條有曰：

朱子答林德久曰：凡言性，皆因氣質而言。但其中自有所賦之理爾。此一言，發明性字名義精蘊，更無餘遺，實千古論性之至訣也。理賦氣中，然後方為性，故曰因氣質而言。不因乎氣質，不名為性矣。性雖因氣質而名，然其所指為性之物，則實指其中所賦之理，非雜乎氣質而言也。因氣質而言，故有五常名目之殊，人物所稟之異。指其中所賦之理，故其為五常之德，人物之性，又皆不失其為善。本然氣質之非二性，於此可見。因在氣中，故兼指其氣，則為氣質之性。直指其中所賦之理，而不雜乎其氣，則為本然之性，性雖有二名，實無二體也。

又〈答嚴時亨書〉曰：

人生而靜是未發時，以上即是人物未生之時，不可謂性。纔謂之性，便是人生以後，此理墮在形氣之中，不全是性之本體矣。然其本體又未嘗外此，要人即此而見得其不雜於此者耳。此處三此字，皆指氣質之性。即此氣質之性而見得其不雜於氣質者為本然之性。則可見本然之性不外乎氣質之性，而雖有氣質之不齊，不害性之本然矣。則本然氣質非有二性，而不可以時之先後地之彼此分言者，又可見矣。此書之說，見於歐陽希遜問目中，而希遜問答乃在黨事後，則此書之為最後定論，亦無疑矣。

此辨承栗谷來，可謂深得朱子本意。與南塘同時，中國有陸桴亭，亦辨本然之性與氣質之性。可相參。

又《同異考》卷四孟子條有曰：

《語類廣錄》曰：孟子不曾說到氣上，覺得此段話無結殺，故有後來荀揚許多議論出。《謨錄》曰：孟子辨告子生之謂性，亦是說氣質之性。按：謂之不說氣者，只就人分上言之。孟子只論人性之善，而未嘗言其有氣稟善惡之不同。謂之亦說氣者，並人物言之。孟子亦言犬牛人性之不同矣。蓋人性皆善，理之同也。人物不同，氣之異也。故孟子之言性，就人言則專是說理，並物言，則又不能遺其氣也。此先生之論各有所指，而非孟子之言性真有不同矣。

又曰：

《語類謨錄》說又與生之謂性《集註》說不同。自其人性之貴於物而言，則謂之性無不善。自其人物之性之異而言，則謂之氣質之性。善本於理，故言善則以理言之。異生於氣，故言異則以氣質言之。只一性也，而所就言之有不同耳。余嘗論，五常之性，對太極渾然之體而言，則為氣質之性。對氣稟善惡之性而言，則為本然之性。今見先生論此一性，亦有或理或氣之不同。愚說之意，得是為據，庶或免於無稽之罪耶？

此處舉出朱子語各有所指，所就而言之有不同，即就《語類》與《孟子集註》為例。大抵南塘《朱子言論同異考》，多舉朱子前後語有不同而意實相通者。有本無異同而學者看作異同者。全書六卷，分目四十，誠為闡說朱子思想一有系統之著述也。

南塘由辨理氣而辨及性，大旨如上述。其由辨理氣而辨及心，主要見《文集・卷二十七・王陽明集辨》，其文在丙辰，應為清康熙十五年，又在《朱子言論同異考》後十二年。蓋南塘初未見《陽明集》，僅於《退溪集》中見退溪之辨陽明者。後又得見《整菴集》中之辨陽明者，尚在此前二十三年。至是乃始見陽明書而辨之也。

其辨有曰：

心即理三字，即陽明論理宗旨。吾聖門言心本不如是。孔子曰：回也，其心三月不違仁。又曰：七十而從心所欲不踰矩。心果是理，則心即仁即矩也，又安有違仁之時，踰矩之患也。聖人從心，又何待於七十時也。孟子曰：君子之所以異於人者，以其存心也。以仁存心，以禮存心，此與孔子不違仁不踰矩之說同。獨釋氏陸氏以心為至善，吾聖人未嘗如此說。

又曰：

以吾之心窮物之理，物理既格，吾知自致，此之謂心外無理，心外無物也。今於物理禁不使求之，則是真認理為外，認物為外，而所謂義外者也。

又曰：

心主於身，性具於心。而心即氣也，性即理也。釋氏以靈覺為性，陸氏以人心為至善，此皆認心為性，而同歸於異端也。陽明之學，專以致良知為主，所謂良知，即是釋氏靈覺之知，亦不過為循氣質之用，得陸氏之心印，而傳釋氏之衣鉢者。

此處所辨，《同異考》卷六異端條下已詳辨之。惟《同異考》多辨象山，及是又辨陽明也。《文集》卷三十有〈明德說〉，文成於庚申，應在清康熙十九年，又在《陽明集》辨後四年。其言曰：

心與明德，固非二物。分別言之，則心即氣也。言心則氣稟在其中，故有善惡。言明德，則只指心之明處，本不拖帶氣稟而言，故不可言善惡。心可以包性言，亦可以對性言。明德只可以包性言，而不可以對性言。此心與明德之有辨也。《大學．明德》註曰：虛靈不昧，以具眾理而應萬事。《孟子．盡心》註曰：人之神明，所以具眾理而應萬事。其訓心訓明德無不同，此言心與明德無二物也。《中庸或問》曰：聖人之心清明純粹，此獨言聖人之心，則眾人之心不能如此可知。《大學或問》曰：方寸之間，虛靈洞徹，萬理咸備，是則所謂明德也。此不言聖人，則通眾人而言也。言心則聖凡不同，言明德則聖凡皆同，此則言心與明德之有辨也。學者當隨其所言而各求其指，求其有以會通。今之論者，主明德之皆同者，並以心為純善，而陷入於釋氏之本心矣。其主心之氣稟不同者，並以明德為有分數，而亦將同歸於荀揚之言性矣。

其辨析異同，皆承栗谷之思理以為辨，學者讀栗谷書自知。

《文集》卷三十又有〈虛靈知覺說〉，文成於庚寅，應為清順治七年，遠在〈明德說〉前三十年。其文曰：

心之虛靈知覺，虛靈是體，知覺是用。虛靈故知覺，非知覺故虛靈。方其未發，虛靈存於中，而其知覺之不昧者，乃為體中之用，靜中之動也。及其已發，知覺應於外，而其虛靈之自若者，又為用中之體，動中之靜也。以已發未發言體用，則未發是虛靈知覺之體，而已發是虛靈知覺之用也。事物未至，此心雖無所知覺，其能知覺者未嘗不自在也。如鏡雖無所照於無物之地，其能照者未嘗不自在也。朱子曰：知覺是那氣之虛靈底。又曰：橫渠說未瑩，有心則自有知覺，又何合性與知覺之有。然則心雖不離於性，虛靈知覺雖不離於理，論其本色，則心是虛靈知覺之在人者，而虛靈知覺是氣而已矣。

《文集》卷二十九有〈心純善辨證〉，其文在癸亥，應為清康熙二十二年，猶在〈明德說〉後三年。其文曰：

心純善之說，蓋不知心性有理氣之辨也。吾儒宗旨，以心為氣，以性為理，理無不善，氣則有清濁粹駁之不齊。非此心之外，復有清濁粹駁之稟也。故人之智愚賢不肖，皆在於心，而不在於血肉軀殼之身。然心之虛靈，非如血肉軀殼之局於形質者。故濁者可變而之清，駁者可變而之粹，此變化氣質復其性初之工，亦只在於心，而不在於他也。以心為純善者，乃禪家之宗旨也。達摩以此立宗旨，其徒推而為說，則曰即心即佛，曰作用是性，曰運水搬柴，神通妙用。此皆指心之靈覺而言也。朱子論陸氏曰：子靜之學，只管說一箇心本來是好物事，把許多麤惡底氣把做心之妙理。陽明則曰，箇箇人心有仲尼，曰心則理也。良知即天理。其論良知，則曰心之虛靈明覺，即所謂本然之良知也。釋氏初不知有理字，只見此心昭昭靈靈之體，便以為至善。陸氏王氏雖說理字，亦不過此靈覺之體耳。羅整菴曰：釋氏之所謂性，覺也。吾儒之所謂性，理也。釋氏有見於心，無見於性。整菴有理氣一物之病，至其論儒釋之分，乃專以心性之辨為言，此可見義理之所同然矣。

南塘以心之虛靈知覺屬之氣，遠在三十年前。而三十年後，乃始有〈明德說〉、〈心純善辨證〉諸文，一若語義平常，實乃歷經研鑽而得之。讀其三十年前所言，可知其路脈之正。讀其三十年後所言，可以知其境界之所到。義理深微，固非可一蹴而幾也。

惟虛靈明德之辨，已先見於《同異考》卷一言心諸條。有曰：

鳥獸之心，偏氣聚而虛靈，故其靈只通一路。人之心，正氣聚而虛靈，故其靈無所不通。聖人之心，清氣聚而虛靈，故靈之所覺皆是理。凡愚之心，濁氣聚而虛靈，故靈之所覺皆是欲。其在人者，就心而言，則可言其有不同。就明德言，則不可言其有不同。蓋以明德之稱，只言其虛靈，不及其氣稟故耳。

其辨聖凡之心又曰：

朱子答石子重曰：人之所以為學者，以吾之心未若聖人之心故也。吾之心即與天地聖人之心無異矣，則尚何學之為哉？先生論性，則以為聖凡無異，而論心，則以為聖凡不同，其以心為氣者可見矣。

此下謂心不違仁心不踰矩，皆見於其十二年後之辨《陽明集》。或《同異考》隨時有增損，不必在甲辰即為定稿也。

因辨心，又連帶辨及人心道心。《同異考》謂：

先生論人心道心，前以天理人欲言之，後以形氣性命言之。其〈答蔡季通鄭子上書〉，皆以形氣性命為言，而蔡書猶有未瑩，未若鄭書之為直捷明白。先生於此，蓋屢易其說而後定。學者必深考乎此，然後方知先生入道次第，而又有以見良工獨苦之心矣。

〈答蔡季通論人心道心書〉，驟看似以人心為氣發，道心為理發。細考之，實不然。其論人心，曰主於形而有質曰私，而或不善，蓋皆指耳目口體而言。心上發出之氣，不可謂之形與私。蓋必仁義禮智之理與耳目口體之形對言，而曰此公而無不善，故其發皆天理。彼私而或不善，故其發皆人欲云云也。下文所謂清明純粹不隔乎理，亦指耳目口體之形氣言。耳目口體之氣有時而清明純粹，則視自然明，聽自然聰，四體自然收束不惰，此所謂不隔乎理也。飲食男女，本乎天理，則人心之發，亦莫非性命之所行，而但為發於吾身之私者，故易隔乎理而不得其正耳。

此辨本承栗谷尤菴，而語甚明析。蓋朱子之意，囿於形氣曰人心之私，通於性命為道心之公。心則一也。而性命之流行，則藉於形氣，亦未有捨形氣而可覓性命也。

又曰：

余舊看此書，亦不解其旨，遂妄疑其為初年未定之論。偶與季明論此，季明之言如此，方覺其前見之粗謬，而渙然無疑於先生之指矣。

觀此條，惜乎手邊無《南塘集》全書，不能考其與季明論此者在何年，疑此條或係甲辰後增入。

又曰：

答蔡季通論人心道心之說，舊嘗疑其有二歧之嫌，然其書乃在〈中庸序〉之後，則又似是晚年所論。又疑〈中庸序〉亦有前後之異。則此書終不得為定論。後見先生〈答鄭子上書〉曰：此心之靈，其覺於理者，道心也。其覺於欲者，人心也。昨答季通書，語卻未瑩。不足據以為說。據此則先生果自以答蔡書為未是矣。子上又問曰：竊尋〈中庸序〉云：人心出於形氣，道心本於性命，而答季通書乃所以發明此意。今如所說，卻是一本性命說而不及形氣。先生又答曰：〈中庸序〉後亦改定，別紙錄去，據此則〈中庸序〉果亦有前後本不同矣。若非子上之屢有問辨，答蔡一書，幾為千古疑案矣。蓋先生論人心道心，屢易其說，末乃以為一心之靈，有覺於理覺於欲之分，而其論始定。以先生高明特達之見，猶未能一覷覷到真源，有此見解之屢易，則義理之難精也。

此條，南塘自註在己酉十月，尚在甲辰後五年，為清康熙八年，則《同異考》一書，雖始著筆於甲辰，而此下多歷年數，遞有增易，確可證矣。

又曰：

陳安卿問生於形氣之私。答曰：如飢飽寒燠之類，皆生於吾之血氣形體，而他人無與焉，所謂私也。按：後人以人心道心分屬理氣之發，而推以及於四端七情者無他，只因此形氣二字，滾合心之氣看故也。先生於此，自解形氣之說，只以為血氣形體，而不復兼心志為言，則其所謂生於形氣者，非謂發於心之氣而與性命之理分對出來者，多少分明矣。安卿問答，皆在庚戌以後，最為先生晚年時也。

人心道心理氣互發之說，李退溪主之，李栗谷宋尤菴非之，朱子意只謂形氣易有私，故人心由此生。若其心無私，則飢飽寒燠之類，雖發於形氣，亦可謂之道心。栗谷尤菴辨此皆甚明白。南塘推闡過密，又辨形氣與心氣有別，此則節外生枝，似可不必也。

《同異考》又〈辨蔡沈書集傳釋人心道心之非〉，有曰：

今蔡傳頗有所刪改於先生之說，而其所改下語處，又不若舊說之渾全的確，無有罅隙。朱子本註曰：生於形氣之私，生字與發字義不同。謂之私，則其指耳目口體亦明矣。曰：人心易動而難反，義理難明而易昧。對義理言，當曰形氣，而若曰形氣易動，則嫌於形氣之自動而不發於心矣。對人心言，當曰道心，而必曰義理者，道心之微，本由於義理之難明故耳。

《南塘文集》卷三十有〈人心道心說〉，其文在乙酉，尚在清順治二年，先甲辰為《同異考》十九年，其為說與《同異考》似無大異。其文略曰：

心，一而已矣，所以有人心道心之不同，何歟？蓋人之有生，必得天地之氣以為形，耳目口體之類是也。必得天地之理以為性，仁義禮智之德是也。既有是耳目口體之形，則自然有飲食男女等之心，故指此而謂之人心。既有是仁義禮智之性，則自然有惻隱羞惡等之心，故指此而謂之道心。此其立名之所以不同也。人之一心，理與氣合。理無形迹，而氣涉形迹。理無作用，而氣有作用。故發之者必氣，而所以發者是理也。大凡人心之發，無非氣發理乘，而理氣不能互相發用，互有主張。朱子所謂心之知覺一而已矣。但其所感者不同，故所發者亦異。食色感則人心發，道義感則道心發。此朱子所謂其所以為知覺者不同者也。後之學者，未究乎朱子之本旨，而只牽於名目之不一，皆以人心道心分屬理氣，竊究其分屬之由，亦不過以形氣二字誤作心上氣看故也。竊觀朱子之言，果有前後之不同。始則以人心為人慾，既而改為飲食男女之欲可善可惡者。始則曰道心為人心之理，又曰：道心性理之發，人心形氣之發。既而改為或生於形氣之私，或原於性命之正。生字原字，自與發字之意不同。其於〈禹謨〉解則曰，指其生於形氣之私者而謂之人心，指其發於義理之公者而謂之道心。於形氣則終不肯下發字，此乃晚年定論也。九峯於〈禹謨〉註，改生字以發字，又去私字，直云發於形氣，則其認作心上氣，後人亦難為回互矣。勉齋又喜談發於形氣，又推而為氣動理隨理動氣挾之論，則以人心道心分屬理氣之發，實自九峯勉齋始，真所謂七十子未喪而大義先乖者也。其後東陽許氏雲峯胡氏尊信祖述之，及至我退牛兩先生，又益主張推衍之，使理氣二物，判然有離合，而不復其渾融無間之妙。幸賴我栗谷先生不由師傳，默契道真，其於理氣不相離之妙，人心無二本之處，灼然自見，故勇往直前，明辨其說。其言曰，發之者氣也，所以發者理也。氣發理乘，一道之外更無他歧。其言的確渾圓，顛撲不破。但於此形氣二字亦未深察，則遂以人心為揜於形氣，道心為氣不用事，亦終不能折服牛溪之口，是可恨也。一字不明，害至於此，學者讀聖賢書，其可一字有忽乎？

栗谷之辨退溪，主要在發揮理氣不相離，人心無二本，南塘之說是矣。然理即寓形氣中，飲食男女發於形氣，亦寓有理。惟囿於形氣則易有私。不為形氣之私所囿，而通之於道義之公，此即栗谷所謂氣不用事也。蔡註直云發於形氣，去了私字，此是其誤。天地間道義之公，亦無不發於形氣也。而南塘又強分心上氣與形氣為二，轉增糾葛，是亦失之。至云食色感則人心發，道義感則道心發，不知食色中亦有道義，道義中亦有食色。所辨只在其心之公與私而已。南塘十九年前辨此未臻明析，十九年後仍未豁然，亦可惜也。

又《南塘集》卷二十九有〈示同志說〉，亦在乙酉。其文甚長，亦辨人心道心，而言更多歧。其文略曰：

萬物既生，得其氣之正且通者為人，得其氣之偏且塞者為物。故草木則全無知覺，禽獸雖有知覺，而或通一路，終為形氣之所拘，而不能充其全體之大。人則得其正且通者，故其心最為虛靈，而健順五常之德無不備焉。得其正且通者之中，又有清濁粹駁之不齊。得其極清至粹者為聖人，得其清粹多而濁駁少者為賢人，得其濁駁多而清粹少者為眾人，得其極濁極駁者為下愚。聖人生知安行，自然有以全其理之本體。賢人以下，則必待修為之工。而修為之工，則不過治其心養其氣而已。然心為一身之主，而氣為此心之卒，故心得其正則氣自然養。心之未發，虛靈不昧而萬理具。萬理統而為五性，五性又合而為一性。全體渾然，無所虧欠。不雜乎氣，單指其理，則為本然之性。兼理與氣而名之，則為氣質之性。其已發也，知覺運用而七情行焉。七情約之為四端，四端統之為七情。隨其外感，異其內發。已發之際，氣始用事，故不雜乎氣，單指其理，則理之全體未嘗不渾然至善也。四七一情，則皆是氣發理乘而皆兼善惡也。栗谷所謂四端純善無惡者，亦恐為不備。朱子所謂道心原於性命之正者，謂有此性命之正，故道心發云爾。非謂道心只發於理，而氣無所干也。所謂人心生於形氣之私者，謂有此形氣之私，故人心發云爾，非謂人心只發於氣而理無所干也。且此形氣字，即指口體而言。從古學者多將此形氣字作方寸中發出之氣看，故以人心道心分屬理氣，而不覺其為理氣二物之病也。人心道心，其所為而發者，有道義口體之異，栗谷於人心無二歧處非不洞見，而偶於此文字上有所未察，故終不能服牛溪之心，亦可恨也。其以為道心非氣用事，而人心獨氣用事，恐亦為失。心之為物，其所以治之者，不過曰窮理存養力行三者而已。又須三者俱進，不可偏廢。然三者之工，不主於敬，則心無主宰，顛倒錯亂，其靜也昏昧，其動也馳騖，其於窮理存養力行，無以致其工矣。

此文包括辨理氣，辨本然之性與氣質之性，辨四端七情，辨已發未發，辨人心道心諸端，此皆退溪栗谷以來討論之大題目。然南塘此文，一氣并包，頗似思理未臻細密，不免有彼此衝突矛盾處，亦有陳義謬誤處。如謂隨其外感，異其內發，是不啻謂人心道心之發，一切皆由外感為主矣。此即上引一文所謂食色感則人心發，道義感則道心發也。不知人心之主，在內不在外，有外感，有內應，乃始有窮理存養之功耳。發於心而後有人心道心之別，亦不當謂有道心人心之分發也。南塘又謂氣發皆兼善惡，以栗谷謂四端純善無惡為不備。此說承尤菴。然道心亦皆氣發，豈道心亦兼善惡乎？又謂心為一身之主，氣為此心之卒，此若承《孟子》養氣章言。然亦不當以理氣心性分別對言。從《孟子》言之，與從朱子言之者亦有別，不當牽渾為說也。又以氣之清濁粹駁分人為四等，而謂心之未發，虛靈不昧而萬理具，是不啻謂人有四等而心則純善，此實無說可通矣。朱子以心屬氣，萬理亦具在氣之中，非可離氣言心，而認心為純善也。越後五年，南塘有〈虛靈知覺說〉，已引在前，大致與此文意見無大相違。惟確認心之虛靈知覺亦屬氣，經此一點明，似較此文認識為進。至〈明德說〉與〈心純善辨〉，則遠在三十年後。此皆南塘一人之言，苟不細辨其成文之先後，則亦無從見南塘進學之階序矣。又如分治心為窮理存養力行三者，此說亦承尤菴，惟於三者外又別出主敬一項，亦不如尤菴言此之明密。

南塘為〈虛靈知覺說〉後三年，乃有〈羅整菴困知記辨〉，有曰：

原於性命故謂之道，生於形氣故謂之人，而發之者皆氣，故謂之心。今以道心為性，則是認心為理，而混氣言心矣。以人心為情，則其認得是情，亦不過形氣之粗而已矣。

其說仍欠明瞭。心自屬氣，而理寓其中。今乃曰認心為理，混氣言心，心固不可遽認作理，然亦寧可離氣言心乎？情固發於形氣，而情中亦寓有理，又豈得謂人心之情，決不為形氣之粗乎。整菴以道心為性人心為情固非是，南塘辨之，下語多未切。由於南塘於朱子道心人心之辨，終自未達於透闢之領略也。

《南塘集》卷二十九復有〈浩氣辨〉，與辨羅整菴《困知記》同年，其言曰：

浩然之氣，天地之氣也。其謂浩然者，盛大流行之意。人之得是氣而生，又安有不得其盛大流行之體。但得氣之清粹者，為聖為賢。得氣之濁駁者，為愚為不肖。而盛大流行之體於是乎餒矣。幸而覺悟，從事於集義，則其體將復浩然。故孟子曰：我善養吾浩然之氣。又曰：其為氣也，至大至剛，以直養而無害，則塞乎天地之間，此皆言有是氣而後善養，何嘗言養之而後有此氣。《集註》曰：氣者，體之充也，本自浩然，失養故餒。惟孟子善養之以復其初也。此言得於初，失於中，復於後，三轉折語，語脈分明，不難知也。《集註》又曰：至大初無限量，至剛不可屈撓，蓋天地之正氣，又人得以生。若聖賢之所獨得，則何得泛以人得以生為言。愚嘗譬之，氣之有清濁猶水。水不以濁而不流行，猶氣不以濁而不盛大。水之濁者，有渣滓之混，故流而未遠，已有壅滯之患。若澄其渣滓，決其壅滯，則其流行者，未嘗不復其初矣。

此文言氣之清粹濁駁，貴能養以復初，較八年前〈示同志說〉為明析矣。然孟子所言浩然之氣，只以盛大流行釋之即得，不必更為清粹濁駁之分。語多歧而義轉晦，此則貴讀者之自為善辨也。

又曰：

義理之辨，至朱子而無憾。雖有聖人復起，不得以易其言。吾之所思，常在於朱子範圍之中而不復叛去，積思之久，終必有妙契之時。此子思所以不曰深思精思，而必曰慎思也。

此意亦承栗谷尤菴來。惟能守此不變，乃終有妙契之時。如前引〈示同志說〉言窮理存養力行三工夫一主於敬之說，及為《同異考》，語意乃大不同。《同異考》卷二學字條有曰：

答何叔京曰：因良心發見之微，猛自提撕，使心不昧，則是做工夫底本領。本領既立，自然下學而上達。若不察於良心發現處，即渺渺茫茫無下手處。此書當是先生初年所作，以心為皆已發，與未發之言涵養本源為本領工夫者不同。

又曰：

答何叔京，某近日因事方有少省發處。如鳶飛魚躍，明道以為與必有事焉勿正之意同者，今乃曉然無疑。日用之間，觀此流行之體初無間斷處，有下工夫處，與守書冊泥言語全無交涉。按此書作於戊子，蓋在中和說未及改定之前。然所謂流行之體，即指勿忘勿助之間，天理流行之體，則亦無關於心為已發之說矣。其答程欽國，涵養為先，講論以輔之書，又是初見延平時初年所作。程氏《心經附註》，以此二書并為先生晚歲之說。《語類》痛理會一番一條，即德明錄癸巳以後所聞。萬事皆在窮理一條，即道夫錄己酉以後所聞。問致知涵養先後一條，即文蔚錄戊申以後所聞。（俱見「知行」門）某不敢自昧一條，即方子錄，亦戊申以後所聞。（見先生「自論為學」門）上一條雖是中歲之說，而猶在答叔京書後。下三條皆是晚歲所言，而程氏又一切歸之於中歲。變亂先後，強分初晚，闇然欲售其援朱附陸之邪意，其矯誣先賢，惑亂後人之罪，可勝其誅絕哉。

此條亦承尤菴辨《心經附註》，惟於程氏附《註所》引〈語類〉各條，一一查考其年歲先後，則辨之益明。然其言涵養，則似終不如尤菴之深允也。

蓋南塘為學，亦長於明辨，而修養實功則似遜，言辭間終不可掩也。茲再雜引其辨析字義之可采者數條如次。

《同異考》卷五周子書條目下有曰：

寓錄，性字為稟於天者言，太極只當說理。言性始見〈湯誥〉，乃言於降衷下民之後。孔孟則曰各正性命，曰成之者性，曰犬之性牛之性人之性，皆以稟賦言。子貢所稱性與天道，性言其稟賦，天道言其本源。若性只是理，便與天道無別。

此辨性與理，其說本栗谷。理在氣中然後為性。不在形質中，不當謂之性。見《栗谷集》卷五。

又卷二《大學》下有曰：

性根於中，端見於外，而心為覺之。覺之為功，只為打發出善端出來。若其善之實，則原於性，不原於覺。

又曰：

性為道，心為器。道體無為，而人心有覺。故作聖之機雖在於覺，而作聖之本乃在於性。故千聖相傳，語其修為之術，則以心為主。論其義理之原，則以性為本。

此辨心與性。

又卷三《論語》條下有曰：

有見於分殊，而未及乎一本者，顏曾之在未見卓爾未聞一貫之前是也。無見於分殊，而能見乎一本者決無之，莊釋之言道與性是也。故隨事辨理者，縱未及乎貫通，猶不失儒家之舊。不能隨事察理，察其同異，而遽欲以一理包之者，未有不陷於異端之學矣。

此辨理一與分殊。

又卷三《論語》條下有曰：

甘吉甫問《集註》中說曾點處，有樂此終身一句，如何。答曰：舜居深山之中，伊尹耕於有莘之野，豈不是樂此以終身。後來事業，亦偶然耳。若先有一毫安排等待之心，便成病痛矣。按今《集註》無此一句，蓋終以為未安而改之也。聖賢之於事業，謂先有安排等待之心固不可。謂全無其志，而偶然成就，恐亦未必。達而兼善天下，是聖賢之事。窮而獨善，特其所遇之不幸。夫既不得於時，則於其所獨善者，亦自樂而終其身，此則聖賢之心無入而不自得者。若其平生之心，則其始本不在於此。曾點言志，亦有兼善之意，而不在獨善。朱先生此論，恐是一時遣辭之快，非其定論也。

此辨兼善獨善。是南塘於朱子，亦有於心不安，糾繩違失處。故《同異考》又謂先生以四端七情分屬理氣之發只一見或是記錄之誤，或一時之見也。

又《南塘集・卷二十七・王陽明集辨》有曰：

烏喙之不可食，人皆知之。未食而知，亦不過聞人之言見人之死而得之也。則知之資於聞見，又可廢耶。如曰纔知其不可便不食，則與前所謂食而後知味者不同，亦無奈於知之先於行矣。

又曰：

陽明嘗以食味行路喻之。食其味，然後方知其味之美惡。行其路，然後方知其路之險夷。未有舍味與路，直求之吾心也。窮天下之理皆如是。

此為辨知行。其他類是辨別明暢者尚多，不俱舉。故南塘之學，終是疵不掩醇，可以上躋於退溪栗谷尤菴之列，為朱子學流衍韓國一殿軍也。

此稿刊載於《新亞學報》第十二卷

民族與文化

錢穆

「民族」與「文化」兩名詞，乃近代國人所傳譯之西方語，但在中國上古實早已有之，民族乃中國所謂之「血統」，文化乃中國所謂之「道統」。由此民族創造此文化，但非此文化，亦無由完成民族。中國人主張文化之意義與價值實更高於民族。本書內分講義與演詞之兩部分，書中涵義宏深，有仍值今我國人重讀研討之價值。

文化與教育

錢穆

本書是將國學大師錢穆先生在抗戰時期於昆明、成都兩地所寫，分別刊載在報紙及期刊上之散編，彙合成編而成，共二十篇，民國三十二年曾在重慶出版。但因國難時期資源所限，紙張墨色均差，流傳不廣。後有人攜帶來臺，敦促先生再行付印，故經先生親自校閱，以全新版本面世。本書雖寫作時間距今已隔多年，但書中各篇所討論的問題，及今研讀，如在目前，歷久彌新，價值經得起時代考驗。凡愛好錢穆先生文字者，請勿交臂失之。

歷史與文化論叢

錢穆

本書為錢賓四先生不惑之年後，或應出版社之邀，或就個人、團體之請，以歷史及文化為主題所作的文章、講稿之集成。內容或對時局、或就歷史，皆有深入闡發；以今日時局觀之，部分內容所談也許時過境遷，早非當年面貌，但仔細咀嚼，卻有洞燭機先之明，用於針砭今日現狀、政局亦收切中時弊之效，值得關心時事，或對歷史文化有興趣的人一讀。

兩漢經學今古文平議

清代乾嘉諸儒，窮研古經籍，自稱漢學，以示別於宋明理學家言，而稱之曰宋學。及道、咸、同、光，下逮民初，乃重興今古文之爭：康有為主今學，定劉歆為偽造古文經之罪魁；章炳麟主古文學，乃以劉歆上媲孔子。本書首〈劉向歆父子年譜〉，兼闢兩家之謬。次〈兩漢博士家法考〉，發明兩漢博士治經分今古文之真相。三〈孔子與春秋〉，闡述《公羊》家言，亦有符於孔子作《春秋》之餘緒。最後〈周官著作年代考〉，證明《周官》之確為偽書，惟其事乃遠始於戰國。自此書出，而晚清以來一百年之經學今古文爭論，乃得定讞。而乾嘉漢宋之爭，亦可由此推斷其無當。故凡治中國經學史，本書乃首當誦習也。

國家圖書館出版品預行編目資料

中國學術思想史論叢(七)／錢穆著.——二版一刷.——臺北市：東大，2022
面； 公分.——（錢穆作品精萃）

ISBN 978-957-19-3278-1 （平裝）
1. 思想史 2. 文集 3. 中國

112.07 110010335

中國學術思想史論叢（七）

作　　者｜錢　穆
發 行 人｜劉仲傑
出 版 者｜東大圖書股份有限公司
地　　址｜臺北市復興北路 386 號（復北門市）
　　　　　臺北市重慶南路一段 61 號（重南門市）
電　　話｜(02)25006600
網　　址｜三民網路書店 https://www.sanmin.com.tw

出版日期｜初版一刷 1979 年 7 月
　　　　　初版三刷 1993 年 12 月
　　　　　二版一刷 2022 年 1 月
書籍編號｜E030410
I S B N｜978-957-19-3278-1

東大圖書公司